Alfred Schröder/Heiner Karuscheit
Das Revolutionsjahr 1917
Bolschewiki, Bauern und die proletarische Revolution

Alfred Schröder, Publizist, schreibt seit 40 Jahren zur Geschichte der Arbeiterbewegung.

Heiner Karuscheit, Publizist, schreibt seit mehr als 30 Jahren zu Fragen der Geschichte und Politik, insbesondere zur Geschichte der Arbeiterbewegung. 2014 erschien von ihm bei VSA: »Deutschland 1914. Vom Klassenkompromiss zum Krieg«. 2017 erscheint von ihm, ebenfalls bei VSA: »Die verlorene Demokratie. Der Krieg und die Republik von Weimar«.

Alfred Schröder / Heiner Karuscheit
Das Revolutionsjahr 1917
Bolschewiki, Bauern und die proletarische Revolution

VSA: Verlag Hamburg

www.vsa-verlag.de

© VSA: Verlag 2017, St. Georgs Kirchhof 6, D-20099 Hamburg
Alle Rechte vorbehalten
Umschlagabbildungen: Demonstration von Arbeitern in Petrograd während der
Februarrevolution 1917/public domain; Emblem einer russischen Mütze/
public domain
Druck und Buchbindearbeiten: CPI Books GmbH, Leck
ISBN 978-3-89965-735-7

Inhalt

Vorbemerkung 7

Kapitel 1: Die Februarrevolution 9

Petrograd im November 1916 9
Die politischen Lager vor der Revolution 14
Die Revolution beginnt 30
Kontroverse Interpretationen 41

Kapitel 2: Der Hintergrund: Die Klassenverhältnisse in Russland 45

Die russische Obscina-Bauernschaft 46
Adel und Zarismus 55
Bourgeoisie, Kleinbürgertum und Intelligenzija 62
Das Proletariat 65

Kapitel 3: Revolutionsstrategien 68

Die Revolutionstheorie von Marx und Engels 1848 69
Das Revolutionskonzept der Menschewiki 72
Die Überlegungen Karl Kautskys 74
Leo Trotzki: Die permanente Revolution 77
Lenin: Für eine revolutionär-demokratische Diktatur
von Proletariat und Bauernschaft 83

Kapitel 4: Der Sowjet und die erste Provisorische Regierung 89

Der Petrograder Sowjet 90
Die erste Provisorische Regierung 92
Wer hat die Macht im Staat? 95
Ein Kampf um die Armee und die Kriegsziele 98

Kapitel 5: Die Juli-Ereignisse 109

Die erste Koalitionsregierung mit dem Sowjet 109
Das neue Regierungsprogramm 112
Ein Strategiewechsel der bolschewistischen Partei 114
Petrograd im Juni/Juli 1917 118

Kapitel 6: Von Kerenski zur Oktoberrevolution 124

Die zweite Koalitionsregierung 125
Moskauer Staatsberatung und »Kornilowiade« 128
Letzte Manöver der Kerenski-Regierung 133
Bauernrevolution und Oktoberumsturz 135

Kapitel 7: Die Bewährung der Oktoberrevolution 1918 bis 1920 141

Die Folgen des Siegs der Dorfgemeinde 142
Rechnungsführung und Kontrolle 145
Der Frieden von Brest-Litowsk 147
Getreide und Sozialismus 151
Das Scheitern der Sozialismuspolitik 157
Der Platz des Oktobers 165

Literatur 170

Vorbemerkung

Die russischen Revolutionen des Jahres 1917 waren ein Ereignis von weltgeschichtlicher Bedeutung, ihre Ergebnisse prägten den Verlauf des 20. Jahrhunderts. Die Darstellung der damaligen Geschehnisse hat bis heute eine Vielzahl von Publikationen hervorgebracht, die unterschiedliche Interpretationen der Ereignisse geben. Diesen Publikationen eine weitere hinzuzufügen, bedarf einer Begründung.

Dieser Text ist vor allem entstanden, weil trotz der Fülle an Publikationen zu den Ereignissen des Jahres 1917 eine ganze Reihe von Schlüsselfragen weiterhin umstritten sind.

War der russische Oktober eine Revolution oder »ein klassischer Staatsstreich, die Usurpierung der Regierungsgewalt durch eine kleine Minderheit«, wie es die eher konservativ geprägte bürgerliche Geschichtsschreibung bis heute vertritt? Oder war er eine siegreiche sozialistische Revolution, die die Macht der Bourgeoisie zerschlug und die Diktatur des Proletariats errichtete, wie es die offizielle sowjetische Geschichtsschreibung dargestellt hat?

Bei diesen Problemen bleibt es nicht. Die Fragen reichen tiefer und beginnen schon bei der Februarrevolution. War sie eine Arbeiterrevolution oder eine Soldatenmeuterei? War sie eine vollendete oder eine unvollendete bürgerliche Revolution? Diese Streitfrage trennte die Flügel der Bolschewiki ab April 1917 und die dort entstandenen Parteiflügel bestanden bis lange nach dem Oktober fort.

Alle Akteure der damaligen Geschehnisse, ob zaristischer Minister oder bolschewistischer Berufsrevolutionär, betrachteten die Vorgänge durch die einzige ihnen historisch vorliegende Brille, die der politischen Revolutionen im Westen Europas. Ihr Blick war nach Westen und nicht nach Russland gerichtet. Dies erschwerte ein Begreifen der historischen Besonderheiten der russischen Entwicklung. Russlands Geschichte wurde nicht als eigenständiger Entwicklungsweg gesehen, sondern als Geschichte eines Landes, in dem die westeuropäischen Verhältnisse noch nicht zur vollen Entfaltung gelangt waren. Dass sich das Land auf dem Weg dorthin befand, war weitgehend unbestritten. Einzig die Slawophilen und die russischen Sozialrevolutionäre beharrten auf einer vom europäischen Muster abweichenden politischen und gesellschaftlichen Entwicklungsmöglichkeit Russlands, um dann im Revolutionsjahr selbst doch keine anderen Antworten parat zu haben als alle anderen, nach Europa blickenden Revolutionäre und Politiker.

Wir versuchen in diesem Text, einen anderen Zugang zur Geschichte der beiden russischen Revolutionen zu entwickeln. Ausgehend von der besonderen agrarisch-bäuerlichen Prägung des Landes musste die anstehende Umwälzung in Russland in ihrem eigentlichen Kern eine bäuerliche Revolution sein. Dieser Ausgangspunkt erweist sich als Schlüssel zum Verständnis der entscheidenden politischen Ereignisse des Jahres 1917 und führt zu einem anderen Bild und einer anderen Gewichtung der Klassen und ihres Verhältnisses zueinander im Revolutionsjahr.

Ohne die Avantgarderolle des russischen Proletariats zu schmälern, tritt in unserer Darstellung die politisch bestimmende Kraft der sozialökonomisch rückwärtsgewandten Bauernschaft in den Vordergrund. In der Herausarbeitung ihrer für den Revolutionsverlauf entscheidenden Rolle liegt der rote Faden dieser Publikation.

Dieser Ansatz führt sowohl bei der Bewertung beider Revolutionen als auch bei der Ereignisgeschichte in der Zeit zwischen den Revolutionen zu einer Neuinterpretation, bei der nicht nur die »Paradoxie der Doppelherrschaft« (Trotzki), sondern auch der sozialistische Charakter des Oktoberumsturzes in Frage gestellt wird.

Damit wird es möglich, auch den historischen Platz der Oktoberrevolution neu zu bestimmen. Der »rote Oktober« eröffnete nicht die Ära der sozialistischen Revolutionen in Westeuropa, wie von Lenin, Trotzki, Bucharin etc. prognostiziert, sondern nach Überzeugung der Autoren den Zyklus der nationaldemokratischen oder volksdemokratischen Revolutionen unter marxistischem Banner in Asien und Osteuropa. Sie alle waren ihrem ökonomischen Inhalt nach mehr oder weniger bäuerliche Agrarrevolutionen und ihrer politischen Form nach proletarische Minoritätenherrschaften.

Alfred Schröder/Heiner Karuscheit
Januar 2017

Kapitel 1
Die Februarrevolution

Im Februar 1917 befand sich Russland im vierten Jahr des Ersten Weltkrieges und im dritten Kriegswinter. Die politischen Ereignisse dieses Winters bildeten das direkte Vorspiel für die Februarrevolution. Im Herbst/Winter 1916/1917 bezogen die gesellschaftlichen Kräfte, die dem Jahr 1917 […]tionen für die von ihnen erwartete Revolu[…] [da]s politische Gewicht dieser Kräfte auf der […] und im Anschluss die gesellschaftlichen [Bezi]ehungen zwischen den Klassen neu ge[…] [Brennpunkt dieser Auseinanderset]zisse war Petrograd, wo die Klassen und […]cheidung ausfochten.[1]

[…]en und zugleich loyalsten Beobachter [war]d die Geheimpolizei mit ihren Berich[ten … Anmerkung des] Verf.) befand sich Russland im Okto[ber … im Sp]rachgebrauch der Radikalen als ›revo[lutionär‹; gena]uer gesagt, gingen ab dem November [… mit A]usnahme der sozialistischen Parteien, [… hera]us. Werfen wir deshalb einen Blick auf [… in] dem die Akteure des kommenden Re[gimewechsels ihre Pos]itionen neu bezogen.

[Der Winter 1916/1917 wa]r ungewöhnlich kalt. Der Winter war [… Okt]ober kam der erste Frost und hielt sich […] [Im Janu]ar 1917 lag die Temperatur im Mittel […] »Die Kälte wurde so schlimm, dass die Bäuerinnen sich weigerten Lebensmittel in die Städte zu fahren. Schneestürme deckten die Eisenbahnschienen mit riesigen Schneeverwehungen zu. … Die Loko-

---

[1] Die Stadt Sankt Petersburg, eine Gründung Peter I., war mit Kriegsbeginn in Petrograd umgetauft worden, um ihr einen »russischen« Namen zu geben.
[2] Pipes 1992, S. 425

motiven kamen in dieser Eiseskälte nicht voran und mussten manchmal stundenlang im Stehen vorgeheizt werden, um den erforderlichen Dampfdruck aufzubauen. Diese klimatischen Bedingungen verschärften die ohnehin gravierenden Transportprobleme noch zusätzlich.«[3]

Neben der Versorgung einer millionenköpfigen Armee[4] galt es, die städtischen Metropolen im Norden Russlands, allen voran die nördliche Metropole und Millionenstadt Petrograd,[5] mit Nahrungsmitteln und Heizmaterial zu versorgen. Was in der Vorkriegszeit auf Grund der See- und Flussanbindung weitgehend reibungslos funktionierte, wurde mit dem Weltkrieg, der Sperrung der Ostsee und dem Dauerfrost[6] des Winters zu einem ernsten Problem. So musste Petrograd in diesem Winter aus dem Land versorgt werden, und dies mit einem immer maroder werdenden Eisenbahnmaterial, das in den bisherigen Kriegsjahren nicht ausgereicht hatte, um die Armee mit dem zur Kriegsführung Notwendigsten zu versorgen.

Zu dem Versorgungsproblem trat die inflationsbedingte Teuerung. Das zaristische Regime finanzierte den Krieg »auf Pump« und musste so durch die Gelddruckmaschine die finanziellen Engpässe überdecken. So wurden die Lebensmittel nicht nur durch die Versorgungsmängel knapp, sondern die Preise explodierten auch unabhängig von der versorgungsbedingten Knappheit. Bereits 1916 schnellten die Preise für Konsumgüter in die Höhe. Besonders rasant wuchsen im Spätsommer 1916 die Preise für Lebensmittel. So kostete das Brot 92%, Fleisch 138%, Butter 145% und Salz sogar 256% mehr als vor dem Krieg. Im Oktober 1916 schätzte das Polizeide-

---

[3] Pipes 1992, S. 473
[4] Russland hatte 1914 über 5 Mio. Rekruten für den Krieg einberufen. In immer neuen Rekrutierungswellen wurden bis 1917 über 15 Mio. Soldaten rekrutiert.
[5] Petrograd hatte zu diesem Zeitpunkt ca. 2 bis 2,5 Mio. Einwohner; die Zahlenangaben schwanken.
[6] Aber die Kälte mit ihrem Dauerfrost verschärfte nicht nur die Versorgungslage in Petrograd, sie schuf zugleich eine der praktischen Voraussetzung für den Erfolg der anstehenden Revolution. Die Stadt selbst war so angelegt worden, dass ihr politisches Zentrum jederzeit von den Vororten mit dem industriellen Proletariat abgeschnitten werden konnte, indem die Zugbrücken über die Newa und ihre Seitenarme hochgezogen wurden. Die Kälte des Februars aber ließ die Newa komplett zufrieren. Ein Hochziehen der Zugbrücken verhinderte unter diesen Bedingungen nicht mehr das Vordringen der Demonstrierenden in die Innenstadt. Das Eis der Newa war zu einer breiten »Brücke« geworden, die in den entscheidenden Tagen des Februars die Vororte mit dem politischen Zentrum Petrograds verband. Dies ist für den Verlauf der Februarrevolution von wesentlicher Bedeutung.

partement, dass die Löhne durchschnittlich um 100% gestiegen waren, die Preise der lebensnotwendigen Artikel hingegen um 200%.[7]

Zwar wurde in Russland noch immer genügend Getreide produziert, aber ab 1916 war die Bauernschaft nicht mehr bereit, den Markt in ausreichendem Umfang mit diesem Getreide zu beliefern. Zum einen lieferte die Industrie nach der Umstellung auf Kriegsproduktion nur unzureichend Fertigwaren für die Landwirtschaft, zum anderen stiegen die Preise dieser Produkte ebenso inflationär wie das Papiergeld, das der Bauer für sein Getreide erhielt, wertloser wurde. Und die zaristische Regierung stritt weiterhin, welches Ministerium für die Getreidebeschaffung und Festsetzung eines Aufkaufpreises zuständig sei, dass Landwirtschaftsministerium oder das Innenministerium, ohne zu praktischen Ergebnissen zu kommen.

Im Herbst 1916 zeichnete sich immer deutlicher ein ernstes Ernährungsproblem für die Bevölkerung Petrograds und anderer Großstädte ab. Während die von Bourgeoisie und Adel frequentierten Restaurants und Lokalitäten mit allem Wünschenswerten ausgestattet waren, wurde Brot, Salz, Zucker und Brennmaterial für die einfache Bevölkerung immer unerschwinglicher. Ab diesem Herbst begannen die Schlangen vor den Bäckereien. Unvermeidlich nahmen unter diesen Bedingungen die Streiks und Arbeitsniederlegungen deutlich zu. Vielfach ging die Brotbeschaffung, zu der man stundenlang an den Bäckereien anzustehen hatte, fließend in eine Arbeitsniederlegung über. Dazu war kriegsbedingt die Arbeitszeit in allen rüstungsrelevanten Betrieben auf 10 bis 12 Stunden erhöht worden. Wie sollte unter diesen Bedingungen das Brot beschafft und wie bezahlt werden? Die zaristische Verwaltung erwies sich als unfähig, dieses Problem zu lösen und heizte so die bereits angespannte politische Situation in der Hauptstadt weiter an. Petrograd erlebte ab Herbst 1916 einen von Streikaktionen und Demonstrationen geprägten Kriegswinter. Dies war die Grundlage der eingangs zitierten Einschätzung der zaristischen Geheimpolizei Orchana, von der sich entwickelnden revolutionären Situation.

Ein weiteres Problem reifte ganz unbemerkt von den Spitzeln der Geheimpolizei in diesem Winter in der Petrograder Garnison heran.[8] Mobilisierung einer Millionenarmee hieß in Russland, den Bauern in den Waffenrock zu stecken, aus der Enge der dörflichen Verhältnisse zu reißen,

---

[7] Siehe dazu Gudaitis 2004, S. 124
[8] Die Ochrana durfte keine Spitzel oder Agenten im zaristischen Militär unterhalten.

ihn unter den erbärmlichsten Lebensbedingungen und fortwährend vom Tode an der Front bedroht, zu disziplinieren und zu organisieren. Dies alles geschah ohne dass der Soldat bürgerliche Rechte besaß, von den Offizieren wurde er wie Vieh behandelt und mit erbärmlicher Ausrüstung in die Schlacht getrieben.[9] Je länger der Krieg dauerte, desto unerträglicher wurden diese Verhältnisse selbst für den russischen Bauern, der viel gewohnt war. Und im Winter 1916/17 war ein Ende des Krieges weiterhin nicht abzusehen. Neue, große Offensiven waren für das kommende Jahr geplant, und für diese Offensiven waren die neu eingezogenen Rekruten in den Reservebataillonen vorgesehen, von denen eine ganze Reihe in Petrograd stationiert war.

Aufgrund der enormen Verluste der russischen Armeen in den Jahren von 1914 bis 1916 war die Rekrutierung neuer Jahrgänge unumgänglich geworden.[10] »Die seit Herbst 1916 eingezogenen Reservisten stammten überwiegend aus den älteren Jahrgängen, die nicht mehr damit gerechnet hatten, einrücken zu müssen, da sie nach der Militärgesetzgebung Miljutins (ein früherer zaristischer Verteidigungsminister; d. V.) ihre Schuldigkeit bereits getan hatten. ... Alles Männer über 40, die ihren Dienst bereits in ihrer Jugend verrichtet hatten und die nur aufgrund mangelnder Menschenressourcen des Zarenreiches einrücken mussten. Der Widerwille, den sie ihrem Schicksal entgegenbrachten, ist mehr als verständlich, denn zum einen mussten sie ihre Dörfer just zu dem Zeitpunkt verlassen, als dort das Leben immer besser wurde, und zum anderen waren die Straßen der Hauptstadt von jungen Männern wehrpflichtigen Alters überschwemmt, die ihren Pflichten nur deshalb entronnen waren, weil sie einer anderen Schicht angehörten.[11] Diese Garnisonen in den wichtigsten Städten des Reiches wa-

---

[9] Anschaulich geschildert in Figes 1998, Kapitel 7
[10] »Bis Anfang 1915 hatte die russische Armee bereits 1,8 Millionen Mann an Toten, Verwundeten und Kriegsgefangenen verloren. Die hohen Verluste halbierten den Kaderbestand der Vorkriegszeit ... der am besten ausgebildeten Truppen. Die zwei Millionen Neurekrutierten, die sie ersetzen sollten, erhielten nur noch eine Grundausbildung von wenigen Wochen, bevor sie an die Front geschickt wurden. Auch ihre Bewaffnung blieb mangelhaft, weil die militärische Führung nur für einen kurzen Krieg geplant und den Bedarf an Gewehren und Granaten gehörig unterschätzt hatte. Das trieb die Verlustraten hoch. Die militärische Führung setzte auf zahlenmäßige Stärke. In immer neuen Mobilisierungswellen wurden schließlich über 15 Millionen rekrutiert.« Altrichter 1997, S. 102
[11] Eine Vielzahl freier Berufe sowie große Teile der Intelligenz waren im Zarismus vom Wehrdienst freigestellt oder konnten sich ihm ohne Schwierigkeiten relativ pro-

ren für Kriegsmüdigkeit und den Verfall an Disziplin besonders anfällig. Die Rekruten wohnten in überfüllten Kasernen und ihr größter Wunsch bestand darin, nicht an die Front gehen zu müssen.«[12]

Zur Sicherheit des zaristischen Systems war die Hauptstadt eigentlich mit Gardeeinheiten und gestandenen konterrevolutionären Regimentern reichlich bestückt. Doch diese Garderegimenter standen inzwischen an der Front. In Petrograd und den anderen russischen Metropolen waren ihre Kasernen nun mit den Rekruten der letzten Einberufungen gefüllt, den Reserveregimentern für die an der Front stehenden Garderegimenter. Dem Regimentsnamen nach waren diese Einheiten feste Stützen des zaristischen Systems, befleckt mit dem zweifelhaften Ruhm der blutigen Volksunterdrückung aus den Jahren 1905-1907. Im Winter 1916-1917 waren sie mit unzufriedenen Bauern aus den letzten Rekrutierungen gefüllt, die in überfüllten Kasernen zusammengepfercht wurden,[13] wo sie weder vernünftig ausgebildet noch beschäftigt werden konnten. Und erst recht verspürten diese Rekruten kein Interesse, im kommenden Frühjahr/Sommer an der Front verheizt zu werden. Die Besonderheit des zaristischen Militärsystems, die Rekrutenausbildung aus Bequemlichkeit und Kostengründen in den Kasernen der Frontregimenter durchzuführen, führte dazu, dass Petrograd in diesem Kriegswinter mit 150.000 bis 180.000 Soldaten überschwemmt war, von denen die meisten Rekruten der letzten Einberufungswelle waren.

Während andere kriegsführende Länder die Ausbildung neuer Rekruten auf dem »flachen Land«, in Kasernen und auf Truppenübungsplätzen fernab der städtischen Metropolen organisierten, schuf die militärische Verwaltung der zaristischen Armee mit ihrer Inkompetenz und Gleichgültigkeit gegenüber dem einfachen Soldaten neben einer immer unruhiger werdenden Arbeiterschaft einen zweiten potenziellen Unruheherd in der Garnison der Hauptstadt.

---

blemlos entziehen. Die Hauptlast immer neuer Einberufungswellen trug die russische Bauernschaft.
[12] Gudaitis 2004, S. 128
[13] So wurden 1.000 bis 1.500 Rekruten in Unterkünften zusammengepfercht, die ursprünglich für eine Kompanie ausgelegt waren.

Die politischen Lager vor der Revolution

Fest auf der Seite der politischen Reaktion standen das Zarenpaar, sein Staatsrat,[14] der Verwaltungsapparat mit Polizei und Gendarmerie. Offen unterstützt und verteidigt wurde die autokratische Herrschaft des Zaren von der politischen Rechten in der Duma,[15] die dort über mehr als 60 Mandate verfügte. Klassenpolitisch verkörperte diese Fraktion Teile des alten Großgrundbesitzes, Teile der Schwerindustrie und der Banken sowie den Adel der baltischen Provinzen. Hauptkraft dieses Flügels war der »Bund des russischen Volkes« (im Volksmund »Schwarzhunderter« genannt). Dieser Bund unterstützte vorbehaltlos die zaristische Autokratie und organisierte in Zeiten gesellschaftlicher Unruhe antisemitische und nationalistische Pogrome. Sein Wahlspruch: »Orthodoxie, Autokratie und Volkstum« war zugleich sein politisches Programm. Gestützt auf die orthodoxe Kirche sollte die zaristische Autokratie gegen alle demokratischen oder sozialistischen Bestrebungen verteidigt werden. Unter Volkstum wurde die Russifizierung der nichtrussischen Bevölkerung des Zarenreiches verstanden.

Im Umfeld des Zaren agierte der nicht unbedeutende Kreis des Petrograder Hochadels, insbesondere die Großfürsten aus der Familie der Romanows. Diese Ansammlung antiquierter, teils nichtsnutziger adliger Schmarotzer, die aber mit schöner Regelmäßigkeit gesellschaftliche Skandale produzierten, war an der Erhaltung des Zarismus als Quelle ihrer Existenz interessiert. Ab Herbst 1916 war dieser Kreis nicht nur bereit, sondern bestrebt, zur Erhaltung des Zarismus den Zaren Nikolaus II. zu opfern und durch ein anderes, der bürgerlichen Opposition und den Kriegsalliierten genehmeres Mitglied des Romanow-Clans zu ersetzen.

---

[14] Neben der Duma das zweite Verfassungsorgan, vorwiegend mit Adligen, hoher Geistlichkeit und einzelnen Industriellen und Bankern besetzt. Die Hälfte seiner Mitglieder wurde vom Zaren direkt bestimmt. Die Aufgabe dieses Gremiums war die Prüfung von Gesetzen. Der Staatsrat wurde regelmäßig zum Friedhof aller Gesetzesinitiativen der Duma. Die letztliche Entscheidungsmacht allerdings lag einzig beim Zaren.

[15] Die Duma war ein nach Zensuswahlrecht und nationalen Beschränkungen gewähltes »Parlament« ohne tatsächliche Macht. Die letztendliche politische Entscheidung lag beim Zaren und seinem Staatsrat. Die bürgerliche Geschichtsschreibung spricht von einem Scheinparlamentarismus oder Scheinkonstitutionalismus. Die Zusammensetzung der Duma bei Ausbruch des Weltkrieges hinsichtlich der politischen Parteien war folgende: zwölf Sozialdemokraten (fünf Bolschewiki und sieben Menschewiki), zehn Sozialrevolutionäre (Trudowiki), 47 Progressisten, 57 Kadetten, 85 Oktobristen, 33 Zentristen, 20 Progressive Nationalisten, 60 Nationalisten und 64 Rechte (zumeist »Schwarzhunderter«).

Die politischen Lager vor der Revolution

Als Opposition gegen die zaristische Regierung hatte sich der Progressive Block in der Duma formiert. Er bestand im Kern aus dem Bündnis von Kadetten[16] und Oktobristen,[17] dem sich weitere nationalistische und auch monarchistische Kräfte anschlossen. Dieser Block besaß eine Mehrheit in der Duma. Die Rednertribüne der Duma, die Bankettsäle der »besseren Gesellschaft« und nicht die Straße waren sein Kampfboden. Klassenpolitisch vertrat der Progressive Block ein Bündnis von Landbesitzern, industriellen Kapitalisten und städtischen Mittelschichten. Seine Forderung an den Zarismus war die nach einer der Duma »verantwortlichen Regierung«, während des Kriegs begrenzte man die Forderung auf eine Regierung des »gesellschaftlichen Vertrauens«.

Die russische Bauernschaft stellte die Masse des zaristischen Heeres. Die Armee war der in den Soldatenrock gesteckte russische Bauer, angeführt von Adligen und kleinbürgerlichen Berufsoffizieren. Durch die fortgesetzten Niederlagen des zaristischen Heeres zahlten die Bauern in den ersten beiden Kriegsjahren millionenfach mit ihrem Leben für die militärische Untauglichkeit der zaristischen Generäle und die Unfähigkeit der zaristischen Verwaltung, die Armee mit Waffen, Munition und Verpflegung zu versorgen. Im dritten Kriegswinter war ihre patriotische Begeisterung verflogen und der Wunsch nach einem baldigen Ende des Krieges gewann immer mehr Anhänger in den Dörfern und Garnisonen, aber auch bei den Fronttruppen.[18] Ihre politische Vertretung in der Duma waren die Trudowiki, der rechte Flügel der Sozialrevolutionäre, mit Alexander Kerenski als bekanntestem Redner.[19]

Die Arbeiter Petrograds waren das hauptsächliche Opfer der seit 1916 galoppierenden Inflation, des Hungers und der Aussperrung von Seiten der Unternehmer. Obwohl überwiegend vom Kriegsdienst befreit, da sie zur

---

[16] Die Kadetten, oftmals als »Professorenpartei« verspottet, vertraten den liberalen Landadel und die Freiberufler. Sie waren die eigentliche Hauptpartei der bürgerlichen Opposition.

[17] Die Oktobristen, rechts von den Kadetten und links von den Schwarzhundertern, vertraten klassenpolitisch große Teile der industriellen Bourgeoisie, der Banken sowie des konservativen Landadels und beriefen sich auf das Oktoberedikt des Zaren, mit dem er die weitgehend rechtlose Duma ins Leben gerufen hatte. Ihre Gründer, u.a. Alexander Gutschkow, verstanden sie als Stütze des zaristischen Systems.

[18] 1916 desertierten ca. 1,5 Millionen Soldaten aus der Armee.

[19] Die Sozialrevolutionäre Partei hatte die Wahl zur IV. Duma boykottiert, weshalb nur die Trudowiki, die sich an dem Boykott nicht beteiligten, in der Duma vertreten waren.

Militärproduktion benötigt wurden, drohte das zaristische Regime bei jedem Streik mit der zwangsweisen Einberufung zur Armee. Sie waren zu Kriegsbeginn weitgehend ihrer politischen Führung beraubt worden (Inhaftierung und Verbannung) und besaßen so gut wie keine Form der politischen oder gewerkschaftlichen Organisation. Ihre einzige legale Organisationsmöglichkeit während des Krieges war die Mitarbeit in den »kriegsindustriellen Komitees«, wo unter der Führung des Kapitals und unter Aufsicht von Regierungsvertretern die Arbeiter zu einer effizienteren Kriegsproduktion für den Sieg der russischen Waffen angehalten wurden. Die politische Repräsentanz dieser Arbeiter war der rechte Flügel der Menschewiki, ihr Vertreter vor Ort der Arbeiter Kusma Gwosdew, Vorsitzender der Arbeitergruppe des kriegsindustriellen Komitees und rechter Menschewik.

Der Zar geht an die Front
Verheerende militärische Niederlagen, mangelnde Versorgung der Armee und der großen Städte sowie eine anwachsende Streikwelle der Arbeiter, das war die Bilanz der zaristischen Regierung im Herbst 1916. Der Zar und seine Regierung mussten einen Ausweg aus dieser selbstverschuldeten Situation finden.

Die vermeintlich einfachste Lösung, eine Beteiligung der bürgerlichen Opposition an der Regierung, kam für den Zaren und erst recht für die Zarin nicht in Frage, denn dies wäre ein weiterer Schritt hin zur konstitutionellen Monarchie gewesen. Das war für den Zaren undenkbar, hatte er doch am Sterbebett seines Vaters geschworen, die Selbstherrschaft ungeschmälert an seinen Sohn weiterzugeben.[20] Dies war auch die Sicht der Zarin, die ihren Sohn als uneingeschränkten Selbstherrscher auf dem Zarenthron sehen wollte. Und da sie, wie allgemein bekannt, »die Hosen anhatte«, war das Zarenehepaar ein geschworener Feind von ernsthaften Zugeständnissen an die bürgerliche Opposition.

Ganz im Gegenteil beabsichtigte man, die Uhr zurückzudrehen und die Zugeständnisse, die im Oktober 1905 unter dem Druck der Revolution

---

[20] Nikolaus »empfand sich nicht nur als Erbe seines Vaters, sondern auch als ein Glied in der langen Reihe der Romanows und hielt es für seine Aufgabe, die Tradition der Autokratie getreu zu wahren, um sie seinem Nachfolger unbeschädigt zu übergeben. Von diesem ... Grundsatz wich er sein ganzes Leben lang nicht ab. Es ist bemerkenswert, wie dieser schwache und von allen Seiten beeinflussbare Charakter tatsächlich seine gesamte politische Energie darauf konzentrierte, diesen Grundsatz bis zur Stunde seiner Abdankung in Wort und Tat konsequent zu verteidigen.« Carrèrre d'Encausse 2000, S. 100

Die politischen Lager vor der Revolution 17

und des verlorenen Krieges[21] gemacht worden waren, zu kassieren. Dies bestimmte immer deutlicher das Handeln der zaristischen Regierung und wurde ab dem Moment, wo der Zar persönlich das Oberkommando über die Armee antrat und die Zarin in Petrograd »die Regierung übernahm«, immer offensichtlicher zum eigentlichen Regierungsprogramm. Der »Flirt« mit der liberalen Opposition aus dem Jahr 1915 wurde 1916 durch einen immer klarer hervortretenden Kurs der offenen Konfrontation und politischen Reaktion ersetzt.

Im Herbst 1915 hatte der Zar persönlich das Oberkommando über die russischen Streitkräfte übernommen. Er tat dies gegen die Ratschläge seiner Minister und des Romanow-Clans. Beide befürchteten, dass die zu erwartenden weiteren Niederlagen der russischen Armee nunmehr unmittelbar auf den Zaren zurückfallen würden. Der Zar dachte jedoch nicht daran, ihren Ratschlägen zu folgen, denn er hatte anderen Rat bekommen, von der Zarin und ihrem Vertrauten Rasputin. Beide forderten die Ablösung des bisherigen Oberbefehlshabers, des Großfürsten Nikolaj Nikolajewitsch, einem »in der Armee beliebten« Verwandten des Zaren.

In den Kreisen um die Zarin und Rasputin fürchtete man eine Palastrevolution, die, gestützt auf die Armee und ihren Oberbefehlshaber, den Zaren absetzen, die Zarin ins Kloster verbannen und ihren Berater Rasputin aufhängen würde.[22] Der Zar würde dann durch den Großfürsten und bisherigen Oberbefehlshaber, seinen Onkel Nikolaj Nikolajewitsch oder durch seinen Bruder, den Großfürsten Michael ersetzt werden. Um diesem Putsch Legalität zu verleihen, würde der »neue Mann« die Regentschaft für den noch minderjährigen Zarensohn übernehmen.

»Als der Zar die Front übernahm (Ende August 1915), ging die Macht daheim nach Alt-Moskauer Weise an die Zarin über. Vom Herrscherpaar wurde das Reich noch immer als eine Art Familieneigentum angesehen, das man möglichst intakt dem Thronfolger bewahren müsse. Die Kaiserin übte unter Rasputins Weisungen ihren unheilvollen Einfluss auf des Zaren personalpolitische, aber auch militärische Entscheidungen aus. Innerhalb eines Jahres wechselten die Ministerpräsidenten und Außenminister dreimal, die

---

[21] Russisch-japanischer Krieg von 1904-1905 um die Mandschurei und Korea. Das zaristische Regime hatte diesen Krieg aus innenpolitischen Gründen provoziert und dann blamabel militärisch verloren.

[22] Auf eine Anfrage der Zarin, ob ein Besuch Rasputins im Hauptquartier der Armee möglich sei, antwortete der Befehlshaber sinngemäß: Rasputin möge gerne kommen, er würde ihn sofort aufhängen lassen.

Innenminister viermal, und so ging es fort. In der Gesellschaft und an der Front redete man vom Verrat der Zarin und ihren engen Beziehungen zu Rasputin. Unter dem Ministerpräsidenten Boris Stürmer (Januar 1916) ging die tatsächliche Gewalt in die Hände von Rasputins Hintermännern, dubiosen Polizeiagenten und Geschäftemachern, über.«[23]

Der Plan des Zaren
Im Herbst 1916 hatte sich die Lage an der Front stabilisiert. Die zaristische Armee war nach ihren verheerenden Niederlagen und entsprechenden Gebietsverlusten in festen Stellungen zum Stehen gekommen. Ihre Versorgung mit Waffen, Munition und Lebensmitteln hatte sich sowohl aus eigener Produktion als auch mit alliierter Hilfe verbessert. Der bürgerlichen Opposition in der Duma mussten keine weiteren Zugeständnisse mehr gemacht werden. Die vier von der Duma unterstützten Minister, die 1915 in die Regierung gekommen waren, wurden 1916 einer nach dem anderen entlassen und durch Gestalten, die Rasputins Fürsprache hatten, ersetzt. Die Semstwos,[24] die die Versorgung der Flüchtlinge und Verwundeten organisiert hatten und so im Krisenjahr 1915 die Katastrophen im Hinterland abgemildert hatten, waren nun auf Grund ihrer überwiegend bürgerlich-liberalen Ausrichtung dem Zaren mehr lästig als notwendig. Der Zarismus setzte wieder offen auf Reaktion. Und die politische Rechte entwickelte für den Zarismus das entsprechende politische Programm.

Trotzki zitiert in seiner »Geschichte der russischen Revolution« ausführlich ein Papier der Rechten, das dem Zaren vorgelegt worden war. »Eine Gruppe äußerster Rechter, eingefleischter Bürokraten, inspiriert von Durnowo, dem Bezwinger der Revolution von 1905, überreichte in diesem Moment (gemeint ist der November 1916; Anm. der Verf.) dem Zaren eine programmatische Denkschrift. Das Auge der reicherfahrenen Würdenträger, die eine ernste Polizeischule durchgemacht hatten, sah weit genug und manches nicht schlecht ... Die Autoren der Denkschrift traten gegen jegliche Konzessionen an die bürgerliche Opposition auf... (weil) die Libe-

---

[23] Fischer Weltgeschichte Bd. 31 1972, S. 265
[24] Gewählte »Landschaften«, in denen Vertreter des Adels, der Stadtbewohner und der Bauern Aufgaben der lokalen Verwaltung übernahmen. Sie hatten keinerlei politische Befugnisse. Ihre Zuständigkeit erstreckte sich auf das Gesundheits-, Bildungs- und Verkehrswesen, die Wohlfahrtspflege und die Armenfürsorge, die Industrie, den Handel und die Landwirtschaft. Die Finanzierung beruhte auf Steuereinnahmen, für die ebenfalls die jeweiligen Semstwos zuständig waren.

ralen ›so schwach, so uneinig und, man muss offen sagen, so unfähig sind, dass ihr Sieg ebenso kurz wie unsicher wäre‹.

Die Schwäche der wichtigsten oppositionellen Partei, der ›konstitutionell-demokratischen‹ (Partei), sei schon durch ihren Namen gekennzeichnet: sie nenne sich demokratisch, obwohl sie ihrem Wesen nach bürgerlich sei, während sie in hohem Maße die Partei der liberalen Gutsbesitzer darstelle, habe sie in ihr Programm die zwangsweise Bodenablösung aufgenommen. ›Ohne diese Trümpfe aus fremdem Kartenspiel‹, schrieben die Geheimräte, die ihnen gewohnte Bildersprache gebrauchend, ›sind die Kadetten nichts anderes als eine zahlreiche Gesellschaft liberaler Advokaten, Professoren und Beamten verschiedener Ressorts – nichts mehr.‹ Anders die Revolutionäre. ... Die revolutionären Parteien ›dürfen auf die Sympathie der Mehrheit der Bauernschaft rechnen, die sogleich mit dem Proletariat gehen wird, wenn die revolutionären Führer ihr fremden Grund und Boden zeigen werden.‹

Was würde unter diesen Bedingungen die Errichtung eines verantwortlichen Ministeriums ergeben? Die volle und endgültige Zerschlagung der Parteien der Rechten, das allmähliche Verschlingen der Mittelparteien des Zentrums, der liberalen Konservativen, Oktobristen und Progressisten – durch die Kadettenpartei, die anfangs entscheidende Bedeutung bekäme. Doch den Kadetten würde das gleiche Schicksal drohen ... Und danach? Danach würde die revolutionäre Masse auf den Plan treten, die Kommune folgen, der Untergang der Dynastie, Pogrome auf die besitzenden Klassen und schließlich der Räuber-Muschik.[25] ... Das positive Programm der Denkschrift ist nicht neu, aber konsequent: eine Regierung aus unnachgiebigen Anhängern des Selbstherrschertums; Abschaffung der Duma; Belagerungszustand in beiden Hauptstädten; Vorbereitung der Kräfte zur Unterdrückung der Rebellion. Im Wesentlichen bildete denn auch dieses Programm die Grundlage der Regierungspolitik der letzten vorrevolutionären Monate.«[26]

Dies war die Agenda der offenen Konterrevolution; durchsetzen sollte sie Ministerpräsident Stürmer sowie sein späterer Innenminister Protopopow, von dem noch zu sprechen sein wird. Es war also nicht die Stärke oder die Hartnäckigkeit, mit der die Dumaopposition auftrat, ebenso we-

---

[25] Gemeint ist der russische Bauer, der das Land des Zaren, des Adels und der Kirche beansprucht.
[26] Trotzki 1960, S. 42-43

nig die Maßlosigkeit ihrer politischen Forderungen, die den Zarismus von einem Zusammengehen mit der Opposition abhielt, sondern die politische und gesellschaftliche Schwäche dieser Kräfte. Neben der grundsätzlichen Ablehnung des parlamentarischen Systems durch den Zaren versprach eine Annäherung an die bürgerlich-liberale Opposition auch kurzfristig keinen Gewinn.

Vielmehr würde eine weitere Zusammenarbeit mit der Dumaopposition, wie das gerade zitierte Papier richtig feststellte, die politische Rechte weiter schwächen, ohne den Zaren letztendlich vor einer Volksrevolution retten zu können. Von daher besaß der Kurs auf die bewaffnete Niederwerfung eines Volksaufstandes mit anschließender Zerschlagung der bürgerlichen Opposition eine gewisse innere Logik und wurde ab 1916 immer offener verfolgt.

Die alliierten Botschafter schlagen Alarm

Dieser Kurswechsel alarmierte nicht nur die bürgerliche Opposition, sondern ebenso die Botschafter der beiden entscheidenden russischen Kriegsalliierten, Frankreich und das Vereinigte Königreich. Beide Botschafter verständigten ihre Regierungen über den russischen Kurswechsel in der Innenpolitik, der ihrer Auffassung nach unvermeidlich einen außenpolitischen Kurswechsel herbeiführen würde, nämlich den in alliierten Kreisen so gefürchteten Separatfrieden mit den Mittelmächten. Dieser Gedankengang lag nahe, da die neuen zaristischen Minister bekannte Anhänger eines »germanophilen« Kurses waren.

Dementsprechend unterrichtete der englische Botschafter am 18. August 1916 seine Regierung. »Ich hatte keine Hoffnung, zu einem Mann (gemeint ist der Ministerpräsident Stürmer; Anm. der Verfasser) in vertrauliche Beziehungen treten zu können, dessen Wort man nicht trauen kann und der nur an seine eigenen Ambitionen denkt. Obgleich er im eigenen Interesse gezwungen ist, die auswärtige Politik seines Vorgängers fortzusetzen, ist er nach allen Berichten im Herzen ein Germanophile. Als ausgesprochener Reaktionär begegnet er sich überdies mit der Zarin in dem Wunsche, die Autokratie ungeschmälert aufrechtzuerhalten. ... Wenn der Zar seine gegenwärtigen reaktionären Ratgeber behält, wird, fürchte ich, eine Revolution unabwendbar sein. Die Zivilbevölkerung hat genug von einem Verwaltungssystem, das sie dank seiner Unfähigkeit und schlechten Organisation – in einem an natürlichen Ressourcen so reichen Lande wie Russland – nicht einmal zu den höchsten Preisen mit den nötigen Lebensmitteln zu versorgen vermag. Die Armee andererseits wird nicht so leicht all das vergeben und vergessen, was sie durch diese Verwaltung gelitten hat.«[27]

Nicht anders sah dies der französische Botschafter Maurice Paléologue, der am 19.08.1916 in seinem Tagebuch notierte: »Ich habe im Laufe dieser letzten Tage mit vielen Leuten aus allen Lagern gesprochen. Wenn ich das, was sie mir anvertraut, und noch mehr das, was sie mir verschwiegen haben, zusammenfasse, gelange ich zu folgenden Schlüssen: Mit Umgehung des Kaisers und ohne sein Wissen bemüht sich die Kamarilla der Kaiserin, der russischen Diplomatie eine neue Richtung zu geben, das heißt, eine Versöhnung mit Deutschland anzubahnen. ... Dazu kommt die Gemeinschaft der industriellen und Handelsinteressen, die vor dem Kriege zwischen Deutschland und Russland bestanden und deren Wiederherstellung man ungeduldig erwartet.«[28]

Hier wird eine der Schwierigkeiten der politischen Rechten im Zarenreich angesprochen: die unterschiedliche außenpolitische Orientierung innerhalb der reaktionären Kräfte, oder um es auf den Punkt zu bringen, die politische Unbedarftheit des Zaren. Einig waren die Rechten mit dem Zarenpaar auf dem Thron, was die unangefochtene Aufrechterhaltung der Autokratie und die Niederhaltung jeglicher Opposition betraf. Außenpolitisch aber hatte der Zar die feste Absicht, an dem Bündnis mit den Alliierten festzuhalten und lehnte deshalb einen Separatfrieden mit dem deutschen Kaiserreich entschieden ab. Dies aber war das logische außenpolitische Programm der Rechten, wie es die alliierten Botschafter und die bürgerliche Opposition klar erkannten.

Der Zar fühlte sich an seinen Eid gebunden, keinen Frieden zu schließen, solange noch ein Feind auf russischem Boden stünde, wie er zu Beginn des Krieges geschworen hatte. Der rechten Kamarilla war hingegen klar, dass einem Sieg der von ihr organisierten Konterrevolution unvermeidlich ein Separatfrieden folgen müsse, um diesen Status verteidigen zu können. Für sie war evident, dass die Armee zügig demobilisiert werden musste, um den Bauern die Gewehre zu nehmen und die Versorgungsprobleme der Bevölkerung zu lösen. Dies war nur möglich, wenn baldmöglichst ein Separatfrieden mit Deutschland zustande käme, möglichst zulasten der Türkei und der Donaumonarchie, so dass er auch im Inneren als außenpolitischer Erfolg zu verkaufen war.

---

[27] Buchanan 1926, S. 146/147
[28] Paléologue 1939, Teil 2, S. 181

Protopopow betritt die Ministerbühne

Die Befürchtungen der alliierten Botschafter und der bürgerlichen Opposition erhielten eine weitere Bestätigung, als ein ehemaliges Mitglied des Progressiven Blocks zum Innenminister ernannt wurde, wiederum auf Empfehlung der Zarin und Rasputins. Dieser neue Innenminister, Protopopow, hatte als Dumaabgeordneter an einer Rundreise durch die Ententeländer teilgenommen. Auf der Rückreise über Schweden führte er dort Gespräche mit dem Bankhaus Warbug & Co., das als Vertreter deutscher Interessen im Ausland galt.

»Eine neue Nahrung erhielten diese Gerüchte, als der nach Russland zurückkehrende Vorsitzende der russischen Parlamentsdelegation, die im Sommer desselben Jahres die Ententeländer besuchte, der Oktobrist Protopopow sich in Stockholm mit dem Vertreter des Bankhauses Warburg & Co., das den deutschen Interessen diente, einfand, mit ihm eine Unterredung wegen des Friedens pflegte und nachher über Stockholm eine Chiffrekorrespondenz führte. Wie es geschah, gerade nach dieser Begebenheit lenkte sich die Aufmerksamkeit des Hofes auf Protopopow.«[29] Er wurde im Herbst 1916 zum neuen Innenminister ernannt und blieb es gegen alle Widerstände (der Duma und der Alliierten) bis zur Februarrevolution, während Stürmer im Sommer 1916 auch den bisherigen »ententetreuen« Außenminister ersetzte, indem er selber das Außenministerium übernahm.

So wurde Protopopow im Winter 1916/1917 zur zentralen Figur der politischen Reaktion. Er wurde verdächtigt, Anhänger eines Separatfriedens zu sein, die Unruhen im Inneren Russlands zu fördern sowie die Versorgungslage Petrograds systematisch zu verschlechtern, um einen Aufstand der hungernden Bevölkerung zu provozieren,[30] der dann mittels Polizei

---

[29] Miljukow 1920, S. 36
[30] »Ich frage meinen Kundschafter, der klug, ziemlich anständig ist und in freiheitlichen Kreisen verkehrt: ›Glauben Sie, dass man vernünftigerweise einem Stürmer oder einem Protopopow den macchiavellistischen Gedanken zuschreiben könnte, der Teuerung Vorschub zu leisten, um Aufstände heraufzubeschwören und um als Gegenwirkung die Fortsetzung des Krieges unmöglich zu machen?‹ Er antwortet mir: ›Aber Exzellenz, das ist ja die ganze Geschichte Russlands! ... Seit Peter dem Großen und seiner berühmten Geheimkanzlei ist es immer die Polizei, welche die Volksunruhen hervorgerufen hat, um sich dann der Rettung des Regimes rühmen zu können. Wenn die Fortsetzung des Krieges eine Gefahr für das Zarentum bedeutet, seien Sie überzeugt, dass die Herren Stürmer und Protopopow zu den klassischen Verfahren der Ochrana (zaristische Geheimpolizei) ihre Zuflucht nehmen werden.‹«; Paléologue 1939, Teil 2, S. 236, Tagebucheintrag von Dienstag, 24. Oktober 1916

und Gendarmerie niedergeschlagen werden sollte. Sollten diese Kräfte nicht ausreichen, sollten die in der Hauptstadt stationierten Truppenverbände zur Unterstützung herangezogen werden. Ziel dieser Operation war, die Streikbewegung der Arbeiterschaft durch Militarisierung der Fabriken zu brechen und dabei zugleich auch die bürgerlich-liberale Opposition der Duma zu zerschlagen. Am Ende sollte es weder eine Duma, noch eine liberale Opposition, geschweige denn eine Arbeiterbewegung geben. Kurz zusammengefasst: das gesamte Programm, wie es schon der frühere Innenminister Durnowo dem Zaren vorgetragen hatte.

»Der neue Minister des Innern, Protopopow, trägt reaktionäre Ansichten und ein ebensolches Programm zur Schau. Er sagt, dass er sich nicht scheuen werde, den revolutionären Mächten die Stirne zu bieten; wenn es nottut, wird er sie herausfordern, um sie mit einem Schlage zu vernichten; er fühlt sich stark genug, den Zarismus und das orthodoxe heilige Russland zu retten: und er wird sie retten. ... Das ist die Sprache, die er vor seinen vertrauten Freunden mit unerschöpflicher Beredsamkeit und anmaßendem Lächeln führt.«[31] Dies notierte der französische Botschafter kurz nach der Ernennung Protopopows in seinem Tagebuch (16. Oktober 1916).

Für dieses Programm wurden alliierte Lieferungen von Maschinengewehren umgeleitet, um Polizei, Gendarmerie und einzelne Garnisonseinheiten aufzurüsten. Petrograd erhielt einen eigenen Militärkommandanten, General Chabalow, Ataman der Don-Kosaken. Dieser arbeitete einen abgestuften Plan zur Niederschlagung eines möglichen Aufstandes aus, der ein Zusammenwirken von Polizeikräften und einzelnen Armeeabteilungen vorsah. Der Einsatz der gesamten Garnison sollte wenn möglich vermieden werden. Stattdessen war vorgesehen, Kosaken, Garderegimenter und Lehrkommandos (Ausbildungseinheiten für Unteroffiziere) einzusetzen. Wir werden die Umsetzung dieses Plans im Februar 1917 sehen.

Hochadel und Romanow-Clan

Dieser neue Kurs von Zar und Zarin stieß nicht nur bei den alliierten Botschaftern und der bürgerlichen Opposition auf entschiedene Ablehnung, sondern ebenso bei dem Petrograder Hochadel und den gesamten restlichen Mitgliedern des Romanows-Clans. Angefangen von der Mutter des Zaren, seinem Bruder und weiteren Verwandten bis hin zur Schwester der Zarin beschwor diese Versammlung der Hocharistokratie den Zaren münd-

---

[31] Paléologue 1939, S. 220

lich wie schriftlich, von seinem politischen Kurs Abstand zu nehmen, um so wenigstens den Zarismus als Institution zu retten, von dem der ganze Clan im wahrsten Sinne »fürstlich« lebte. Alle diese Vorhaltungen hörte sich Nikolaus II. äußerlich ruhig und höflich an, wie alle betonten, entgegnete in den seltensten Fällen etwas, aber änderte keinen Deut an der Ausrichtung seiner Politik, die ihm von der Zarin und ihrem »Berater« vorgegeben wurde.

Selbst ein Jugendfreund des Zaren, der Großfürst Alexander Michailowitsch, vom Zaren nur Sandro genannt, kam am 10. Februar 1917 zum Zaren und zur Zarin, um sie im persönlichen Gespräch von ihrem Kurs abzubringen. Seine Ansichten hatte er zuvor in einem Brief zusammengefasst. »Wir durchleben den gefährlichsten Moment in der Geschichte Russlands. Alle fühlen das, die einen mit dem Verstand, die anderen mit dem Herzen oder der Seele. ... Die Ereignisse zeigen, dass Deine Ratgeber fortfahren, Russland und Dich in den sicheren Untergang zu führen. ... Die Regierung ist zurzeit das Organ, das die Revolution vorbereitet. Das Volk will keine Revolution, aber die Regierung tut alles, um die Unzufriedenheit zu schüren, und sie hat damit Erfolg. Wir nehmen an dem einmaligen Schauspiel einer Revolution von oben, nicht von unten, teil.«[32] Die Zarin verstand von dem Gespräch so viel, dass man ihr den von Rasputin empfohlenen Innenminister Protopopow nehmen wolle und verlangte stattdessen die Auflösung der Duma, was der Zar dann auch vorbereitete.[33] Die Warnungen des Jugendfreundes bewirkten genauso wenig, wie alle anderen Interventionen der Großfamilie zuvor.

Da aber die Gesamtheit der »Großfürsten« sich nicht zum Königsmord durchringen konnte, von dem – folgt man den alliierten Botschaftern – immer wieder in ihren Salons gemunkelt wurde, blieb nur der Mord an Rasputin übrig. Im Dezember 1916 wurde er von Mitgliedern des Hochadels und Verwandten des Zaren sowie dem rechtsradikalen Duma-Abgeordneten, Purischkjewitsch,[34] einem »Schwarzhunderter«, begangen. Alle Täter,

---

[32] Radsinski 1992, S. 190

[33] Er ließ einen entsprechenden Erlass fertigen, den er unterzeichnete und bei der Regierung hinterlegte. Es war nur noch das der Regierung geeignet erscheinende Datum einzutragen.

[34] »Purischkjewitsch, der die Fünfzig bereits überschritten hat, ist hingegen ein Mann der strengen Gesinnung und ein Mann der Tat. Er hat sich zum Vorkämpfer des orthodoxen Absolutismus aufgeworfen; er unterstützt ebenso stürmisch wie talentvoll die Theorie des ›von Gott gesandten autokratischen Zaren‹. Im Jahre 1905 stand er der berühmten reaktionären Liga, dem Bunde des russischen Volkes, vor, und er war es auch,

obwohl sie der zaristischen Polizei bekannt waren, blieben auf freiem Fuß und wurden bestenfalls mit einer Verbannung auf ihre Güter oder der Versetzung zu fernen, aber ungefährlichen Armeekommandos verurteilt. An der von der Zarin und ihrem ermordeten Ratgeber vorgegeben Politik änderte auch dieser Mord nichts. Protopopow blieb Innenminister, beschwor nach Behauptungen des französischen Botschafters nachts in Seancen den Geist des ermordeten Mönches um Rat und blieb bei dem Kurs, die politischen und sozialen Spannungen im Inneren zu verschärfen, um die gesamte Opposition bewaffnet niederzuwerfen.

Der Progressive Block muss handeln
Der Opposition in der Duma war der politische Schwenk der zaristischen Regierung nicht entgangen. Was konnte sie tun, wenn sie die Revolution mehr fürchtete als den Erhalt der Autokratie? Wo sollte sie Kräfte gewinnen, wenn sie sich mehr vor dem Volk als vor dem Zaren und seinen Schwarzhundertern fürchtete? Da die Bourgeoise sich ihrer politischen Schwäche bewusst war, blieben ihr nur zwei Möglichkeiten zu handeln. Als erstes und vor aller Augen: Appelle, Aufrufe und Enthüllungen, um die öffentliche Meinung von der Duma-Tribüne aus und in ihrer Presse gegen die zaristische Regierung aufzubringen. Das zweite musste verdeckt geschehen, unbemerkt von der Öffentlichkeit und der zaristischen Verwaltung: die Konspiration mit den Alliierten, der Armeeführung und den Mitgliedern des Romanows-Clans für einen Staatsstreich oder eine Palastrevolution. Diese beiden Punkte wurden zum Aktionsprogramm der bürgerlichen Opposition im Kriegswinter 1916/1917.

Im August 1914 hatten der liberale Adel und das Bürgertum enthusiastisch den Kriegseintritt des Zarenreiches an der Seite der Entente gefeiert. Die bürgerliche Opposition in der Duma wurde zur »Opposition Ihrer Majestät« und hatte die Absicht, während des Krieges getreulich am Burgfrieden festzuhalten. Aber trotz dieser vorbehaltlosen Unterstützung gewährte der Zarismus keine anderen Zugeständnisse an Bourgeoisie und liberalen Adel als das Recht, sich landesweit zur Unterstützung des Krieges

---

der die furchtbaren Pogrome gegen die Juden angeregt und geleitet hat. Seine Teilnahme an der Ermordung Rasputins beleuchtet die ganze Haltung der äußersten Rechten in letzter Zeit; sie bedeutet, dass die Anhänger der Autokratie, die sich durch die Tollheiten der Kaiserin bedroht fühlen, entschlossen sind, sich trotz des Kaisers und nötigenfalls gegen ihn zu verteidigen, zu schützen.« Paléologue 1939, Teil 2, S. 299-300, Tagebucheintrag vom 31.12.1916

und Milderung der Kriegsfolgen zu organisieren und sich dabei an den Kriegsaufträgen zu bereichern. Eine ernsthafte politische Beteiligung an der Regierung oder Verwaltung des Landes schloss der Zarismus weiterhin kategorisch aus.

Nun hatte der Krieg bereits in seinem ersten Jahr die vollkommene Unfähigkeit, Korruption und Hilflosigkeit der zaristischen Militärführung und der politischen Verwaltung schonungslos aufgedeckt. Die Armee besaß zu wenige Waffen, zu wenig Munition und einzig an inkompetenter militärischer Führung mehr als genug. Darüber hinaus war die zaristische Regierung nicht in der Lage, die Millionen von Flüchtlingen aus den Kriegsgebieten unterzubringen und zu versorgen. Ihr Versagen an allen Fronten des militärischen, ökonomischen, administrativen Handelns war unübersehbar.

Dies veranlasste die Dumamehrheit 1915, sich zum Progressiven Block zusammenzuschließen, einerseits um den politischen Druck auf den Zarismus für eine Regierung des »gesellschaftlichen Vertrauens« zu erhöhen, andererseits aber auch, um den Zarismus in seinen Kriegsanstrengungen zu stützen. »Auf Drängen der Kadetten schlossen sich alle Dumaparteien mit Ausnahme der radikalen Rechten und Linken zum Progressiven Block zusammen. Allerdings wurde die Breite der Einheitsfront mit der Ausklammerung zentraler Probleme erkauft. Das Programm ließ nicht nur Mäßigung, sondern auch eine beträchtliche Unverbindlichkeit erkennen. Den Bauern versprach es rechtliche Gleichstellung, den Arbeitern die Wiederzulassung der Gewerkschaften, den religiösen und nationalen Minderheiten das Ende der Diskriminierung ... Aber es schwieg sich über die Agrarfrage und soziale Reformen ebenso aus wie über Einzelheiten einer besseren Verfassung. Kern der Plattform und Raison d'être des Blocks war letztendlich nur eine Forderung: die nach einer ›Regierung des gesellschaftlichen Vertrauens‹.«[35]

Eigentlich gab es genug Gründe für den Progressiven Block ab Herbst 1915, in eine ernsthafte Opposition zur zaristischen Führung zu treten. Allein, für die »Opposition Ihrer Majestät« reichte das katastrophale Versagen der zaristischen Regierung und Armeeverwaltung nicht aus, um sich zu einer offenen Opposition gegen die zaristische Regierung zu formieren. Bis zum November 1916 blieb der Progressive Block im Wesentlichen bei der Politik des Burgfriedens. Erst bei dem erneuten Zusammentritt der Duma

---

[35] Hildermeier 1989, S. 129

im November 1916 eröffnet er dann endlich den Frontalangriff auf die zaristische Regierung.

Der Übergang der bürgerlichen Opposition zur offenen Konfrontation mit der Regierung hatte zwei uns bereits bekannte Gründe: Erstens die Gefahr eines Separatfriedens mit Deutschland, eine Gefahr, die von der Duma und den alliierten Botschaftern heftig beschworen wurde; zweitens die nach der Ansicht des Progressiven Blocks noch viel größere Gefahr eines Staatsstreichs im Inneren als Ergebnis sozialer Unruhen, worauf die zaristische Verwaltung gezielt hinsteuerte. Diese zweite Gefahr wurde allerdings nicht von der Rednertribüne der Duma verkündet, sondern intern, in den eigenen Reihen und mit den Botschaftern der Alliierten besprochen, die dies dann getreulich ihren Regierungen meldeten.

Da man die Angst der Bourgeoisie vor der Revolution schlecht in den Mittelpunkt der öffentlichen Kritik stellen konnte, konzentrierte sich der Angriff auf die katastrophalen Fehler in der Kriegsführung und der Versorgung von Armee und Bevölkerung. Pawel Miljukows Rede im November 1916, die diese Fehler und Versäumnisse der Regierung in den letzten Jahren auflistete, endete bei jedem dieser angeführten Fehler und Versäumnisse mit der rhetorischen Frage: »War dies Dummheit oder Verrat?« Und der Saal der Duma antwortete fast einmütig: »Verrat«.

Der Progressive Block, der die Dumamehrheit bildete, trat hier als entschlossene Kriegspartei einer zaristischen Regierung entgegen, der er eine ineffiziente und unentschlossene Kriegsführung vorwarf, bis hin zur ökonomischen Sabotage und Verrat an den russischen Kriegszielen.[36] Die Dumamehrheit kritisiert den Zarismus als Saboteur der russischen Kriegsanstrengungen, als wankelmütigen Bündnispartner der Alliierten, als Verräter an den gemeinsamen Kriegszielen. Dies gilt es im Gedächtnis zu behalten, denn die führenden politischen Köpfe dieses Blocks werden wir alle in der 1. Provisorischen Regierung nach dem Sieg der Februarrevolution wiederfinden. In dieser Revolution wurde neben den Forderungen nach Brot und Land auch die Losung »Nieder mit dem Krieg« deutlich artikuliert, aber sie brachte eine Regierung hervor, die von Vertretern der Kriegspartei geführt wurde. Das ist eine interessante Aporie der Februarrevolution, die die bürgerliche Geschichtsschreibung gerne vergisst.

---

[36] Paléologue 1939, Teil 2, S. 257, Tagebucheintrag 11.11.1916: »Am Nachmittag begegne ich Miljukow. Er bestätigt mir, dass die Abgeordneten vom Progressiven Block über die Regierung empört sind; sie beschuldigen sie, der wirtschaftlichen Krise Vorschub zu leisten, um die Fortsetzung des Krieges unmöglich zu machen.«

Die Miljukow-Rede in der Duma hatte beträchtliche Auswirkungen auf die öffentliche Meinung. Obwohl eine Publizierung des Redetextes und des Dumaprotokolls in der Presse unterbunden wurde, zirkulierte der Text auf unzähligen Flugblättern im gesamten Land und damit auch im Offizierskorps. Hier stieß diese Rede ebenso wie in der Öffentlichkeit auf große Resonanz. Vermeintlich erklärte der von den Kreisen um die Zarin unternommene »Verrat« die nicht enden wollenden Niederlagen der Armee und die schlechte Versorgungslage im Inneren, so dass die Armeeführung nun ihre eigene Unfähigkeit problemlos den »deutschen Verrätern« in der zaristischen Regierung und Verwaltung anlasten konnte. Es ist aber durchgängig unbefriedigend, gesellschaftliche Versäumnisse, unhaltbare politische Zustände und wiederholtes militärisches Unvermögen durch den Verrat einiger »Judasse« erklären zu wollen. So war Miljukows vom Ansatz her demagogisch angelegte Rede zwar ein weiterer Schlag gegen die Zarin und die zaristische Regierung im Kampf um die öffentliche Meinung, aber ebenso war diese Attacke gekennzeichnet von der Verkennung der tatsächlichen Verhältnisse, denn es war weder »Dummheit« noch »Verrat«, sondern die institutionalisierte Unfähigkeit eines überlebten Regimes. Dieses konnte nur zerschlagen, nicht reformiert werden, wie es der Progressive Block so gerne versuchen wollte.

Militäraktion oder Palastrevolution?
So brachten die Dumareden weder die proletarischen und bäuerlichen Massen hinter die Parolen des Progressiven Blocks noch bewegten sie die zaristische Regierung, vom Kurs der bewaffneten Konterrevolution im Inneren Abstand zu nehmen. Einzig die Armeeführung rückte näher an die Dumaführung heran und begann in Hinterzimmern mit ihr und den Vertretern der Alliierten zu konspirieren.

Ein Militärputsch oder eine Palastrevolution blieben somit die letzten Möglichkeiten der bürgerlichen Opposition. Pläne entstanden zu dieser Zeit einige, hinterher waren es so viele, dass man nicht mehr wusste, wer gerade mit wem konspirierte. Hélène Carrèrre d'Encausse schreibt in ihrer Biografie über Nikolaus II. zu diesen Putschplänen und hier speziell über den Plan des Oktobristen und Dumamitglieds Gutschkow, der seit dem russisch-japanischen Krieg von 1904-1905 beste Verbindungen zu führenden Offizieren der Armee besaß: »Außerdem kam ihm (gemeint ist Gutschkows Plan, Anm. der Verf.) schon deswegen wenig Gewicht zu, weil zu dieser Zeit zahlreiche Komplottpläne zirkulierten und die ranghörigen

Offiziere, die man in sie einweihte, bald nicht mehr wussten, welchen von ihnen sie unterstützen sollten. Den der erzwungenen Abdankung des Zaren? Den der Regentschaft Großfürst Michails? Den der zeitweiligen Übertragung der Macht vom Zaren auf Großfürst Nikolaj Nikolajewitsch, der damals noch von den Kämpfen an der Kaukasusfront festgehalten wurde, aber dann nach einigem Zögern doch den Verzicht vorzog?«[37]

Ein anderer Plan bezog den Stabschef der Armee sowie Mitglieder der zaristischen Familie mit ein. »Erfolgversprechender war eine zweite Verschwörung unter der Leitung von Fürst Grigorij Lwow, Chef des Städte- und Semstwo-Verbandes und künftiger Ministerpräsident der ersten Provisorischen Regierung, und der Mitwirkung des Stabschefs, General Aleksejew. Diese Gruppe plante, Alexandra zu zwingen, sich auf die Krim zurückzuziehen, während Nikolaus die Macht de facto an den Großfürst Nikolaj Nikolajewitsch abtreten sollte. Die Verschwörer nahmen den Kontakt mit dem Großfürsten, zu dieser Zeit Befehlshaber der Kaukasischen Front, über A. I. Chatisow, den Bürgermeister von Tiflis, auf. Nikolaj Nikolajewitsch erbat einen Tag Bedenkzeit und lehnte dann mit der Begründung ab, weder die Bauern noch die Soldaten würden diesen Schritt verstehen ... Es ist bezeichnend für die damalige Stimmung, dass Nikolaj Nikolajewitsch es nicht für nötig hielt, das Staatsoberhaupt von dieser Verschwörung zu unterrichten.«[38]

Bemerkenswert bleibt, dass letztendlich keiner dieser Pläne rechtzeitig umgesetzt wurde. Für Trotzki war dies ein Beweis, dass diese Verschwörungen nur »patriotische Stoßseufzer bei Wein und Zigarren« waren und die »leichtsinnigen Frondeure der Aristokratie und die schwerfälligen Oppositionellen der Plutokratie den Mut nicht aufbrachten, den Gang der ungünstigen Vorsehung durch eine Tat zu korrigieren.«[39] Was Trotzki hier mit gelungener Charakteristik der Akteure gänzlich abtut, war aber in der Realität der letzte Ausweg für die bürgerliche Opposition, die Armeeführung und den Romanow-Clan.

So standen im dritten Kriegswinter Zar Nikolaus und die politisch das Geschehen dominierende Zarin ziemlich einsam da, gestützt nur noch von den Kräften der politischen Reaktion, der Polizei, der Ochrana, den baltischen Adeligen und von Teilen des alten Großgrundbesitzes sowie darauf

---

[37] Carrèrre d'Encausse 2000, S. 407
[38] Pipes 1992, S. 467-468
[39] Trotzki 1960, Kapitel 5

hoffend, dass die russische Bauernschaft im Soldatenrock in ihrer Treue zum Zaren fest blieb. Die Arbeiterschaft, die bürgerliche Opposition, bedeutende Teile des Offizierskorps sowie der Romanow-Clan selbst standen im Gegensatz zum Zaren und seiner Regierung.

Die Revolution beginnt

Doch es war am Ende weder die Bourgeoisie noch die Armeeführung und erst recht nicht der Romanow-Clan, die den entscheidenden Schritt zum Sturz des politisch und gesellschaftlich isolierten Zaren wagten. Der zaristische Innenminister Protopopow führte im Januar 1917 den ersten Schlag. Er ließ die »Zentrale Arbeitergruppe« des Kriegsindustriekomitees verhaften, wohlgemerkt die Führung jener Gruppierung von Arbeitern, die fest auf dem Boden der Vaterlandsverteidigung und des Siegfriedens standen. Mit dieser Aktion schuf er den Anlass für die weitere Politisierung der ökonomischen Streikbewegung.

»Um die Wende des Jahres 1916/17 geriet die zentrale Arbeitergruppe in Petersburg im Zuge der wachsenden politischen Unruhe (Ermordung Rasputins, Vertagung der Duma durch den Zaren, Arbeiterdemonstration am Jahrestag des ›Blutigen Sonntags‹ von 1905) zunehmend auf revolutionäre Bahnen. In einem Aufruf, der ihre Verhaftung bewirkte, forderte die Arbeitergruppe das Petersburger Proletariat zu einer Massendemonstration am Tage der Wiedereröffnung der Duma auf. Die Arbeiter sollten unverzüglich Fabrikkomitees wählen, die sich untereinander verständigen und ihre Kräfte zusammenfassen sollten. ›Die radikale Beseitigung der Selbstherrschaft und die völlige Demokratisierung des Landes – das sind jetzt die Aufgaben, die unverzüglich verwirklicht werden müssen. ... Nur durch die Schaffung einer Provisorischen Regierung, die sich auf das im Kampfe organisierte Volk stützt, kann das Land aus der jetzigen Sackgasse und aus dem verhängnisvollen Ruin herausgeführt werden, kann die politische Freiheit befestigt und kann ein Frieden erzielt werden, der sowohl für das russische Proletariat wie für das Proletariat anderer Länder annehmbar ist.‹ In der Nacht zum 27. Januar 1917 wurden die Mitglieder der zentralen Arbeitergruppe verhaftet. Ihre Verhaftung bildete den Übergang zu den Ereignissen, die den Ausbruch der Revolution hervorriefen.«[40]

---

[40] Anweiler 1958, S. 123f.

Die Revolution beginnt

Der Aufruf der »patriotischen Arbeitervertreter« aus den Kriegsindustriekomitees zielte auf den Sturz des Zarismus (»radikale Beseitigung der Selbstherrschaft«) und die Errichtung einer demokratischen Republik (»völlige Demokratisierung des Landes«). In der Friedensfrage formulierte er nur sehr allgemein den Wunsch nach einer baldigen Beendigung des Krieges, ohne eine konkrete Position zu beziehen. Die Arbeitermitglieder in den Kriegsindustriekomitees waren rechte Menschewiki um den bereits erwähnten Arbeiter Gwosdew, die sozialpatriotische Positionen vertraten und mit ihrer Tätigkeit die russischen Kriegsanstrengungen unterstützten. Mit diesem Aufruf hatten sich die politisch am weitesten rechtsstehenden Teile des Petrograder Proletariats deutlicher gegen die zaristische Selbstherrschaft geäußert als Bourgeoisie und Adel, die ja nur eine Regierung des »gesellschaftlichen Vertrauens« unter der Herrschaft des Zarismus forderten.

Zugleich aber hatten sie mit ihrem Aufruf deutlich gemacht, dass sie es als Aufgabe der Arbeiterbewegung sahen, das Bürgertum in seinem Kampf gegen die zaristische Regierung zu unterstützen. Der Aufruf zur Demonstration zielte auf den Tag der Eröffnung der neuen Duma-Session am 14. Februar 1917, er orientierte den Protest der Arbeiter auf die von der bürgerlichen Opposition beherrschte Duma.

Nur lag dies gar nicht im Interesse des Progressiven Blocks. Noch mehr als den Zarismus fürchtete die russische Bourgeoisie das Proletariat und intervenierte sogleich gegen eine Massendemonstration zur Eröffnung der neuen Duma-Session unter Verweis auf die Pläne der zaristischen Geheimpolizei, einen solchen »Auftritt« herbeiführen zu wollen. Miljukow dazu: »Die Öffentlichkeit war überzeugt, dass die Regierung, statt eine Revolution zu erwarten, vorzieht, wie es im Dezember 1905 der Minister des Innern Durnowo in Moskau tat, sie künstlich hervorzurufen, um sie auf den Straßen zu töten. Die Hand des Polizeidepartements machte sich unbestreitbar in den nicht aufhörenden Streiks in den Petrograder Fabriken wie auch in den Studentenbewegungen fühlbar.«[41] Trotzdem fanden am 14. (27.) Februar Demonstrationen in Petrograd statt, auf denen die Duma zu energischen Maßnahmen gegen die Brotknappheit aufgefordert wurde.

Am 18. Februar (nach dem damals in Russland gültigen julianischen Kalender, 3. März nach dem im Westen geltenden gregorianischen Kalender) kam es zum Streik in den Putilow-Rüstungswerken, der zur Aussperrung

---

[41] Miljukow 1920, S. 44-45

der 30.000 streikenden Arbeiter führte. Die Streikbewegung dehnte sich auf weitere Betriebe aus. Am 21. Februar (06. März) begannen Plünderungen von Bäckereien, die sich auf das gesamte Stadtgebiet ausdehnten. Die Streikbewegung flammte erneut in den Betrieben der Stadt auf.

Zu diesen Streiks traten die Hunger-Demonstrationen der Arbeiterfrauen am 23. Februar (8. März), dem internationalen Frauentag. Dies geschah ganz unerwartet für die politische Linke. »Keinem kam in den Sinn, dass der Frauentag zum ersten Tag der Revolution werden sollte«, schreibt Trotzki. Vielmehr, so Trotzki, war gerade die bolschewistische Organisation des Wyborger Bezirks, eines Arbeiterbezirks in Petrograd, darum bemüht, die Arbeiter vor offenen Zusammenstößen mit der Staatsmacht abzuhalten. Dies war noch die gemeinsame Anschauung des Wyborger Komitees am Vorabend des 23. Februar.

Nur hielten sich die Textilarbeiterinnen am Internationalen Frauentag nicht an die politischen Vorgaben der linken Parteien. Sie waren die endlosen Schlangen an den Bäckereien bei zweistelligen Minusgraden leid, die Ungewissheit, überhaupt am Ende des Anstehens Brot zu bekommen und das Elend der zu Hause hungernden und frierenden Kinder weiter zu verlängern. Sie traten in den Streik, zogen zu den umliegenden Fabriken und forderten die Arbeiter auf, sich dem Streik anzuschließen. Da die Proteststimmung in der Arbeiterschaft seit Jahresbeginn 1917 stetig angeschwollen war, bedurfte es keiner großen Mühe, die Arbeiter der umliegenden Fabriken zu einem »Auftritt« zu bewegen.

»Die Tatsache bleibt also bestehen, dass die Februarrevolution von unten begann nach Überwindung der Widerstände der eigenen revolutionären Organisationen, wobei die Initiative von dem am meisten unterdrückten und unterjochten Teil des Proletariats, den Textilarbeiterinnen, unter denen, wie man sich denken kann, nicht wenig Soldatenfrauen waren, spontan ergriffen wurde. Den letzten Anstoß gaben die immer länger werdenden Brotschlangen. Ungefähr 90.000 Arbeiterinnen und Arbeiter streikten an diesem Tage. Die Kampfstimmung entlud sich in Demonstrationen, Versammlungen und Zusammenstößen mit der Polizei. Die Bewegung entwickelte sich im Wyborger Bezirk mit seinen großen Betrieben, von wo sie auf die Petersburger Seite übersprang. In den übrigen Stadtteilen gab es nach dem Zeugnis der Ochrana keine Streiks und keine Demonstrationen. An diesem Tage zog man bereits Truppenteile, wenn auch in geringer Zahl, zur Unterstützung der Polizei heran, es kam aber nicht zu Zusammenstößen mit ihnen. Eine große Menge Frauen, und zwar nicht nur

Die Revolution beginnt 33

Arbeiterinnen, zog zur Stadtduma mit der Forderung nach Brot. Das war dasselbe, wie von einem Bock Milch zu verlangen.«[42]

In den nächsten Tagen überschlugen sich die Ereignisse: Bereits am folgenden Tag (24. Februar/9. März) sind es nicht mehr 90.000 Streikende, sondern weit über 200.000. Und da die Newa zugefroren ist, können die Streikenden trotz der hochgezogenen Brücken über das Eis des Flusses in die Innenstadt auf den Newski-Prospekt gelangen. Die Kosaken attackieren entsprechend ihren Befehlen die Demonstrierenden mit ihren Pferden, schießen aber nicht. Durch ihren Einsatz kommen sie andauernd in den engsten Kontakt mit den demonstrierenden Massen. Die ersten Gespräche zwischen der aufgewühlten Bevölkerung und den für die Militärmacht des Zarismus stehenden Kosaken beginnen. Dass nicht geschossen wird, spricht sich schnell herum und ermutigt die Demonstranten.

Die Unruhen und Proteste verlassen an diesem Tag den Wyborger Bezirk und greifen auf das gesamte Stadtgebiet über. Mit der Forderung nach Brot hatten die Demonstrationen am Vortag begonnen. Jetzt tauchen neue, politische Forderungen auf: »Nieder mit der Selbstherrschaft« und »Nieder mit dem Krieg«. In den Arbeiterbezirken kommt es zu gewaltsamen Auseinandersetzungen mit der Polizei. Einzelne Polizeipatrouillen werden angegriffen und entwaffnet. Die Staatsmacht setzt zum ersten Mal Truppen, Kavalleristen, ein, aber auch sie sind nicht mit Schusswaffen, sondern mit Nagajkas (geflochtene Lederpeitschen, typisch für die Kosakenausrüstung bei inneren Unruhen) und Lanzen ausgerüstet. Noch soll nicht geschossen werden, noch glaubt man im Militärkommando an eine demnächst abflauende Hungerrevolte.

Am kommenden Tag, dem 25. Februar (10. März) gehen die Streiks in einen Generalstreik über, und die an vorderster Front stehenden Kosaken lassen Sympathien für die demonstrierenden Massen erkennen. Nun werden erste Infanterieeinheiten ins Stadtgebiet geschickt. Die Polizei wird im gesamten Stadtbereich von den Arbeitern attackiert, entwaffnet und in einer Reihe von Fällen gelyncht oder erschlagen. Der Hass der Massen auf die Polizei ist grenzenlos, eine Verbrüderung, so Trotzki in seinem Bericht, ist ausgeschlossen. Am Ende dieses Tages wird die Polizei aus dem Stadtbild weitgehend verschwunden sein. Sie operiert nun aus dem Hinterhalt mit Maschinengewehrnestern in Dachgeschosswohnungen, mit Überfällen aus Hinterhöfen etc. In Wyborg, dem Arbeiterviertel, waren ihre Wachen

---

[42] Trotzki 1960, S. 97

bereits gestürmt und abgebrannt. »Bereits am ... 25. Februar war der Wyborger Stadtteil vollständig in den Händen der Aufständischen. Die Polizeireviere waren zerstört, einzelne Polizeibeamte niedergemacht, die Mehrzahl hielt sich verborgen.«[43]

Scheitern der Konterrevolution und Ende des Zarismus
Inzwischen hat der Zar nach Petrograd telegrafiert und die Niederwerfung der Unruhen angeordnet. Die Infanterie soll am kommenden Tag bewaffnet gegen die Demonstranten vorgehen. In der Nacht auf den 26. Februar, einem Sonntag, beginnen Verhaftungen von bekannten Vertretern der linken Parteien, u.a. wird auch das Stadtkomitee der Bolschewiki inhaftiert. Die Revolution steht am Scheideweg. Wenn die Armeeeinheiten schießen und die Demonstrationen zerschlagen, ist der Plan des Zaren und seines Innenministers aufgegangen, die Fabriken können nach der Niederwerfung der Streiks unter Militärrecht gestellt und die Duma nach Hause geschickt werden.

Das zweite setzt die zaristische Regierung sofort um. Ihr liegt eine undatierte Anweisung des Zaren zur Auflösung der Duma vor. Dieses Dekret hatte der Zar vor seiner Abreise in das militärische Hauptquartier seinen Ministern hinterlassen. Sie mussten nur das ihnen geeignet erscheinende Datum einsetzen, und das wird der 26.02.1917, nachdem die militärische Niederwerfung der Massenbewegung angeordnet war. Miljukow hatte also ganz recht mit seinen Vermutungen über die Absichten der zaristischen Regierung.

Doch zurück zu den Ereignissen der Revolution. Am 26.02. kommt es zu Auseinandersetzungen zwischen demonstrierenden Arbeitern und der Armee. Vorgeschickt vom Stadtkommandanten werden die sogenannten Lehrkommandos, Ausbildungsabteilungen für Unteroffiziere auf der Regimentsebene. Diese Teile der Armee schießen in die Menge. Trotzki spricht in seiner Geschichte der russischen Revolution von ca. 40 Toten an diesem Tag. Aber die Massen weichen trotz Schießens nicht zurück und es gelingt nicht, die Demonstranten in die Arbeiterviertel zurückzudrängen, die Demonstrationen formieren sich fortwährend neu in der Stadt.

Was wird nun am 27.02. geschehen? Werden die Arbeiter weiter streiken und demonstrieren, trotz schießender Soldaten? Und werden die Bauern im Uniformrock den Befehlen ihrer Offiziere wie in den Jahren 1905 bis 1907

---
[43] Ebd., S. 106

Die Revolution beginnt

folgen und auf die weitgehend unbewaffnete Menge schießen? Die Streikkomitees der Betriebe beschließen die Fortsetzung des Ausstandes und ein erneutes »Heraustreten« auf die Straßen Petrograds, trotz der Bedenken der noch verbliebenen politischen Köpfe der linken Parteien, die ein Scheitern der Revolution für wahrscheinlicher halten als ihren Sieg.

Doch die Schüsse des Lehrkommandos des Wolhynischen Regiments haben ihre Folgen. Am 27.02. ist es das erste Regiment, das zur Revolution überläuft und sich seiner Offiziere entledigt. Da es bei einer Einheit nicht bleiben kann und darf, wenn die revolutionären Soldaten überleben wollen, ziehen sie zu den nahegelegenen Kasernen und rufen deren Soldaten zum Aufstand auf. »Zuerst erhoben sich die Soldaten des Wolhynischen-Regiments. Bereits um sieben Uhr morgens alarmierte der Bataillonskommandeur telefonisch den General Chabalow (den bereits erwähnten Stadtkommandanten; Anm. der Verf.), um ihm die bedrohliche Nachricht zu geben, das Lehrkommando, das heißt der speziell für die Ruhestiftung vorgesehene Truppenteil, weigere sich auszurücken, der Kommandant sei ermordet oder habe sich vor versammelter Mannschaft selbst erschossen; die zweite Version wurde übrigens bald fallengelassen. Nachdem sie die Brücken hinter sich verbrannt hatten, waren die Wolhynier bestrebt, die Basis des Aufstandes zu verbreitern: das war jetzt für sie die einzige Rettung. Sie stürzten in die benachbarten Kasernen der Litowski- und Preobraschenski-Regimenter (weitere Garderegimenter; Anm. d. V.), um die Soldaten ›rauszuholen‹, wie Streikende von Betrieb zu Betrieb gehen, um die Arbeiter herauszuholen. Nach einiger Zeit erhielt Chabalow die Meldung, die Wolhynier gäben die Gewehre nicht nur nicht ab, wie es der General befohlen, sondern sie hätten gemeinsam mit den Preobraschenskern und Litowskern und, was noch schlimmer war, ›vereinigt mit den Arbeitern‹ die Kasernen der Gendarmerie Division demoliert.«[44] Am Abend des 27. Februar waren es bereits 67.000 Soldaten der Petrograder Garnison, die sich dem Aufstand angeschlossen hatten. Arbeiter und Soldaten stürmen nun die Polizeiwachen der Innenstadt und die Gefängnisse, um die Inhaftierten zu befreien.

Am 27. Februar, einen Tag nach der Umsetzung des zaristischen Schießbefehls, hat die Revolution gesiegt. Der Militärkommandant Chabalow unternimmt noch einen verzweifelten Versuch, durch die Aufstellung eines »verlässlichen« Stoßtrupps den Aufstand niederzuwerfen, doch dieser Ver-

---
[44] Ebd., S. 117

band verschwindet, wie später viele nach ihm, im revolutionären Durcheinander. Die zaristische Regierung tritt an diesem Tag zurück. Der Zar und sein Innenminister haben ihr Spiel mit der Revolution und Konterrevolution verloren. Während der Zar es noch nicht weiß und begreift, lässt sich Protopopow verhaften und rettet sich so in die Duma (die er einen Tag zuvor per Dekret aufgelöst hatte), um sein Leben vor dem Volkszorn zu retten.

Der Zar, weiterhin blind für die Stimmung im Land und in der Armee, versuchte dasselbe wie sein getreuer Vasall Chabalow in Petrograd, diesmal nur mit Fronttruppen. Er beauftragte einen stramm reaktionären General, Nikolai Iwanow, mit der Aufstellung von »verlässlichen« Truppenverbänden und ernannte ihn zum »Militärdiktator« von Petrograd, um dort unverzüglich den Aufstand niederwerfen zu lassen. Aber auch diesem General mit seinen »verlässlichen Truppen« ereilte dasselbe Schicksal wie Chabalow. Der Marsch auf Petrograd endete am nächsten größeren Eisenbahnknotenpunkt und die verlässlichen Verbände verschwanden im Strudel der Revolution.

Dies ist kein unglücklicher Zufall, kein Zusammentreffen widriger Umstände, wie manche Historiker herausgefunden haben wollen, sondern der Sache nach unvermeidlich. Was die Zufallsbehauptung von vornherein widerlegt, ist die Regelmäßigkeit, mit der diese Ereignisse im Jahre 1917 geschehen, von Chabalow in Petrograd über die zaristischen Fronttruppen mit ihrem Militärdiktator, über Kornilows »Wilde Division« bis schließlich zu Kerenskis letztem Aufgebot – keiner dieser »verlässlichen Verbände« erreicht die revolutionäre Metropole. Das Geheimnis dieser Wiederholungen ist simpel: die Bauernschaft im Militärmantel duldet keinen Putsch gegen »ihre« Revolution.

Der Zar dankte offiziell ab, nachdem er am 2. (15.) März vom Oberbefehlshaber der Armee und dem Dumavorsitzenden dringlich dazu aufgefordert war. Zusammen mit dem Ende des Zarismus löste sich auch der zaristische Staatsapparat auf. »Gleich von den ersten Tagen der Märzrevolution an waren sämtliche Beamten der früheren zaristischen Verwaltung einfach verschwunden, von den obersten Stellen bis hinab zu den untersten«, berichtet Miljukow.[45] Eines der Probleme der neu gebildeten Provisorischen Regierung bestand daher von Anfang an darin, dass sie über keinen Staatsapparat zur Umsetzung ihre Beschlüsse verfügte. In einer ihrer ersten Sitzungen offenbarte Fürst Lwow, Ministerpräsident und Innenminister der

---

[45] Miljukow 1925, S. 40

Die Revolution beginnt

ersten Provisorischen Regierung, dieses Problem seinen Ministerkollegen, indem er ihnen ein Bündel Telegramme zeigte: »Sehen Sie sich an, was geschieht meine Herren. Seit gestern strömen Telegramme wie diese aus allen Teilen des europäischen Russlands bei uns zusammen. Das sind keine Solidaritätserklärungen mehr, wie Sie sie gelesen haben. Dies sind offizielle Berichte aus den Provinzhauptstädten und aus vielen kleineren Orten. Alle sagen mehr oder weniger dasselbe: Bei der ersten Nachricht über den Sturz der Monarchie hat die örtliche Verwaltung die Flucht ergriffen, vom Gouverneur bis zum letzten Polizisten. Und die Beamten, insbesondere bei der Polizei, die nicht rechtzeitig entkommen konnten oder wollten, sind von unzähligen selbsternannten Revolutionsausschüssen und Komitees verhaftet worden.«[46]

Nachdem die Armeeführung schon vorher mit der bürgerlichen Opposition und den Alliierten gegen den Zaren konspiriert hatte, war niemand mehr da, der irgendwo in den Weiten Russlands den Kampf für die Erhaltung der Zarenmacht aufnehmen wollte. Dies erklärt die Leichtigkeit, mit der die Revolution im gesamten Land siegte, und die Verbitterung des Zaren, der dazu in seinem Tagebuch vermerkte: »Rundherum sind nur Verrat, Feigheit und Betrug.«

Was machte währenddessen die Duma, speziell ihre Mehrheit, der Progressive Block? Hören wir dazu die Darstellung der Ereignisse durch Miljukow, den politischen Kopf der bürgerlichen Kräfte: »In dem Augenblick, als die Revolution ausbrach, an demselben Tag des 11. März (26. Februar), wurde die Duma auf Grund eines kaiserlichen Erlasses vertagt. ... Sie gehorchte dem ergangenen Befehl. Der Dumaausschuss, der an jenem Tage gebildet wurde ... war nicht in einer formellen Versammlung der als staatliche Institution handelnden Duma gewählt. Die Wahl fand in einer nicht formellen Versammlung statt, die in privater Weise in einem Nebenraum ... abgehalten wurde. Die Duma selbst hatte vom Augenblick ihrer Vertagung an aufgehört als politischer Faktor zu existieren.«[47] Während die Revolution also bereits auf den Straßen marschiert, gehorcht die Duma dem Auflösungsbefehl des Zaren und machen sich ihre Abgeordneten daran, auf privater Ebene in Hinterzimmern einen informellen »Ausschuss« zu bilden.

---

[46] So der Bericht Kerenskis in: Kerenski 1989, S. 249
[47] Miljukow: 1925, S. 28

Ein verzweifelter Versuch der Duma, den Zarismus zu retten

Noch immer war die Revolution für den Progressiven Block das größere Übel als die zaristische Autokratie. Wie sollte man jetzt politisch manövrieren und den Weg zwischen Scylla und Charybdis finden, ohne gleich politisch unterzugehen? N. Suchanow,[48] ein linker Menschewik, Internationalist und aktiver Teilnehmer an den Geschehnissen des Jahres 1917, schildert die politische Situation des progressiven Blocks folgendermaßen: »In der Tat standen in diesem Augenblick Miljukow – und mit ihm das gesamte wohlhabende Russland – vor einem wahrhaft tragischen Zwiespalt (…) Solange der Zarismus noch nicht endgültig beseitigt war, musste man sich an ihn klammern, man musste auf seiner Grundlage das gesamte innere und äußere Programm des Nationalliberalismus aufbauen. Das begriff in der Bourgeoisie jeder einigermaßen Erfahrene.«[49]

Suchanow suchte deshalb am 12. März/27. Februar den Kontakt im Dumagebäude zu Miljukow, um ihn über die weiteren Absichten des Progressiven Blocks zu befragen. »Haben Sie die Absicht, jetzt da wir uns im Zustand der Revolution befinden, die Staatsmacht in Ihre Hände zu nehmen?« Miljukows Antwort auf diese Frage – wohlgemerkt an dem Tage, da die Revolution in Petrograd gesiegt hatte – ist klar und eindeutig: »Zunächst einmal gehöre ich einer Partei an, die in ihren Handlungen an die Entscheidungen eines größeren Kollektivs, nämlich des Progressiven Blocks, gebunden ist. Ohne diesen, mit dem sie ein Ganzes bildet, kann sie nichts unternehmen und nichts entscheiden … Ferner haben wir als verantwortliche Opposition zweifellos die Macht angestrebt und sind den Weg zur Macht gegangen, aber wir strebten nicht auf dem Weg über die Revolution zur Macht. Wir haben diesen Weg abgelehnt, es war nicht unser Weg.«[50] Ja, wir wollen die Macht, aber wir wollen sie nicht von der Revolution übertragen bekommen, sondern vom Zarismus. Und noch verhandelte man mit dem Zarismus.

---

[48] Lenin beschreibt N. Suchanow folgendermaßen: »Wenn wir von dem Publizisten (…) N. Suchanow sprechen, werden sicherlich alle damit einverstanden sein, dass er nicht der schlechteste, sondern einer der besten Vertreter der kleinbürgerlichen Demokratie ist. Er hat eine aufrichtige Neigung zum Internationalismus, die er in den schwersten Zeiten, mitten im Wüten der zaristischen Reaktion und des Chauvinismus bewiesen hat. Er hat Kenntnisse, und ihm ist das Bestreben eigen, sich über ernste Fragen ein selbständiges Urteil zu bilden, was er durch seine lange Entwicklung von der sozialrevolutionären Ideologie in Richtung zum revolutionären Marxismus bewiesen hat.« LW 25, S. 297
[49] Suchanow 1967, S. 61
[50] Ebd., S. 64

Die Revolution beginnt

Nur wurde das Lavieren indessen immer unmöglicher, weil man durch die siegreiche Revolution zum Handeln gezwungen wurde. Die aufständischen Regimenter standen nicht mehr nur vor dem Dumagebäude, dem Taurischen Palais, wo Kerenski fast ununterbrochen Reden hielt, sie waren bereits in Massen in das Gebäude gestürmt. Im Stadtgebiet begannen sie zusammen mit bewaffneten Arbeiterabteilungen, Polizeioffiziere und Minister zu verhaften und ins Taurische Palais zu bringen. Was war also zu tun?

Als erstes galt es für den Progressiven Block, weiterhin jeden revolutionären Anschein zu vermeiden und die Möglichkeit eines Deals mit dem Zarismus weiter offen zu lassen. Obwohl die zaristische Regierung bereits zurückgetreten war, erklärte sich der gerade gewählte Ältestenrat der Duma nicht zur Regierung. Ebenso wenig war die gerade aufgelöste Duma bereit, sich dem Vorbild der französischen Revolution entsprechend zur Nationalversammlung zu konstituieren und aus ihrer Mitte eine Regierung zu bilden. Schließlich entschloss sich der Ältestenrat zur Bildung eines »Provisorischen Komitees zur Wiederherstellung der öffentlichen Ordnung«. Schon der Name atmet mehr den Geist der Konterrevolution als den der Revolution. Den Kern des dreizehnköpfigen Gremiums stellten die führenden Politiker des Progressiven Blocks. Hinzu kamen der Vorsitzende der menschewistischen Dumafraktion Tscheidse und der Trudowik Kerenski, die die Aufgabe hatten, die Verbindung zu den revolutionären Parteien und Aufständischen herzustellen.[51]

Am späten Abend dieses Tages übernahm das Provisorische Dumakomitee dann doch die »Macht«, und zwar aus der Hand der Revolution, weil mit dem Zarismus kein Deal zustande gekommen und weiteres Abwarten nicht mehr möglich war. Doch was hatten die führenden Köpfe des Progressiven Blocks nicht alles versucht, um den Zarismus wenigstens als konstitutionelle Monarchie zu retten? Gutschkow und Wassili Schulgin, zwei Vertreter des Progressiven Blocks, waren zum Zaren ins Hauptquartier gereist, um mit ihm über eine »geeignete Abdankung« zu verhandeln. »Ich wusste«, schreibt Schulgin, selbst ein überzeugter Monarchist, »dass, wenn die Abdankung in unsere Hände gegeben wird, es so sein würde, als hätte es keine Revolution gegeben. Der Kaiser wird auf eigenen Wunsch auf den Thron verzichten, die Macht wird auf den Regenten übergehen, der eine neue Regierung ernennt. Die Reichsduma, welche dem Auflösungsbefehl Folge leisten würde, hätte nur deshalb die Macht ergriffen, weil die alten

---
[51] Hildermeier 1989, S. 138

Minister auseinandergelaufen waren, und sie wird diese Macht der neuen Regierung übergeben. Das wäre, vom Rechtsstandpunkt aus, keine Revolution.«[52] Das waren die durch die revolutionären Ereignisse in Petrograd bereits hinfälligen Träume der russischen Bourgeoisie, sich die Macht vom Zarismus übertragen zu lassen. Sie fürchtete sich mehr vor der Revolution als vor dem Zarismus und wünschte, die Tatsache der Revolution zumindest auf dem Papier aus der Welt zu schaffen.

Die rechten Kreise der Kadetten unter Führung Miljukows sowie die große Mehrzahl der Oktobristen favorisierten bis zuletzt eine konstitutionelle Monarchie mit einem weniger verhassten und der bürgerlichen Opposition zugewandten Repräsentanten der Zarenfamilie auf dem Thron. Als legitimer Thronerbe war der Zarewitsch, Nikolaus' 12-jähriger Sohn, vorgesehen, während der Bruder des Zaren bis zur Volljährigkeit des Knaben die Regentschaft übernehmen sollte, obwohl man von beiden nicht viel hielt. »In engem Kreis bezeichnete Miljukow den in Aussicht genommenen Thronerben und den Regenten als ›ein krankes Kind und einen durch und durch dummen Mann‹.«[53] Doch diese Pläne schlugen fehl, weil der Zar nicht nur für sich, sondern auch für seinen Sohn den Thronverzicht erklärte, während der »durch und durch dumme« Bruder so klug war, nur nach einer positiven Entscheidung im Rahmen einer künftigen konstituierenden Versammlung für den Thron zur Verfügung zu stehen. Da es damit an einem geeigneten und wagemutigen Vertreter der Romanow-Dynastie fehlte, der zu dem Abenteuer der Thronübernahme ohne Zustimmung der noch nicht vorhandenen Konstituante bereit gewesen wäre, scheiterten die konstitutionellen Versuche schon frühzeitig mangels eines geeigneten Thronprätendenten.

Allein dass diese Versuche unternommen wurden, verweist auf die Schwäche der russischen Bourgeoisie. Sie scheute sich, die Regierungsverantwortung im eigenen Namen – ohne Deckung von Monarchie und Adel – zu übernehmen. Miljukow »glaubte ganz einfach nicht, dass irgendeine Regierung lebensfähig wäre und dem Druck des Sowjets ... standhalten könnte, falls nicht das traditionelle Schwergewicht der Monarchie für sie in die Waagschale gelegt würde.«[54]

---

[52] Nach: Anin 1976, S. 154
[53] Moorehead 1958, S. 195f.
[54] Ebd.

Kontroverse Interpretationen

Miljukow beginnt die von ihm verfasste Geschichte der russischen Revolution mit der Überschrift: »Die IV. Reichduma wirft die Monarchie nieder«. Nach der bisher gegebenen Darstellung der politischen Ereignisse erstaunt diese Aussage. Doch Miljukow weiß sie zu begründen: »Das Hauptmotiv (der bürgerlichen Opposition in der Auseinandersetzung mit dem Zarismus; Anm. der Verf.) war der Wunsch, den Krieg in Verbindung mit der Entente bis zum siegreichen Ende zu führen, die Ursache ihrer Opposition war die andauernd steigende Überzeugung, dass dieses Ziel bei dem vorhandenen Regime und mit der vorhandenen Regierung nicht zu erreichen ist. ... Die Dumamajorität kämpfte bis zum Schluss gegen die Ansicht, dieses Ziel auf dem Wege einer Revolution zu erreichen. Da aber die Majorität einsah, dass es doch zu einem gewaltsamen Weg kommen wird, auch außerhalb der Reichsduma, so bereitete sich die Majorität vor, den Umsturz in ruhige Bahnen zu lenken, da sie es vorzog, den Umsturz von oben und nicht von unten zu haben.«[55]

Die Majorität, von welcher der Verfasser hier spricht, ist der Progressive Block der Duma, und der von ihm blumig umschriebene Versuch, »den Umsturz in ruhige Bahnen zu lenken«, um ihn »von oben und nicht von unten zu haben«, ist die Verabredung mit dem militärischen Hauptquartier und den Alliierten zur Palastrevolution. Nun hatte aber gerade dieses Unterfangen den Zarismus *nicht* gestürzt, sondern hatte die Februarrevolution dies vollbracht. Wo soll da das Verdienst der Duma gelegen haben, deren Anliegen es gewesen war, diese Revolution zu verhindern?

Um das zu begründen, verwandelt Miljukow die Februarrevolution in einen »ziellosen Aufruhr«, der erst mit der ersten Provisorischen Regierung zur Revolution wurde. Für ihn ist die revolutionäre Bewegung »form- und gegenstandslos«; erst die »Hineinmischung der Reichsduma gab der Straßen- und Militärbewegung ein Zentrum, gab ihr ein Banner und Losungswort und verwandelte dadurch den Aufruhr in eine Revolution, die mit der Niederwerfung des alten Regimes und der Dynastie endigte.«[56] Diese Darstellung steht im direkten Gegensatz zu den Tatsachen. Die Duma hatte mit der Februarrevolution nichts zu schaffen, sie hatte sie nicht gewollt, stand nicht an ihrer Spitze und gab ihr weder ein Banner noch ein Losungswort.

---

[55] Miljukow 1920, S. 42
[56] Ebd., S. 45

Die Losungen der Duma waren »Regierung des gesellschaftlichen Vertrauens« und »Krieg an der Seite der Entente bis zum siegreichen Ende« gewesen. Aber dafür waren die Massen nicht auf die Straße gegangen, ihre Losungen und damit die Losungen der Februarrevolution waren »Nieder mit dem Zaren«, »Nieder mit dem Krieg«, »Brot, Land und Frieden« gewesen. Weiter entgegengesetzte Forderungen sind kaum denkbar.

Warum zitieren wir die offensichtlich schönfärberischen Ausführungen Miljukows? Sie sind, wenn auch in abgeschwächter Form, fester Bestandteil der dominierenden Geschichtsschreibung über die Februarrevolution geworden. Die Rolle der bürgerlichen Opposition in Gestalt des Progressiven Blocks in der Reichsduma wird tendenziell überzeichnet und der Gegensatz zwischen den Zielen der Februarrevolution und dem Programm der anschließend gebildeten Provisorischen Regierung unterschlagen.

»Die Koinzidenz zweier Angriffe, des parlamentarischen Staatsstreichs im Zeichen der Demokratie und des Aufstands der Massen für Brot, Freiheit, Gleichheit und Friede, ermöglichte den Umsturz. Aber sie verhalf ihm noch nicht zum Sieg. Entscheidend für den raschen Triumph ... war das Arrangement zwischen Armeeführung und Duma, das seinerseits die Mäßigung der Revolution voraussetzte.«[57] So urteilt, unverkennbar in der Tradition der Miljukowschen Geschichtsschreibung, der Russland-Historiker Manfred Hildermeier. Doch diese Interpretation ist falsch. Der Zarismus wurde nicht durch die »Koinzidenz zweier Angriffe« gestürzt, sondern durch den Arbeiteraufstand und das Überlaufen der bäuerlichen Armee. Ebenso wenig war es »das Arrangement zwischen Armeeführung und Duma«, das zum raschen Triumph der Revolution führte, sondern wiederum war es das Zusammengehen der bäuerlichen Armee (und nicht ihrer Führung) mit dem Arbeiteraufstand. Dieser Verlauf der Februarrevolution in Petrograd wiederholte sich mit einigen Tagen Verzögerung in allen größeren Städten des ehemaligen Zarenreiches. Mit dem Sieg des Umsturzes hatte weder die bürgerliche Opposition in der Duma zu tun noch die Generalität im Hauptquartier der Armee.

---

[57] Hildermeier 1989, S. 146f. In seiner neueren Publikation (Geschichte Russlands) urteilt der Autor dagegen, dass das Dumakomitee »den Sieg gleichsam aus der Hand der aufständischen Arbeiter entgegen(nahm); neben das Parlament und seine Exekutive trat der Sowjet.« Hildermeier 2016, S. 1082f.

Kontroverse Interpretationen

Proletarischer Aufstand oder bäuerliche Soldatenmeuterei?
Neben dieser bürgerlichen Verschiebung des Revolutionserfolgs gibt es auch eine bäuerliche Verschiebung, die Richard Pipes in seinem Standardwerk über »Die russische Revolution« verficht: »Angesichts der Tatsache, dass die Februarrevolution häufig als ein Aufstand der Arbeiter dargestellt wird, muss betont werden, dass sie zuerst und vor allem eine Meuterei von Bauern im Soldatenrock war, die von den Behörden aus Sparsamkeitsgründen in völlig überbelegten Kasernen in der Hauptstadt des Landes untergebracht worden waren – in den Worten eines Augenzeugen wie ›Zunder neben einem Pulverfass.‹«[58] Dieser Ansatz hat den Augenschein auf seiner Seite, denn in der Nacht vom 26. zum 27. Februar war die weitere Entwicklung der Streiks und Demonstrationen der Arbeiter und damit die Zukunft der Revolution völlig offen. Die Soldaten hatten am 26. Februar Waffen eingesetzt mit Toten und Verletzten als Ergebnis. Würden die Truppen am kommenden Tag allerorten in der Hauptstadt scharf schießen, waren die Streiks und Demonstrationen nicht fortzuführen; der Arbeiteraufstand hätte in einer blutigen Niederlage geendet. Vom Verhalten der Soldaten hing also der Ausgang der Revolution ab.

Indessen schossen die Truppen am 27. Februar nicht, sondern begannen zu meutern und sich mit den Arbeitern zu verbrüdern. Insoweit sicherte das Überlaufen der bäuerlichen Garnison den Sieg der Revolution. Aber was war der entscheidende Grund dafür? War es die Überbelegung der Kasernen oder die Knauserigkeit der zaristischen Verwaltung? Bislang hatte der bäuerliche Soldat auf die Unbilden des zaristischen Regimes mit individueller Desertation aus der Armee reagiert. Jetzt war er über mehrere Tage hinweg mit den revolutionären Arbeitern konfrontiert, und im direkten Kontakt mit der Arbeiterbewegung eröffnete sich ihm eine neue, organisierte Form des Protestes gegen das zaristische Regime, um seiner rechtlosen Lage und dem mörderischen Krieg zu entkommen. Die fortwährende Einflussnahme der Arbeiter auf die Bauernsoldaten führte zum Umschwung in den Regimentern und verhalf der Revolution zum Durchbruch.

Die Februarrevolution war deshalb »zuerst und vor allem« *keine* Meuterei der Bauern im Soldatenrock, wie Pipes meint, sondern eine proletarische Revolution, deren Sieg an das Überlaufen der bäuerlichen Armee (nicht der Generäle des Hauptquartiers) geknüpft war. Anders gesagt, wurde die Revolution von den Arbeitern »gemacht«, aber erst das Überlaufen der bäu-

---
[58] Pipes 1992, S. 483

erlichen Soldaten sicherte ihren Erfolg. Dieses Wechselspiel zwischen beiden Bewegungen kennzeichnete mit unterschiedlichen Verlaufsformen und Gewichten auch den Fortgang der kommenden Monate.

Kapitel 2
Der Hintergrund: Die Klassenverhältnisse in Russland

In den Geschehnissen des Revolutionsjahrs 1917 brachen sich elementare Kräfte Bahn, die ihre Wurzeln im Klassengefüge des zaristischen Staats hatten. Die Gesellschaftsformation Russlands unterschied sich fundamental von derjenigen Westeuropas, was in erster Linie einer Agrarverfassung geschuldet war, die anderen Charakter trug als in den gemeinhin als »Feudalismus« gekennzeichneten Territorien westlich der Elbe.[59]

Auf der einen Seite waren die Agrarverhältnisse im Zarenreich vielgestaltig und sahen im Baltikum, Polen, der Ukraine, Südrussland, den Kosakengebieten und Sibirien unterschiedlich aus. Auf der anderen Seite lebte der weitaus größte Teil der Landbevölkerung jedoch in den Schwarzerde- und Nichtschwarzerdegebieten Russlands und wirtschafte die Masse der Bauernschaft in den zentralrussischen Rayons in einer »Obscina«, d.h. in einer Dorfgemeinde, für die der Begriff des Privateigentums an Land weitgehend fremd war.

Im Kapital schrieb Karl Marx, dass die »gemäßigte Zone«, sprich Westeuropa, zum »Mutterland des Kapitals« wurde, weil hier die Unterschiede der Bodenfruchtbarkeit und seiner natürlichen Produkte, also der Wechsel der Naturumstände, zur Entwicklung der Bedürfnisse und produktiven Fähigkeiten des Menschen anspornten.[60] Umgekehrt haben die geographischen und klimatischen Bedingungen Zentralrusslands maßgeblich zur Herausbildung der Obscina beigetragen. Mit kurzen Sommern und langen Wintern drängt das Kontinentalklima hier die Zeiten für Aussaat und Ernte auf einen kurzen Zeitraum zusammen. Durch eine ungünstige Verteilung der jährlichen Niederschläge bringen die Grünfutterflächen außerdem nur wenige Erträge, so dass Viehhaltung, der Einsatz natürlichen Düngers und die Möglichkeit entfalteten Fruchtwechsels eingeschränkt sind. Die Kombination von Ackerbau und Viehzucht, die im Westen Europas von eigenwirtschaftenden Bauern betrieben wurde und mit einer vergleichsweise hohen

---

[59] Zu den grundlegenden Unterschieden zwischen der westeuropäischen Feudalität und der russischen Gesellschaftsformation vgl. Schröder: Asiatische, feudale oder kapitalistische Gesellschaft?, in: Karuscheit/Schröder 1993, S. 331-396

[60] MEW 23, S. 536

Produktivität einherging, fand in Russland keine Entsprechung. Dagegen dominierten seit alters her Flächen im Gemeinbesitz, die von der altrussischen Landgemeinde kollektiv bewirtschaftet wurden.[61]

Die russische Obscina-Bauernschaft

Unter den gegebenen Bedingungen war ein nennenswertes agrarisches Mehrprodukt, unumgänglich für die Entwicklung des Staates, nur auf dem Boden der Gutswirtschaft zu erzielen. Das bedeutete, dass der Adel die agrarische Produktion (in der Regel von Getreide) selber organisieren musste. Deshalb ging der Zarismus früh daran, die Errichtung von landwirtschaftlichen Großbetrieben voranzutreiben, »die mit dem Privileg ausgestattet waren, die Bauern ihres Bereiches in Leibeigenschaft härtester Form zu halten. In dieser Agrarverfassung waren sie gezwungen, auch ohne Gegenleistung Hand- und Gespanndienste für die Gutsherrschaft zu leisten. Die gutswirtschaftliche Organisation diente also dazu, dem Staatswesen sichere landwirtschaftliche Überschüsse zu liefern, und setzte die adeligen Gutsherren in Stand, sich als Hof-, Dienst- und Militäradel beim Hofe und in den Verwaltungszentren aufzuhalten.«[62] Neben dem in eigener Verantwortung bewirtschafteten Boden, der ihre Subsistenz sicherte, mussten die Bauern eine festgelegte Anzahl von Arbeitstagen und andere Dienste für den adeligen Gutsherrn leisten. Im Jahr 1649 verfügte ein Ukas des Zaren abschließend die Schollenpflicht der russischen Bauern und schloss die Durchsetzung der Leibeigenschaft ab.

Die weitere Ausgestaltung der Obscina im 18., 19. und auch im 20. Jahrhundert geht auf Reformen Peters I. und seiner Nachfolger zurück. Gekoppelt an die adelige Gutswirtschaft und unter deren Aufsicht machten diese Reformen die Dorfgemeinde zur untersten Verwaltungseinheit des Staates und gleichzeitig zur Steuergemeinde, weil sie kollektiv für die Abführung der den Bauern auferlegten Steuern haftete. »Endgültig wurde die obščina nun zur geschlossenen dörflichen Lebenswelt, zu jenem monadischen Kosmos, der wenig Kontakt nach außen hatte und den Staat nicht nur als fremd, sondern vor allem als ausbeuterisch und bedrohlich betrachtete.«[63]

---

[61] Hildermeier 2016, S. 596
[62] Hans Raupach: Die Agrarsysteme in Ost und West als Grundlage der sozialökonomischen Verhältnisse, in: Gegenwartskunde 1963/64, S.7
[63] Hildermeier 2016, S. 597

Obscina bedeutet im Russischen sowohl »Gemeinde« als auch »Bodengemeinschaft«, und das bezeichnet, worum es ging. Nur Haus und Hof (mit einem kleinen Stück Hofland), dazu Vieh und Geräte, befanden sich im Individualbesitz der einzelnen Bauernwirtschaft, während Äcker, Wälder und Weiden der Dorfgemeinde als ganzer gehörten. Wald und Weide standen als Allmende allen zur gemeinsamen Nutzung offen, die Äcker wurden dagegen in regelmäßigem Abstand an die Höfe umverteilt, je nach Größe der Familie, nach Arbeitskräften und Essern (wobei die Verteilungskriterien sich von Dorf zu Dorf unterscheiden konnten).

Um eine möglichst gerechte Aufteilung zu gewährleisten, wurde der Boden zunächst nach Qualität und Lage bewertet, dann die einzelnen Bodenarten in Streifen unterteilt und sodann, meist per Los, auf die Höfe verteilt. Auf diese Weise mussten die einzelnen Höfe z.T. Dutzende voneinander getrennter Bodenstreifen bearbeiten. Am Vorabend der Oktoberrevolution betrug die Zahl dieser Landstreifen im Süden Russlands weniger als zehn pro Hof und steigerte sich auf über 100 im Norden.

Im Regelfall wurde die Dreifelderwirtschaft mit Flurzwang praktiziert. Im gleichen Rhythmus von Frühjahrsaussaat, Winteraussaat und Brache mussten alle Ackerstreifen zur gleichen Zeit gesät und abgeerntet werden, wobei vorwiegend Getreide angebaut wurde. Eine Umverteilung fand meist alle neun Jahre nach jeweils drei Feldrotationen statt. 1893 legte ein Erlass der zaristischen Regierung die Mindestfrist zur Bodenumteilung auf 12 Jahre fest, ohne dass dies besondere Auswirkungen hatte. Spätestens wenn im Dorf durch Heirat ein neuer Hausstand gegründet wurde, musste das Land schließlich neu umverteilt werden.

Weil dadurch ein Anspruch auf Land begründet wurde, waren frühe Heiraten üblich, ebenso die Zeugung vieler Kinder. Die Folge war eine immer weitere Zersplitterung der Landstücke sowie eine wachsende Übervölkerung. Bei einer Landbevölkerung von knapp 100 Mio. waren um die Jahrhundertwende vom 19. auf das 20. Jahrhundert nach offiziellen Angaben ca. 23 Mio. überschüssig.[64] Umso mehr gierten die Bauern nach dem Land der Gutsbesitzer. »Seit 1762 bzw. 1785 der Dienstzwang für den Adel aufgehoben worden war, bildete dieser Stand in den Augen der Bauern eine parasitäre Schicht, die zusammen mit den lokalen Beamten den ›guten‹ Za-

---

[64] Lorenz 1976, S. 22f.

ren täuschten und die Bauern um ihre Freiheit und die Früchte ihrer Arbeit betrogen.«[65]

Alle wichtigen Fragen des Dorfes wurden von der Dorfversammlung (Schod) entschieden, auf der jeder Hof in Gestalt des Hofbauern eine Stimme hatte. In seltenen Fällen, wenn der Mann gestorben war, führte auch die Bäuerin den Hof weiter und nahm am Schod teil, bis der älteste Sohn die Hofstelle übernahm. Die wichtigsten Entscheidungen betrafen die Umteilung des Landes, die Termine für Aussaat und Ernte sowie (bis zur Bauernbefreiung von 1861) die Gestellung der Arbeitsdienste, auf die der Gutsherr Anspruch hatte.

Privateigentum und Klassenbildung

Das seit den Zeiten Roms existierende Rechtsinstitut des privaten Grundeigentums, auf dem die Agrargesellschaften im westlichen Europa fußten, war den Dorfgemeinden fremd. Für die Muschiks, die Bauern, war alles Land »Niemands-« oder »Gottesland«, es gehörte nur demjenigen, der es mit eigenen Händen bebaute und auch nur so lange, wie dieser es bebaute. Auch begrifflich kannten die Gemeindebauern keine klare Unterscheidung zwischen den unterschiedlichen Formen der Verfügung über das Land wie Eigentum, Besitz, Pacht etc.[66] Der Ausdruck »unser Land« bezeichnete unterschiedslos alles Land, das die Muschiks bewirtschafteten, also auch das Land, das sie für den Gutsherrn bebauen mussten bzw. das der Gutsherr nach der Bauernbefreiung der Dorfgemeinde verpachtete. »Private Rechtstitel, die der Gutsadel auf das Land geltend machte und als solche von der Krone auch sanktioniert waren, blieben nach bäuerlicher Auffassung ein Unrecht.«[67]

Auf dem Boden dieser Agrarverfassung konnte eine dauerhafte Verfestigung sozialer Unterschiede und somit eine Klassenbildung im Dorf nur schwerlich erfolgen. In Westeuropa mit seinem individuellen Privateigentum am Boden war dies relativ problemlos möglich – jedenfalls in den Gebieten mit Anerbenrecht, wo der älteste Sohn Hof und Land erbte. Schwieriger war eine Verstetigung von Klassenunterschieden bereits in den Gebieten mit vorherrschender Realteilung, wo alle Kinder gleichermaßen

---

[65] Schramm 1981, S. 27
[66] Pipes 1992, S. 207f.
[67] Schramm 1981, S. 27

Die russische Obscina-Bauernschaft

erbberechtigt waren. Doch wie sollte das in einer Bauernschaft ohne das Rechtsinstitut des privaten Grundeigentums vonstattengehen?

Natürlich gab es immer wieder reichere Bauern, die mehr Vieh und landwirtschaftliches Gerät als andere ihr Eigen nannten. Doch aufgrund der regelmäßigen Landumteilung waren der Anhäufung von Reichtum enge Grenzen gesetzt, außerdem konnte es mit diesem Reichtum schon in der nächsten Generation zu Ende sein, wenn die Familie viele Kinder hatte. Häufig wurden zu »Kulaken« diejenigen Bauern, die neben der Landwirtschaft Handel trieben oder sich als Geldverleiher betätigten, also mit einem Bein außerhalb der Dorfgemeinschaft standen. Jedenfalls wurde durch dergleichen Unterschiede nicht der egalitäre Charakter der Obscina gesprengt, die bis in das 20. Jahrhundert hinein intakt blieb und Produktionsverhältnisse sowie Lebensweise der zentralrussischen Bauernmassen bestimmte.

Diese klassenlosen Verhältnisse waren es, die Engels als »urkommunistisch« betrachtete und die die Volkstümler dazu bewegten, einen »russischen« Weg zum Sozialismus ohne Umweg über den Kapitalismus zu propagieren. Begleitet waren diese Zustände von erschreckender Unbildung, Aberglaube und Alkoholmissbrauch.

Die Bauernbefreiung von 1861

Der verlorene Krimkrieg von 1853-1855 gegen das mit England, Frankreich und Sardinien verbündete Osmanische Reich offenbarte die Rückständigkeit Russlands gegenüber den westlichen Ländern, in denen sich mit dem Kapital die Produktivkräfte entwickelten. Um das Land wirtschaftlich und militärisch zu modernisieren und den Status als europäische Großmacht zurückzugewinnen, leitete der Zarismus ein Industrialisierungsprogramm ein, in dessen Zentrum die staatliche Förderung der Schwerindustrie und der Eisenbahnbau standen.

Außerdem wurde nach jahrelangen Vorarbeiten 1861 die Leibeigenschaft aufgehoben. Das hatte einerseits militärische Gründe, denn während die Staaten des Westens seit den napoleonischen Kriegen aufgrund der allgemeinen Wehrpflicht einen beliebig großen Teil der Männer wehrpflichtigen Alters einziehen konnten, war das in Russland nicht möglich, weil die Rekrutierung mit der Befreiung aus der Leibeigenschaft verbunden war und auf den Widerstand des Gutsadels stieß.[68] Darüber hinaus hatte es vorher wachsenden Unmut in der Bauernschaft gegeben und erhoffte man sich von

---
[68] Ebd., S. 37

der Aufhebung der Leibeigenschaft einen neuen Schwung für die Entwicklung von Staat, Wirtschaft und Gesellschaft.

Der Kern der Regulierung war die Aufteilung des Nutzungslandes, d.h. der Äcker, Wälder und Weiden zwischen dem Grundherrn und der Obscina. Für den Erwerb des ihnen zufallenden Anteils mussten die Bauern eine Ablösung zahlen, auch die fortdauernden (ab jetzt zeitlich beschränkten) Frondienste konnten sie durch Geldzahlung ablösen. Die durch die Regulierung anfallenden Ablösungsbeträge stellte der Staat den Gutsherren zur Verfügung und ließ sie sich von den Bauern in jährlichen Raten, die über Jahrzehnte gingen, zurückzahlen. Schuldner war nicht der einzelne Bauer, sondern die Dorfgemeinde. Sie war kollektiv für den Schuldendienst ebenso wie für die Steuerzahlung verantwortlich und wurde im Rahmen der Reformen insgesamt gestärkt, da sie nicht nur Verwaltungsaufgaben übernahm (z.B. für die Ausstellung von Inlandspässen, wenn ein Bauer in die Stadt ziehen wollte), sondern auch die niedere Gerichtsbarkeit von dem Gutsherrn. Das Ziel dieser Maßnahmen zur Stärkung der Obscina war, der Entwurzelung und dem städtischen Massenelend vorzubeugen, um soziale Unruhen wie in Westeuropa zu verhindern.

Wer aus der Gemeinde ausscheiden wollte, um in einer städtischen Fabrik zu arbeiten, musste nicht nur Haus und Hof verkaufen und sein Anteilland an das Dorf zurückgeben; er musste außerdem die Hälfte der anteilsmäßig auf seinem Hof lastenden Ablösungsschuld bezahlen. Tat er das nicht, konnte die Dorfgemeinde den Wegzug durch Verweigerung des Passes verhindern. Aus diesen Gründen blieben die Bauern, die in die Stadt gingen, zumeist weiterhin Mitglieder der Dorfgemeinde und ließen ihr Land durch Familienmitglieder bestellen. Außerdem konnten sie so jederzeit zurückkehren, wenn sie in der Stadt arbeitslos wurden. Auch die russischen Kapitalisten waren »an der Erhaltung der traditionellen Landgemeinde interessiert ..., da sie als eine Art sozialer Schutzinstitution erlaubte, die Arbeitslöhne niedrig zu halten, kranke, arbeitsunfähige und in Zeiten der Depression überzählige Arbeiter, die ihrer Standesangehörigkeit nach immer noch Bauern und Mitglieder einer Landgemeinde waren, in diese abzuschieben.«[69]

Auf diese Weise beschleunigte das Ende der Leibeigenschaft einerseits die Entstehung eines modernen Proletariats, weil mit ihr die wichtigste Voraussetzung der kapitalistischen Produktionsweise geschaffen wurde, der

---

[69] Ebd., S. 49 f.

freie Lohnarbeiter. Andererseits stand der russische Fabrikarbeiter noch bis ins 20. Jahrhundert hinein mit einem Bein in seiner Dorfgemeinde, und das machte sich sowohl 1905-07 als auch 1917 im Wechselspiel der Revolution zwischen der Stadt und dem Land bemerkbar.

Im Vergleich zu dem Bauernlegen, das im ostelbischen Preußen sehr viel früher stattgefunden hatte, handelte der zaristische Staatsapparat bei der Regulierung der Ablösungsvereinbarungen relativ zurückhaltend. Aber dennoch gingen die ehemaligen Leibeigenen als Verlierer aus der Bodenentflechtung hervor, weil sie eine Verringerung der zuvor von ihnen genutzten Acker- und Waldflächen hinnehmen mussten.[70] Sie hatten mit der versprochenen Freiheit die Vorstellung verbunden, »frei von allen Abgaben und Steuern zu sein und das Land lediglich zur eigenen Versorgung zu bearbeiten. Jede darüber hinausgehende Leistung wurde als unberechtigter Zwang empfunden, da Gutsherren und Behörden keine erkennbaren Gegenleistungen erbrachten.«[71]

1891/92 kam es infolge einer Missernte zu einer schweren Hungersnot mit folgender Choleraepidemie. Der Zarismus reagierte darauf nicht mit Anstrengungen zur Förderung der Agrarproduktion, sondern entschloss sich, »mit dem Programm der beschleunigten Industrialisierung fortzufahren, ja sie erst richtig in ein System zu bringen«.[72] Maßgeblich zeichnete sich dafür der neue Finanzminister Witte verantwortlich, der die Auffassung vertrat, dass der einzige Ausweg aus der russischen Misere in der schnellstmöglichen Industrialisierung liegen würde und die Landwirtschaft nur in diesem Zusammenhang Fortschritte machen könne. Um dieses Programm zu finanzieren, sorgte er dafür, dass die Steuer- und Abgabenlast der Landbevölkerung nur während der direkten Hungersnot ermäßigt, insgesamt aber erhöht wurde.

Die Hungerkatastrophe sowie die Reaktion des Zarismus darauf wurden zum Katalysator einer Entwicklung, die das Fundament der alten Ordnung sowohl von Seiten der Bauernschaft als auch von Seiten der Gutsbesitzer untergrub.

---

[70] Hildermeier 1989, S. 19
[71] Schramm 1981, S. 52
[72] Ebd., S. 216ff.

Die Stolypinschen Reformen

Im russisch-japanischen Krieg von 1904/05 musste Russland wegen seiner Rückständigkeit erneut eine Niederlage hinnehmen. Darüber hinaus offenbarte die nach der Niederlage ausbrechende Revolution die wachsende soziale Instabilität des Landes. Bereits 1902 hatte es bäuerliche Unruhen gegeben, in deren Gefolge 1903 die Solidarhaftung der Dorfgemeinde für die Zahlung der Ablösungsbeträge von 1861 aufgehoben worden war. 1905 wurden die Ablösungen vollständig abgeschafft, um die Bauern zu besänftigen.

Doch unter dem Eindruck der städtischen Unruhen, die nach dem Petersburger »Blutsonntag« vom Januar 1905 ausbrachen, griffen im Spätsommer und Herbst 1905 nach der Erntezeit bäuerliche Aufstände wie bei einem Flächenbrand um sich. Reihenweise wurden Herrenhäuser und Scheunen geplündert und angezündet, um die Gutsherren zu vertreiben und sich deren Ländereien anzueignen. Häufig richteten sich die Aktionen gerade gegen die »modernen« Gutsbesitzer, die der Dorfgemeinde Pachtland entzogen hatten, um es selber zu bewirtschaften, etwa um Industriekulturen anzulegen und Großmühlen oder Agrarfabriken zur Weiterverarbeitung landwirtschaftlicher Erzeugnisse zu betreiben. Die Erhebung war »mithin auch ein Protest gegen das Vordringen der Kommerzialisierung im Agrarbereich.«[73]

Bis ins Jahr 1907 hinein blieb das dörfliche Zentralrussland in Aufruhr. Auf dem Boden der Obscina durch gemeinsame Interessen verbunden und an kollektives Handeln gewöhnt, zog das Dorf geschlossen gegen den Gutsherren, manchmal taten sich auch mehrere Dörfer zusammen. Nur durch massiven Militäreinsatz, insbesondere die verhassten Kosakenregimenter, konnten die Aufstände niedergeschlagen werden.

Dass die Obscina der Entwicklung der landwirtschaftlichen Produktivität im Wege stand, hatte man seit den napoleonischen Kriegen gewusst. Aber frühere Reformversuche waren immer wieder am Widerstand des Adels gescheitert, mit dem der Zarismus nicht brechen wollte oder konnte. Jetzt wurde die Beseitigung der Dorfgemeinschaft politisch unabdingbar. Der 1906 zum Ministerpräsidenten berufene Stolypin setzte eine Agrarreform in Gang, deren erklärtes Ziel die Auflösung der Obscina war. Nach dem Beispiel Westeuropas sollten an ihre Stelle wirtschaftlich gesunde Einzelbauern mit Privateigentum an Land treten, die als neue soziale Stütze

---
[73] Hildermeier 2016, S. 86

des Zarismus und Bollwerk gegen künftige revolutionäre Umtriebe dienen sollten. Durch verbilligte Kredite und begleitende administrative Maßnahmen, Flurbereinigungen etc. wurde das Ausscheiden aus der Obscina erleichtert und die Gründung von Einzelhöfen gefördert.

1909 verließ die Höchstzahl von 580.000 Hofbauern die Dorfgemeinde; dazu gehörten auch Arbeiterbauern, die nur noch pro forma Obscina-Mitglieder gewesen waren und nun die Gelegenheit nutzten, sich endgültig aus dem Dorf zu verabschieden. Anschließend gingen die Austrittszahlen rasch zurück, 1914 beantragten nur noch 98.000 Bauern die Privatisierung. Demzufolge schieden weniger Bauern aus, als die Landbevölkerung zunahm. Außerdem waren die Daten über die angeblich niedergehende Dorfgemeinde geschönt. »Die Veröffentlichung von Zahlen über den ›Zerfall der obscina‹ war Teil der Kampagne. Die Verlässlichkeit der Angaben ist umstritten.«[74]

Größeren Erfolg hatte die zeitgleich eingeleitete Übersiedlungskampagne in die dünn besiedelten Teile des russischen Reiches, die den Bevölkerungsdruck auf dem Land mildern sollte. In der Zeit von 1906-1916 gingen 3,1 Mio. Bauern nach Sibirien, in den Fernen Osten, in das Steppengebiet und nach Turkestan, von denen 550.000 wieder zurückkehrten.[75] Da jungfräuliches Land jedoch begrenzt war, war dies keine dauerhafte Lösung für die zunehmende Übervölkerung, die 1913 bereits 30 Mio. erreichte.

Im Süden und Westen des Zarenreichs, im Baltikum und der Ukraine machte die Auflösung der Dorfgemeinde Fortschritte, anders sah es hingegen in den zentralrussischen Kerngebieten aus. »Das Gros der Bauern reagierte auf die neuen Reformgesetze mit Enttäuschung und Erbitterung. Sie hatten zusätzliches Land gewollt und erwartet, Land von den Gutsbesitzern und dem Staat, der Krone und der Kirche. Nun gab man ihnen – aus ihrer Sicht – das bloße Eigentumsrecht an dem, was sie schon besaßen, verbunden mit einer unsicheren Zukunft. (...) Die obscina ließ alle leben, auch die ärmeren Bauern, so war der Grundtenor vieler Äußerungen.«[76] Wenn ein »Stolypin-Bauer« in den intakten Obscina-Gebieten aus der Dorfgemeinde ausscheiden wollte, hatte er regelmäßig das ganze Dorf gegen sich. Er wurde aus der Dorfversammlung ausgeschlossen, durfte kein Wasser mehr aus dem Dorfbrunnen schöpfen, die Gemeindewege nicht mehr be-

---

[74] Altrichter 1984, S. 21
[75] Lorenz 1976, S. 25
[76] Altrichter 1984, S. 21

nutzen und musste aufpassen, dass man ihm nicht den roten Hahn aufs Strohdach setzte.

Ob der Stolypinsche Weg zur Umgestaltung Russlands auf Dauer erfolgreich gewesen wäre, ist eine müßige Frage. In der gegebenen Zeit erreichte die Kampagne das Gegenteil des Gewollten, denn statt die Herrschaft des Zaren sozial zu stabilisieren, schuf sie die Voraussetzungen für die Revolution von 1917. Schätzungsweise lebten 1915 noch 61 % aller Bauern des Reichs im Rahmen einer Dorfgemeinde.[77] Zieht man die Randregionen ab, wo Einzelbauern dominierten, bedeutet dies, dass Zentralrussland nach wie vor von Obscina-Bauern geprägt blieb, die durch die Stolypinsche Politik einen Schritt weiter in die Gegnerschaft gegen die bestehende Ordnung getrieben wurden.

Die Volkstümler

In der zweiten Hälfte des 19. Jahrhunderts trat die Bewegung der Volkstümler (Narodniki) auf den Plan.[78] Die Narodniki leugneten den fortschrittlichen Charakter des Kapitalismus und idealisierten die russische Dorfgemeinde, die für sie die wichtigsten Elemente einer sozialistischen Gesellschaft enthielt. Mit Hilfe der Obscina-Bauernschaft glaubten sie, auf direktem Wege den Sozialismus erreichen zu können, ohne die Qualen der kapitalistischen Entwicklung durchlaufen zu müssen. Ihre Anhänger waren im wesentlichen Angehörige der städtischen Intelligenz, die auf das Land gingen, um die Bauern aufzuklären und zum Kampf gegen Gutsherren und Zaren zu bewegen. Zu ihren Kampfmethoden gehörte auch der individuelle Terror, um die Massen aus ihrer Lethargie zu reißen und die Initialzündung für eine bäuerliche Massenerhebung zu geben.

1901 ging aus der Volkstümlerbewegung die Partei der Sozialrevolutionäre hervor, die im Revolutionsjahr 1917 zur beherrschenden Bauernpartei wurde. Sie war nicht nur auf dem Land aktiv, sondern hatte auch unter den Arbeitern der Städte viele Anhänger. In der Tradition der Narodniki gingen die Sozialrevolutionäre mit Bomben und Revolvern gegen besonders reaktionäre Repräsentanten des autokratischen Systems vor. Außerdem formierten sich nach der ersten Duma-Wahl 1906 aus Volkstümlern und Sozialrevolutionären die Trudowiki (Gruppe der Werktätigen), die ebenfalls ein Bauernprogramm verfochten, aber den individuellen Terror

---

[77] Hildermeier 2016, S. 114
[78] Schramm 1981, S.155ff.

ablehnten. Ihr Vorsitzender Kerenski wurde 1917 der letzte Ministerpräsident der provisorischen Regierung.

Adel und Zarismus

Für den Landadel bedeutete die Bauernbefreiung von 1861 einen grundlegenden Bruch, denn das Ende der Leibeigenschaft zerstörte die bisherige sozialökonomische Basis seiner Lebensweise. In den folgenden Jahrzehnten änderte der Adel seine Gestalt so weitgehend und differenzierte sich in einem Maße, dass man am Vorabend der Revolution nicht mehr von *einer* Klasse sprechen konnte. Ausgangspunkt dafür waren die Ablösungszahlungen, mit denen sich der Zarismus die Zustimmung des Gutsadels zur Bauernbefreiung erkaufte.

Zu diesem Zeitpunkt waren die Gutsbesitzer im Durchschnitt hoch verschuldet gewesen. Ihre Latifundien und die dazugehörigen leibeigenen »Seelen«, d.h. die Bauern, dienten ihnen nicht als produktive Basis für eine rationelle Agrarwirtschaft, sondern als Grundlage der adeligen Herrschaftsstellung und der dazu gehörigen standesgemäßen Lebensführung. Um diese zu finanzieren, setzte der Gutsadel sie mehr und mehr als Beleihungsobjekt ein, so dass schließlich zwei Drittel der leibeigenen »Seelen« auf allen Gütern verpfändet waren. Ohne Perspektive, die bisherigen Schulden zurückzuzahlen, schrumpfte zugleich der Spielraum für eine Fortsetzung der Schuldenmacherei zusammen, denn sobald das Landgut komplett verpfändet war, gewährte die Bank keinen Kredit mehr. In dieser Situation konnten die Ablösungen, die im Gegenzug der Zustimmung zur Bauernbefreiung in Aussicht standen, ihre Wirkung entfalten. Das wird an den vorhandenen Zahlen deutlich: nachdem der Gutsadel mit den Ablösungsbeträgen seine Schulden beglichen hatte, standen ihm noch 575 von 890 Mio. Rubeln zur Verfügung.

Der Umgang mit der neuen Situation fiel ganz unterschiedlich aus. Ein Teil der Landadeligen hielt unter den neuen Bedingungen an der hergebrachten Wirtschaftsweise fest. Da in Gestalt der landarmen Bauern ausreichend Arbeitskräfte zur Verfügung standen, ließ er seine Ländereien von diesen Bauern mit deren eigenem Gerät bearbeiten und verpachtete ihnen dafür Land. In Gestalt dieser »Abarbeit«, die vor allem in Zentralrussland verbreitet war, setzte sich der wirtschaftliche Kern der Leibeigenschaft fort. Ein anderer Teil stellte sich auf kapitalistische Methoden um, kaufte Maschinerie und ließ seine Ländereien von Lohnarbeitern bewirtschaften. Das war häufig verbunden mit dem Wechsel zum Anbau von Spezialkulturen sowie der Gründung von Agrarfabriken wie Destillen, Bierbrauereien, Ölschlägereien oder Zuckerraffinerien.

Vor allem die Inhaber kleinerer Güter verkauften ihr Land auch an andere Adelige, Dorfgemeinden oder Bürgerliche. Insgesamt reduzierte sich das Adelsland in den Jahrzehnten nach der Bauernbefreiung um mehr als die Hälfte, so dass schließlich nur noch zwischen 14 und 22% der Adeligen von der Landwirtschaft lebten. »Was einst in der Genese identisch war: adeliger Status und Eigentum an Land und Leuten, fiel immer weiter auseinander. (…) Am Vorabend des Weltkriegs verfügten fast zwei von drei Erbadeligen, von Sommergärten abgesehen, über kein Landeigentum mehr. Der Adel hatte aufgehört, ein agrarischer Stand zu sein; er war dies nur noch ausnahmsweise.«

Traditionell bot auch der Dienst in Militär und Verwaltung eine Perspektive, obwohl die Bezahlung der Offiziere nicht üppig war. Je nach Berechnung ergeben die statistischen Erhebungen für Ende des 19.Jahrhunderts einen Anteil von 28 bis 38% der Erbadeligen im Staatsdienst.

Schließlich engagierte sich ein erheblicher Teil in der Großindustrie und im Finanzwesen. Diese Adeligen legten ihr Geld in metallurgischen Kombinaten, Kohlebergwerken und Eisenbahngesellschaften sowie Banken und Versicherungen an, konnten aber auch beruflich dorthin wechseln. Mehr als die Hälfte der Direktoren, Vorstands- und Aufsichtsratsmitglieder in den knapp 1.500 Aktiengesellschaften, die zu Beginn des 20.Jahrhunderts registriert waren, gehörten dem Adel an, und das war nur die Spitze des Eisbergs. Teile des alten Erbadels verwuchsen so mit der neu entstehenden Bourgeoisie; sie wurden ein Bestandteil davon.[79]

Die Rolle der Semstwos

Als Ausgleich für den Verlust seiner Grundherrschaftsstellung gewährte der Zarismus dem Gutsadel im Zusammenhang mit der Bauernbefreiung die ländliche Selbstverwaltung auf Kreis- und Gouvernementsebene. Seit 1864 konnten gewählte Vertreter des Landadels in den Semstwos, den »Landschaften«, selbständig einen begrenzten Aufgabenbereich wahrnehmen, darunter die Entwicklung des lokalen Handels und Gewerbes.

---

[79] Alle Zahlenangaben und Zitate des vorigen Abschnitts: Hildermeier 2016, S. 1160-1170

Adel und Zarismus

Diese Semstwos entwickelten sich allmählich zu Sammelpunkten einer adeligen Protestbewegung, insbesondere im Anschluss an die Missernte von 1891, die nicht nur die Bauernschaft traf, sondern auch die Gutsbesitzer. Weil die zaristische Regierung als Reaktion darauf die Industrialisierungspolitik noch einmal forcierte, anstatt Kredite, Staatsvergünstigungen und andere Hilfsmaßnahmen für die Landgüter bereit zu stellen, begann der Semstwo-Adel, Ideen des Liberalismus zu übernehmen und sich zur Opposition zu formieren.[80] Auf diese Weise wurde der liberale Flügel der Semstwo-Bewegung zu einer Haupttriebkraft bei der Gründung der bürgerlichen Partei der Konstitutionellen Demokraten (volkstümlich »Kadetten«) im Jahr 1905. Unter dem Einfluss der Gutsbesitzer kam auch das Agrarprogramm dieser Partei zustande. 1906 – also noch während der Bauernunruhen – von 42 Duma-Abgeordneten der Partei beschlossen, forderte es, »die Landfläche derer, die ihr Land durch eigene Arbeit bebauen, sollte auf Kosten von Staats-, Kron-, Kabinetts-, Kloster- und Kirchenländereien sowie *notfalls* auch durch Enteignungen von Privatbesitz vergrößert werden, wobei die Privatbesitzer zu einem gerechten Schätzpreis entschädigt werden sollten.«[81]

Der Landhunger der Bauern sollte also auf Kosten des Staates bzw. des Zaren und der Kirche befriedigt werden – das war eine offene Kampfansage an den Zarismus und die Staatskirche. Dagegen sollten die Bauern Land von den Gutsinhabern (den »Privatbesitzern«) nur »notfalls« und gegen entsprechende Entschädigung bekommen. Naturgemäß konnten die Großgrundbesitzer kein Interesse daran haben, Boden unentgeltlich an die Bauern abzugeben. Die ebenso natürliche Folge davon war, dass die Kadetten 1917 nicht in der Lage waren, die Bauernschaft auf ihre Seite zu ziehen.

Der Zarismus

Die Autokratie wurde durch die Abwendung der Gutsbesitzer nachhaltig geschwächt. Seitdem die Zaren im ausgehenden Mittelalter Bojaren und Hochadel mit Hilfe des niederen Adels geschlagen hatten, hatte sich die zaristische Herrschaft auf den Landadel gestützt. Die wechselseitige Abhängigkeit in diesem Bündnis hatte unter anderem zur Folge gehabt, dass es erst nach der Niederlage im Krimkrieg 1856 möglich war, die Leibei-

---

[80] Schramm 1981, S. 304 ff
[81] Harry T. Willets: Die russische Agrarfrage nach der Bauernreform; in: Geyer 1975, S. 179

genschaft der Bauern aufzuheben, um eine Wehrpflichtarmee ins Leben zu rufen und den Staat zu modernisieren. Doch obwohl der Zarismus dem Landadel durch die Übernahme gewaltiger Ablösezahlungen entgegen kam, konnte er seine Entfremdung nicht verhindern, die sich nach der Missernte von 1891 noch verstärkte, als weitere Staatsgelder in die Industrialisierung statt in den Gutsbesitz flossen.

Als der Gutsadel begann, sich in den Semstvos zur Opposition zu formieren, verlor die Autokratie mehr und mehr ihren maßgeblichen sozialen Stützpfeiler. Am Vorabend des Weltkriegs war der Zarismus nicht mehr als ein tönerner Koloss, der kaum noch Rückhalt in der Gesellschaft hatte. Seine einzigen Stützen waren noch der Staatsapparat und die Armee.

Im Gegensatz zu vielen landläufigen Meinungen war der zaristische Staatapparat schwach entwickelt. Dies hatte ökonomische und historische Gründe. Zum einen war es schwierig, in einem zurückgebliebenen Agrarland mit riesiger Ausdehnung eine effiziente Bürokratie zu rekrutieren, denn es fehlten entwickelte Städte mit einem Bürgertum, das im Westen Europas mit seinen Beamten die absoluten Monarchien stützte. Und ökonomisch vermochte das agrarisch geprägte Russland keine entwickelte Bürokratie zu finanzieren. Dies wird trefflich in einer Anekdote über Peter I. nach der Eroberung Livlands dargestellt. Der Zar, begeistert von der effizienten schwedischen Verwaltung dieser Provinz, hatte die Absicht, dieses Modell auf den Rest des Reiches auszudehnen. Seine Berater verwiesen darauf, dass die Verwaltung dieser einen Provinz ungefähr so viele Kosten verursache wie die Verwaltung des gesamten restlichen Zarenreiches. Für das zaristische Russland war eine solche Verwaltung nicht bezahlbar.

Die Lösung oder, besser ausgedrückt, die behelfsmäßige Lösung des Zarismus bestand über Jahrhunderte darin, dem landbesitzenden Erbadel die Verwaltung des Landes zu übertragen. Unter der Aufsicht eines vom Zaren oder seines Innenministers bestellten Gouverneurs wurden in den Regionen aus der grundbesitzenden Oberschicht sogenannte Landhauptleute[82] ausgewählt, die die Machtbefugnisse über die Masse der Bauernschaft ausübten. »Wegen ihrer unzureichenden Ressourcen übernahmen die Russen ein ziemlich einfaches Verwaltungsmodell. Jeder Provinz stand ein Gouverneur mit weitgehenden Machtbefugnissen und großem Ermessensspiel-

---

[82] »Im Landhauptmann konzentrierte sich die Wunschvorstellung eines Allmachtsorgans, das – wie es in der ministeriellen Verfügung hieß – ›Ruhe, Ordnung und Anständigkeit‹ auf dem Land garantieren und zugleich alle Verwaltungsprobleme lösen könne.« Haumann 1996, S. 404

Adel und Zarismus

raum vor, und überall im Land errichteten sie Militärgarnisonen, mit deren Hilfe die Ordnung aufrecht gehalten wurde. Daneben gab es kleine Kontingente an Polizei- und Gendarmerieeinheiten und Stellvertreter des Finanz-, Justiz- und des Kriegsministeriums. Im Wesentlichen verwaltete sich das Land jedoch selbst: durch die Institution der Bauerngemeinde, die für die Zahlung von Steuern und die Stellung von Rekruten kollektiv verantwortlich war, und den Verwaltungsbezirk, der einfache Aufgaben der Gerichtsbarkeit und der Verwaltung übernahm. Für beides brauchte der Fiskus keine Kopeke aufzubringen. Das bedeutete jedoch, dass die Macht der Reichsregierung praktisch vor den Toren der 89 Provinzhauptstädte aufhörte, in denen sich die Amtssitze der Gouverneure befanden – unterhalb dieser Ebene gähnte ein administratives Vakuum.«[83]

So unzureichend diese Verwaltung war, erhielt sie doch über Jahrhunderte die zaristische Macht und die Vorherrschaft des landbesitzenden Adels in seiner Region und im gesamten Staat. Zar und Erbadel waren auf einander angewiesen. Der Zarismus sicherte die ökonomische, politische und gesellschaftliche Stellung des Adels, und derselbe diente dem Zaren in Verwaltung und Armee. Die Formen dieses Bündnisses wechselten, so wurde unter Katharina die Dienstpflicht des Adels aufgehoben, aber das enge Bündnis von Zarismus und landbesitzendem Adel blieb weiterhin das Fundament des Staates.

Die Reformen von 1861 unterminierten dieses Fundament nicht nur ökonomisch. Sie hatten auch entsprechende politische Folgen, denn der Zarismus verlor seine einzige sichere Klassenbasis, den landbesitzenden Erbadel. »Zum einen wandten sich immer mehr Kleinadelige von der konservativen Ideologie ab und sympathisierten mit konstitutionellem und sogar demokratischem Gedankengut. Die Semstwo-Bewegung, aus der die Revolution von 1905 wesentliche Impulse bezog, hatte in ihren Reihen zahlreiche dworjane (landbesitzende Erbadelige; Anm. d. V.), Abkömmlinge der ältesten und vornehmsten Familien Russlands. ... Die Monarchie ignorierte diesen Tatbestand und betrachtete den dworjanstwo weiterhin als feste Stütze des Absolutismus.«[84] Das war ein fataler Irrtum, der sich bereits in der Revolution von 1905 offenbarte, als die ländlichen Semstwos in Teilen zu Stützen der sich herausbildenden bürgerlichen Opposition wurden. Spätestens ab diesem Zeitpunkt wurde es für die Basis der zaristischen Herrschaft eng,

---

[83] Pipes 1992, S. 128
[84] Ebd., S. 158

es blieb nur der eigentliche Staats- und Gewaltapparat, also Beamtenschaft, Polizei und Armee. Und um den war es nicht gut bestellt.

Ein maroder Staatsapparat
Zu Beginn des 20. Jahrhunderts verfügte das Zarenreich nur über 225.000 bis 250.000 Beamte, wohlgemerkt einschließlich Polizei, Gendarmerie, Steuerverwaltung und beamteten Hochschulprofessoren. Das war für die inzwischen fünftgrößte Industriemacht der Welt deutlich zu wenig,[85] zumal dieser Apparat vorsintflutliche Züge trug. »Die Beamtenschaft war mithin eine abgeschlossene, von der übrigen Gesellschaft getrennte Kaste, und der Zugang zu ihr und die Beförderung in Ihrem Inneren waren auf der Grundlage der sozialen Herkunft, der Bildung und des Dienstalters bis ins kleinste Detail geregelt. Diese Kaste – der um 1900 einschließlich der Angehörigen der Polizei und der Gendarmerie 225.000 Menschen angehörten – stand zur persönlichen Verfügung des Monarchen und war weder den Gesetzen des Landes noch irgendeiner externen Überwachung unterworfen.«[86]

Hinzuzufügen ist, dass die russische Beamtenschaft nicht aus dem städtischen Bildungsbürgertum entstanden war, das sich erst zum Ende des 19. Jahrhunderts in Russland herausbildete, sondern eine vom Zarismus im ausgehenden Mittelalter geschaffene Kaste bildete. Seine Angehörigen waren keine Staatsbediensteten, sondern persönliche Diener des Zaren. Auf ihn, nicht auf den russischen Staat, schworen sie ihren Eid. Sie unterstanden auch nicht dem Gesetz, denn »die Gesetze werden für die Untertanen geschrieben, nicht für die Behörden«, so ein Polizeichef des Zaren. Beamte konnten nur mit Billigung ihrer Vorgesetzten von Vertretern der Zivilgesellschaft belangt werden, und diese Billigung zu erlangen war praktisch unmöglich. Da jeder Beamte ein Diener des Zaren war, so war er, zumindest der Fiktion nach, auch vom Zaren auf seinen Posten gestellt worden. Ihn anzuklagen würde bedeuten, die Personalauswahl des Zaren zu kritisieren.

So allmächtig der Beamte in seiner Willkür gegenüber der Zivilgesellschaft auftreten konnte, so machtlos war er selbst seinem Vorgesetzten ausgeliefert. Der konnte ihn ohne Angabe von Gründen aus dem Dienst ent-

---

[85] »1850 kamen in Frankreich 4,8 Beamte auf 1000 Einwohner, in Russland 1,1 bis 1,3, im Jahr 1912 in Frankreich 17,6, in Deutschland 12,6 und in Russland nur 6,6. Dies belegt noch einmal, dass im Zarenreich keine flächendeckende Bürokratie vorhanden war.« Haumann 1996, S. 400
[86] Pipes 1992, S. 124

lassen, ohne dass es für den Betroffenen eine Beschwerdemöglichkeit gab. Dieses System förderte Unterwürfigkeit gegenüber Vorgesetzten und anmaßendes Auftreten gegenüber der Öffentlichkeit, aber keineswegs Effizienz der Verwaltung.

Um den Bildungstand des durchschnittlichen zaristischen Beamten war es erbärmlich bestellt. »Anders als im zeitgenössischen Westeuropa, wo für die Einstellung zum Beamten entweder ein Schulabgangszeugnis oder eine Eignungsprüfung oder beides erforderlich war, lagen die Anforderungen an Beamtenanwärter in Russland niedrig. Für den Posten eines Kanzleidieners, das Sprungbrett zum untersten Rang auf der Karriereleiter der Bürokratie, musste ein Bewerber lediglich nachweisen, dass er lesen und grammatikalisch richtig schreiben konnte und über Grundkenntnisse im Rechnen verfügte. Um in den nächsthöheren Rang auszusteigen, musste er eine Prüfung bestehen, in der die Kenntnisse eines Grundschulabgängers verlangt wurden. Sobald er die unterste Sprosse der Karriereleiter erklommen hatte, musste ein Beamter keine weiteren Nachweise seiner Fähigkeiten mehr erbringen, und sein Aufstieg erfolgte entsprechend seinem Dienstalter und den Empfehlungen seines Vorgesetzten.«[87]

Die Beamtenhierarchie kannte 14 Stufen nach einer von Peter I. Anfang des 18. Jahrhunderts eingeführten Rangtabelle. Die Bezahlung gerade der niedrigen Ränge war denkbar schlecht, so dass zu der mangelnden Qualifikation die Korruption geradezu notwendig hinzutrat. »Die Gehaltsunterschiede waren enorm: Beamte im Rang eins erhielten das Dreißigfache des Gehalts eines Beamten im Rang vierzehn.«[88] Ohne die Ausplünderung der Gesellschaft durch jeden behördlichen Akt war ein Überleben kaum möglich. »Nach wie vor grassierte vor allem in den niederen Amtsstuben, aber gewiss nicht nur dort, die Korruption. Nichts deutet darauf hin, dass das sprichwörtliche Schmiergeld, bei welcher behördlichen Dienstleistung auch immer, entbehrlich geworden wäre.«[89] Mit der Februarrevolution 1917 verschwand dieser Staatsapparat inklusive der Polizei fast vollständig von der Bildfläche, ohne einen ernsthaften Versuch zur Verteidigung des Zarismus zu unternehmen.

---

[87] Ebd., S. 119-120
[88] Ebd., S. 124
[89] Hildermeier 1992, S. 49

Bourgeoisie, Kleinbürgertum und Intelligenzija

Die moderne russische Bourgeoisie entstand wesentlich im Zuge der Industrialisierung, die der Zarismus nach der Niederlage im Krim-Krieg vorantrieb, um als europäische Großmacht bestehen zu können. Im letzten Jahrzehnt des 19. Jahrhunderts erfuhr die industrielle Revolution einen gewaltigen Schub, als die Missernte von 1891 Unmassen ruinierter Bauern in die Städte strömen ließ und Zar und Regierung trotz oder gerade wegen des agrarischen Elends daran gingen, die Industrialisierung und den Eisenbahnbau noch einmal zu forcieren. In dieser Zeit verdoppelte sich die Zahl der Industriearbeiter und erfolgte der Durchbruch zur Schaffung einer eigenen industriellen Basis.[90]

Die Industrialisierungspolitik erforderte beträchtliche Kapitalsummen, die weit über die Möglichkeiten eines Agrarlandes hinausgingen. Weil die ökonomischen Ressourcen trotz beträchtlicher Erhöhung der Steuern und der Neueinführung von indirekten Steuern zur Finanzierung nicht ausreichten, öffnete der Zarismus das Land für ausländisches Kapital, um die angestrebten Industrialisierungsziele zu erreichen. Der Auslandsanteil an der sich herausbildenden russischen Industrie war bedeutend. Im Bergbau, in der Hüttenindustrie, der Metallverarbeitung und dem Maschinenbau lag er im Zeitraum von 1890 bis 1917 über 50%, bei den Banken um 30% und in der Chemieindustrie um 40%. Zugleich war ein eigenständiger inländischer Markt für Industrieerzeugnisse noch kaum entwickelt.

Diese Umstände bestimmten den Charakter der Bourgeoisie in Russland. In ihrer modernen Gestalt unter tatkräftiger Beihilfe des zaristischen Staats und ausländischen Kapitals auf die Welt gekommen und weiterhin vom Wohlwollen des Staats abhängig, verharrte sie bis zur ersten Revolution 1905 im Gehorsam gegen die autokratische Herrschaft.

Zu ihrer Schwäche trug bei, dass sie keinen Rückhalt in der kleinbürgerlichen Demokratie fand. Die westeuropäische Stadt mit ihrer traditionellen Freiheit, einer starken Handwerkerschaft und einem selbstbewussten Handelsbürgertum war in Russland unbekannt. Die wenigen Städte des Zarenreichs hatten nicht jene Stellung, die die Städte des Westens im Mittelalter einnahmen. Viele Handwerke wurden mehr auf dem Land als in der Stadt betrieben und die städtischen Handwerker blieben ihrer ständischen Zuordnung nach Bauern, denn anders als im Westen, wo der Zuzug in die

---
[90] Schramm 1981, S.223

Bourgeoisie, Kleinbürgertum und Intelligenzija　　　　　　　　　　　　63

Stadt die Leibeigenschaft enden ließ (»Stadtluft macht frei«), hatten die russischen Städte diese Freiheit gegenüber der Autokratie nie erringen können. Deshalb fehlten hier die kleinbürgerlich-städtischen Massen, auf welche die Bourgeoisie sich bei ihren Kämpfen um die Durchsetzung der bürgerlichen Herrschaft in Westeuropa stützen konnte.

Auf der anderen Seite brachte die nach der Bauernbefreiung einsetzende Industrialisierung neben Proletariermassen auch die neue Schicht der »Intelligenzija« hervor, die ihre Entstehung dem sprunghaft wachsenden Bedarf in Wirtschaft, Verwaltung und Gesellschaft verdankte. Während die alten, durch Geburt und fiskalisch-rechtliche Privilegien bzw. Lasten festgelegten Stände zerfielen, wurden die Angehörigen dieser Schicht als Ingenieure, Ärzte, Lehrer und Juristen in erster Linie durch ihre berufliche Funktion bestimmt. In neuen Hoch- und Fachschulen ausgebildet, trat diese spezifisch russische Intelligenzija in kürzester Frist relativ unvermittelt auf den Plan.

Sie war gegenüber dem Zarismus durchweg oppositionell bis revolutionär eingestellt. Alle neu entstehenden Parteien fanden hier ihre ersten Kader, die in großen ideologischen Kämpfen die Grundlagen für die Formierung der unterschiedlichen Klassenkräfte legten, die in der Revolution in offener Feldschlacht aufeinander trafen. »Es war diese revolutionäre ›junge Intelligenzija‹ – wie sie sich in den siebziger Jahren selbst nannte – die, sei es als Vorkämpfer einer von der Bauernschaft zu tragenden Umwälzung oder als Avantgarde einer proletarischen Revolution, zum gefährlichsten Gegner des autokratischen Regimes heranwuchs.«[91] In den ländlichen Semstwos, die viele Angehörige der Intelligenzija beschäftigten, trug ein Teil die Bewegung des Adelsliberalismus mit. Ein anderer Teil orientierte sich in der Tradition der Volkstümler an der Bauernschaft und organisierte sich in der 1901 gegründeten Sozialrevolutionären Partei. In den Städten unterstützte die revolutionäre Intelligenz zum Teil ebenfalls die Sozialrevolutionäre, vor allem aber die sich herausbildende Sozialdemokratie.

Die Bourgeoisie in Russland formierte sich erst politisch, nachdem sowohl die marxistische Arbeiterbewegung als auch die sozialrevolutionäre Bauernbewegung vorangegangen waren. Aufgrund ihrer vielfachen Verbindungen zum zaristischen Staat hatten die bürgerlichen Kräfte bis dahin eine parteimäßige Organisierung vermieden, um nicht den Ärger des Zarismus zu erregen. »Bis zur ersten Revolution 1905 blieb das russische

---

[91] Ebd., S. 146

Großbürgertum ein loyaler Untertan der Autokratie.«[92] Während die Sozialdemokratische Partei 1898 und die Sozialrevolutionäre Partei 1901 gegründet wurden, benötigten die Kadetten und Oktobristen, die wichtigsten bürgerlichen Parteien, dazu bis 1905 und gründeten sich auch erst, als der Zarismus die Erlaubnis dazu erteilte.

Im Oktober 1905 war Zar Nikolaus II. unter dem Druck der aufständischen Massenbewegung gezwungen, das »Oktobermanifest« zu verkünden, das die Schaffung einer gewählten Versammlung, der Duma, versprach, die einige parlamentarische Rechte erhalten sollte, ohne jedoch die autokratische Vorherrschaft in der Substanz anzugreifen. Unter Berufung auf dieses Manifest gründete sich unter dem Namen »Verband des 17.Oktober« die Partei der Oktobristen, die das bürgerlich-adelige Industrie-, Handels- und Finanzkapital Russlands sowie den konservativen Flügel des Landadels repräsentierte und sich als politische Stütze des Zarismus verstand.

Zeitgleich gründete sich unter dem Anstoß des liberalen Semstwo-Adels die weiter links stehende Konstitutionelle Demokratische Partei. Die »Kadetten« versammelten neben liberalen Gutsbesitzern das mittlere städtische Bürgertum und die bürgerliche Intelligenz; das Industrie- und Finanzkapital spielte bei ihrer Entstehung keine Rolle. Im Revolutionsjahr 1917 wurden sie zur maßgeblichen bürgerlichen Partei, doch aufgrund der Stellung der Gutsbesitzer hatten sie in der Agrarfrage, die 1917 in das Zentrum des revolutionären Prozesses trat, kaum Handlungsspielraum; ihr Agrarprogramm spiegelte dieses Problem wider. Es konnte den Bauern nur die Verteilung der Landgüter des Zaren und der Kirche versprechen, musste aber den viel umfangreicheren Gutsbesitz davon ausnehmen.

Da die bürgerlichen Kräfte in der Folge so gut wie keine Aussicht hatten, ein Bündnis mit der landhungrigen Bauernschaft zustande zu bringen, waren ihre Perspektiven alles andere als rosig. Vom Zarismus und vom ausländischen Kapital groß gezogen, ohne eine kleinbürgerliche Massenbasis, durch einen starken Gutsbesitzerflügel gehemmt und politisch zwischen Kadetten und Oktobristen gespalten, war die Bourgeoisie wenig geeignet, in Krisenzeiten die Führung der Nation zu übernehmen.

---

[92] Ebd., S. 137

Das Proletariat

Das russische Proletariat war als Ergebnis staatlicher und ausländischer Investitionen in wenigen industriellen Zentren und dort wiederum in Großbetrieben konzentriert; über die Hälfte der Arbeiter arbeitete in Betrieben von mehr als 500 Personen.[93] Obwohl es mit 3-4 Mio. nur eine absolute Minderheit der zwischen 165 und 175 Mio. zählenden Bevölkerung Russlands ausmachte, war es durch seine Ballung in den politischen und industriellen Zentren (in erster Linie Petersburg und Moskau) ein wesentlicher politischer Faktor.

Dieses Proletariat ging nicht wie in Westeuropa aus Handwerk und städtischen Unterschichten hervor, sondern aus der Bauernschaft, was erhebliche politische Folgen hatte. In Deutschland etwa wurde die entstehende Sozialdemokratie ebenso wie die Gewerkschaftsbewegung durch ständisch geprägte Facharbeiter dominiert, die dem Handwerk entstammten und für den Reformismus offen waren. Dagegen war ein ständisches Arbeiterbewusstsein in der russischen Arbeiterschaft so wenig vorhanden wie die Neigung zum Reformismus.

Bis zur Agrarreform 1906 war fast jeder städtische Arbeiter noch Mitglied der Dorfgemeinde und hatte dort Anspruch auf ein Stück Land. Erst seit der Stolypinschen Reform war es leichter, das eigene Anteilland zu verkaufen, und davon machten längst nicht alle Gebrauch, so dass der typische russische Arbeiter bis zuletzt mit einem Bein im Dorf stand. Er war »meist nur 21-22 Jahre alt, nach bäuerlicher Tradition schon verheiratet. Er ließ Frau und Kinder auf dem Dorf zurück und begründete, oft auf Jahrzehnte, eine neue Arbeitsteilung: Er unterstützte die Familie aus der Ferne, die Daheimgebliebenen kümmerten sich um Haus und Hof einschließlich der Ackerparzelle, die für die Versorgung unentbehrlich blieb. Selbst von den Moskauer Druckereiarbeitern schickten noch 1907 89,6% regelmäßig Geld in beträchtlicher Höhe – im Durchschnitt ein Viertel des Jahreslohns – an ihre dörflichen Verwandten. Laut Zensus von 1897 lebten im gesamten Reich 60% aller in Arbeit stehenden Männer allein, in St. Petersburg sogar 86,5%. ... Bis zum Weltkrieg scheint sich daran nicht viel geändert zu haben.«[94]

---

[93] Lorenz 1976, S. 28
[94] Hildermeier 2016, S. 1192

Zwar verlor die zweite Arbeitergeneration die Bindungen zur Obscina und trat seit der Jahrhundertwende der bereits in der Stadt geborene oder mit dem Dorf nur schwach verbundene Industrieproletarier stärker in den Vordergrund. Aber das ungebrochene Wachstum des industriellen Produktionskörpers ließ den menschlichen Nachschub aus dem Dorf nicht abreißen, und der garantierte dafür, dass die Verbindung lebendig blieb. Dies war für den gesamten Verlauf des Revolutionsjahrs 1917 bedeutsam, denn speziell durch die Institution des Sowjets, die der Bauer zuerst als Soldatensowjet und dann als Bauernsowjet kennenlernte, konnten die Millionenmassen der russischen Bauern an die Revolution gebunden werden. Das führte aber ebenso dazu, dass mit der Lösung der Agrarfrage im Sinne der Bauernschaft bedeutende Teile des russischen Proletariats sich ihrer bäuerlichen Herkunft besannen und, bestärkt durch die schlechte Ernährungslage in den Städten, wieder in die Obscina zurückkehrten, um ihren Bodenanteil zu beanspruchen.

Zu den Unterschieden zwischen Westeuropa und Russland gehörte auch, dass das russische Proletariat nicht zuerst als Teil einer kleinbürgerlich-demokratischen Bewegung die politische Bühne betrat (weil ein städtisches Kleinbürgertum kaum existierte), sondern sich von Anfang an selbständig organisierte. Den sozialen Verhältnissen Russlands entsprechend fand die theoretische Grundlegung der Arbeiterpartei in der Abgrenzung von bäuerlich-sozialrevolutionären Ideologien statt.

Vorbereitet durch die von Plechanow geführte Auseinandersetzung mit den Volkstümlern gründete sich die Sozialdemokratische Arbeiterpartei Russlands (SDAPR) im Jahr 1898. Zur Agrarfrage trafen die Gründungsbeschlüsse keine Aussage. Kurz darauf von der Polizei zerschlagen, musste sich die SDAPR 1903 mit ihrem II. Parteitag faktisch neu gründen. Jetzt gab sie sich auch ein Agrarprogramm, dessen entscheidende Punkte darin bestanden, neben einem Ende der Ablösezahlungen die Rückgabe der im Zug der Bauernbefreiung verloren gegangenen Bodenabschnitte an die Bauern zu fordern – mehr nicht.[95]

Zwei Jahre später brach die erste russische Revolution aus, in deren Zug sich die Bauernschaft erhob und mit ihren Aufständen die zaristische Herrschaft bis ins Mark erschütterte. Auf einen Schlag wurde der Umsturz der alten Ordnung aus einem abstrakten Ziel zu einer gegenwärtigen Herausforderung, und damit stellte sich den russischen Marxisten die Aufgabe,

---

[95] Geschichte der KPdSU, Band I, 1973ff., S. 543ff.

Das Proletariat

eine geeignete Strategie für die anstehende Revolution zu entwickeln. Das bedeutete, die miteinander zusammenhängenden Fragen nach dem Charakter dieser Revolution, der führenden Rolle in ihr und nach dem Verhältnis des Proletariats zur Bauernschaft zu beantworten.

Kapitel 3
Revolutionsstrategien

Die skizzierte Klassenkonstellation gab den Rahmen für die Politik der handelnden politisch-gesellschaftlichen Kräfte vor.

Die russische Bourgeoisie konnte in der anstehenden demokratischen Revolution nicht die alleinige politische Herrschaft anstreben, weil ihr entscheidender Bündnispartner in den bürgerlichen Revolutionen des Westens, das städtische Kleinbürgertum, unterentwickelt war. Zugleich hing die Masse des ländlichen Kleinbürgertums, die russische Bauernschaft, gesellschaftspolitischen Vorstellungen an, die mittelalterlich-rückwärtsgewandt waren und den ökonomischen Interessen des Kapitals entgegenstanden. Daher hatte die Bourgeoisie nur zwei Machtoptionen: die eine war, den Zarismus im Bündnis mit dem Proletariat bzw. Teilen davon zu stürzen; die andere war, eine Beteiligung an der Macht durch das Zusammengehen mit dem Zarismus *gegen* die Volksrevolution zu erreichen.

Zu welcher dieser Alternativen die politisch aktiven Teile der Bourgeoisie neigten, darüber gibt ihre parteipolitische Orientierung Auskunft. Die *Oktobristen*, deutlich rechts stehend, waren mit der vom Zarismus gewährten Duma zufrieden, die weder die Regierung noch den Staatshaushalt kontrollieren konnte. Die *Kadetten*, links von den Oktobristen stehend, definierten sich bereits mit dem Namen ihrer Partei als Anhänger einer konstitutionell-demokratischen Richtung, d.h. auch sie wollten den Zarismus beibehalten, allerdings unter verfassungsmäßiger Absicherung parlamentarischer Rechte. In beiden Varianten konnte die Bourgeoisie keine Triebkraft der demokratischen Revolution sein, weil ihr Weg zur (Beteiligung an der) Macht die Erhaltung des Zarismus voraussetzte und auf ein Bündnis mit ihm zielte. Die russischen Verhältnisse waren bei weitem noch nicht reif für einen von der Bourgeoisie dauerhaft beherrschbaren Staat.

Wie musste nun im Unterschied dazu die Strategie des Proletariats und seiner Partei aussehen? Konnte die Arbeiterklasse überhaupt die politische Macht erobern? Alle mit den Besonderheiten der russischen Klassenverhältnisse zusammenhängenden Fragen beschäftigten die Marxisten bereits Jahre vor der Oktoberrevolution, denn spätestens die erste russische Revolution von 1905 machte ihre Aktualität deutlich, nachdem das Proletariat durch den Petersburger Sowjet und den Moskauer Aufstand praktisch seine führende Rolle in der revolutionären Bewegung Russlands dokumentiert hatte. Die in großen ideologischen Schlachten entwickelten politischen Konzepte der Marxisten entfalteten ihre Wirkung im Jahr 1917. Zwar hätte die gesellschaftliche Eruption dieses Jahres auch ohne sie stattgefunden, aber der Ausgang des mehrmonatigen Revolutionsprozesses wäre möglicherweise ein anderer gewesen.

Da die unterschiedlichen Revolutionskonzepte sich sämtlich auf die Begründer des wissenschaftlichen Sozialismus beriefen, beginnen wir ihre Darstellung mit den wenig beachteten Auffassungen von Marx und Engels zur Frage einer Revolution unter unentwickelten gesellschaftlichen Verhältnissen, bevor wir zur Position der Menschewiki und den Konzeptionen von Kautsky, Trotzki und Lenin übergehen.

Die Revolutionstheorie von Marx und Engels 1848

Mit dem Problem einer proletarischen Revolution in einem rückständigen Land hatten sich Marx und Engels bereits 1848 beschäftigt. Sie gingen damals von dem Beginn einer neuen Revolutionsepoche aus, an deren Ende für sie die Diktatur des Proletariats stehen sollte. Diese neue Revolutionsepoche, die 1848 mit der Februarrevolution in Frankreich begann, sollte in ihrer Bedeutung vergleichbar sein mit der englischen von 1648-1662 und der französischen von 1789 bis 1830. Marx zufolge war die Bedeutung dieser Revolutionen europäisch und damit weltgeschichtlich, sie beerdigten jeweils das vorherige Jahrhundert und begründeten den »Sieg einer neuen Gesellschaftsordnung«.[96]

Der neue welthistorische Inhalt dieser Epoche sollte der Sieg des 19. über das 18. Jahrhundert, der des Triumphes des Proletariats über die Bourgeoisie sein. In ihrer Konzeption gingen sie davon aus, dass die anstehende bürgerliche Revolution in Deutschland von 1848 »*nur das unmittelbare Vorspiel einer proletarischen Revolution*« in Europa sein würde. Dieses Ziel, welches das russische Proletariat 1917 wiederum auf seine Fahnen schrieb und das bis zum Ende des vergangenen Jahrhunderts von allen revolutionären Marxisten geteilt wurde, ist bis heute nicht erreicht. Das 20. Jahrhundert wurde trotz des Sieges der Oktoberrevolution nicht das Jahrhun-

---

[96] K. Marx: Die Bourgeoisie und die Konterrevolution, Dezember 1848; MEW 6, S. 102-124

dert der Beerdigung, sondern des Triumphes der Bourgeoisie. Schauen wir deshalb als erstes, wie Friedrich Engels seine und Marxens damalige Revolutionsstrategie begründete und ihr letztliches Scheitern erklärte.

Er schrieb 1895 im Rückblick auf die Revolution von 1848: »Alle bisherigen Revolutionen liefen hinaus auf die Verdrängung einer bestimmten Klassenherrschaft durch eine andere; alle bisherigen herrschenden Klassen waren aber nur kleine Minoritäten gegenüber der beherrschten Volksmasse. Eine herrschende Minorität wurde so gestürzt, eine andere Minorität ergriff an ihrer Stelle das Staatsruder ... Wenn wir vom jedesmaligen konkreten Inhalt absehen, war die gemeinsame Form aller dieser Revolutionen *die, dass sie Minoritätsrevolutionen waren*. Selbst wenn die Majorität dazu mittat, geschah es – wissentlich oder nicht – nur im Dienst einer Minorität ... Alle Revolutionen der neueren Zeit, angefangen von der großen englischen des siebzehnten Jahrhunderts, zeigten diese Züge, die untrennbar schienen von jedem revolutionären Kampf.«[97]

Diese Analyse der englischen und der französischen Revolution lieferte die Grundlage für die Konzeption einer Minoritätenrevolution durch Marx und Engels im Jahre 1848. Sie beabsichtigten, die demokratische Revolution 1848 bis zur proletarischen Machtergreifung weiterzutreiben, geleitet von einer proletarischen Minorität, aber »im eigentlichsten Interesse der Majorität«. Wenn alle bisherigen Revolutionen Minoritätenrevolutionen waren, so ihr damaliger Gedanke, könnte auch der »Bund der Kommunisten« das Proletariat im Klassenbündnis mit dem Kleinbürgertum dazu führen, die anstehende bürgerliche Revolution in Deutschland über ihren bürgerlichen Rahmen hinauszutreiben und mit der proletarischen Machtergreifung zu krönen.

Das Scheitern der bürgerlichen Revolution in Deutschland und die späteren ökonomischen und politischen Entwicklungen ließen Engels 1895 folgende Schlussfolgerungen formulieren: »Die Geschichte hat uns und allen, die ähnlich dachten, ... klargemacht, *dass der Stand der ökonomischen Entwicklung auf dem Kontinent damals noch bei weitem nicht reif war für die Beseitigung der kapitalistischen Produktion;* sie hat dies bewiesen durch die ökonomische Revolution, die seit 1848 den ganzen Kontinent ergriffen und die große Industrie ... erst wirklich eingebürgert ... hat – alles auf

---

[97] Dieses und die folgenden Zitate F. Engels: Einleitung von 1895 zu Marx' »Klassenkämpfe in Frankreich 1848 bis 1850«; in MEW 22, S. 513f.; Hervorhebungen durch d. Verf.

kapitalistischer, im Jahre 1848 also noch sehr ausdehnungsfähiger Grundlage. Gerade diese industrielle Revolution aber ist es, die ... eine wirkliche Bourgeoisie und ein wirkliches großindustrielles Proletariat erzeugt und in den Vordergrund der gesellschaftlichen Entwicklung gedrängt hat. Dadurch aber ist der Kampf dieser beiden großen Klassen, der 1848 außerhalb Englands nur in Paris und höchstens in einigen großen Industriezentren bestand, erst über ganz Europa verbreitet worden. ... Heute (gibt es) eine große internationale Armee von Sozialisten, unaufhaltsam vorwärtsschreitend, täglich wachsend an Zahl, Organisation, Disziplin, Einsicht und Siegesgewissheit. Wenn sogar diese mächtige Armee des Proletariats noch immer nicht das Ziel erreicht hat, wenn sie, weit entfernt, den Sieg mit einem großen Schlag zu erringen, in hartem, zähem Kampf von Position zu Position langsam vordringen muss, so beweist dies ein für allemal, wie unmöglich es 1848 war, die soziale Umgestaltung durch einfache Überrumpelung zu erobern.«

Im Weiteren führte Engels dann die enorme industrielle Entwicklung an, die gerade in Deutschland in der zweiten Hälfte des 19. Jahrhunderts stattgefunden hatte, um auf die veränderten Kampfbedingungen des Proletariats zu sprechen zu kommen.

Hierbei hob er besonders zwei Punkte hervor: 1. das allgemeine Wahlrecht, 2. das Militärwesen (Wehrpflicht, Massenheere, Technisierung und Modernisierung des Kriegswesens sowie die damit notwendige Einbeziehung der Volksmassen) und kam zu der Schlussfolgerung: »Haben sich die Bedingungen geändert für den Völkerkrieg, so nicht minder für den Klassenkampf. Die Zeit der Überrumpelungen, der von kleinen bewussten Minoritäten an der Spitze bewusstloser Massen durchgeführten Revolutionen ist vorbei. Wo es sich um eine vollständige Umgestaltung der gesellschaftlichen Organisation handelt, da müssen die Massen selbst mit dabei sein, selbst schon begriffen haben, worum es sich handelt, für was sie mit Leib und Seele eintreten. Das hat uns die Geschichte der letzten 50 Jahre gelehrt.«

1848 – so formulierte Engels ein halbes Jahrhundert später – war also eine Minoritätenrevolution bereits nicht mehr möglich gewesen. Erst recht – so seine weitere Schlussfolgerung – war sie nach der industriellen Entwicklung und den Veränderungen der Kampfbedingungen der Arbeiterklasse im Gefolge der industriellen Revolution nicht mehr möglich. *Das 19. Jahrhundert konnte somit noch nicht das Jahrhundert werden, in dem das Proletariat die Herrschaft der Bourgeoisie beerdigte.*

Indem Engels aber folgerte, dass künftig Minoritätenrevolutionen nicht mehr möglich seien – sprach er damit dem russischen Proletariat nicht die Chance ab, die politische Macht zu ergreifen und die anstehende bürgerliche Revolution in Russland unter seiner Führung zur sozialistischen Revolution weiterzutreiben? Zu seinen Schlussfolgerungen aus den veränderten gesellschaftlichen Bedingungen in Europa gehörte auch die Erkenntnis, dass »ein Aufstand, mit dem alle Volksschichten sympathisieren, schwerlich wieder (kommen werde); im Klassenkampf werden sich wohl nie alle Mittelschichten so ausschließlich ums Proletariat gruppieren, dass die um die Bourgeoisie sich scharende Reaktionspartei dagegen fast verschwinde. Das ›Volk‹ wird also immer geteilt erscheinen.«

Diese auf das westliche Europa zutreffende Bedingung des proletarischen Klassenkampfes konnte aber nicht ohne weiteres auf die unentwickelten gesellschaftlichen Verhältnisse Russlands übertragen werden. Die Bedeutung der Agrarfrage eröffnete dem Proletariat hier die Möglichkeit, »alle Mittelschichten«, d. h. die gesamte russische Bauernschaft, für die Duldung oder gar Unterstützung seines Aufstandes zu gewinnen. Für Russland war damit die Möglichkeit einer Minoritätenrevolution des Proletariats nicht ausgeschlossen.

Das Revolutionskonzept der Menschewiki

Schon bald nach der Gründung der SDAPR bildeten sich mit den Menschewiki und Bolschewiki zwei unterschiedliche Flügel in der Partei heraus, deren Differenzen im Kern durch das Verhältnis zu der anstehenden bürgerlichen Revolution bestimmt wurden.

Die Grundgedanken der Revolutionstheorie der Menschewiki basierten auf dem Revolutionsschema der II. Internationale und lassen sich wie folgt zusammenfassen: Weil Russland sich in der Etappe der bürgerlichen Revolution befindet, muss die politische Macht an die Bourgeoisie fallen. Die Aufgabe des Proletariats in dieser Revolution ist es, der Bourgeoisie zum Sieg zu verhelfen und als Preis dafür günstige soziale und politische Bedingungen für eine selbständige Klassenpolitik der Arbeiterklasse zu erreichen.

Das waren in ihrem Kern der 8-Stunden-Tag sowie die Presse-, Versammlungs- und Demonstrationsfreiheit und das allgemeine Wahlrecht, d.h. möglichst breite Demokratie für die Arbeiterklasse. Keineswegs aber sollte

Das Revolutionskonzept der Menschewiki 73

die Arbeiterklasse und ihre politische Vertretung, die sozialdemokratische Partei, die politische Macht oder auch nur die Teilhabe daran anstreben.

Auf dem Boden dieser Grundorientierung stand auch das Agrarprogramm, das die Menschewiki nach den Erfahrungen der Bauernaufstände formulierten (nachdem das SDAPR-Programm von 1903 seine Unzulänglichkeit unter Beweis gestellt hatte). Über die Rückgabe der Bodenabschnitte hinaus wurde darin die sogenannte Munizipalisierung des Großgrundbesitzes verlangt, d.h. seine Übernahme durch kommunale Selbstverwaltungskörperschaften, die je nach Gebiet und Provinz über die enteigneten Landflächen entscheiden sollten. Außerdem sollten Wälder und Gewässer von gesamtstaatlicher Bedeutung nationalisiert werden.[98]

Dieses Programm ignorierte das unbedingte Verlangen der Bauern nach dem gesamten Landbesitz des Adels, es wollte sie mit der Rückgabe der 1861 verloren gegangenen Bodenabschnitte zufrieden stellen und ansonsten mit der Munizipalisierung vertrösten. Mit einer solchen Lösung konnten je nach Ausgang der Revolution und den Mehrheitsverhältnissen in den kommunalen Verwaltungen auch die bürgerlichen Großgrundbesitzer leben, weil dadurch weder Entschädigungszahlungen noch die (Wieder-) Übernahme der enteigneten Landflächen durch Pacht ausgeschlossen waren. Faktisch war dies das Agrarprogramm einer bürgerlichen Revolution, das auf einen Kompromiss mit dem bürgerlich-liberalen Landadel gegen die Massen der Bauernschaft hinauslief und dem grundsätzlichen Anliegen der Menschewiki nach einem Zusammengehen mit der Bourgeoisie entsprach. Auf dem Stockholmer IV. Parteitag der SDAPR im April 1906, der eine zeitweilige Vereinigung der beiden Parteiflügel von Menschewiki und Bolschewiki herbeiführte, wurde dieses Agrarprogramm gegen den Widerstand Lenins mehrheitlich angenommen.

Das erste Problem der Menschewiki war, dass sie mit ihrem Revolutionskonzept keinen ernsthaften Bündnispartner im Lager der Bourgeoisie finden konnten, weil die bürgerlichen Parteien auf das Zusammengehen mit dem Zarismus statt mit der Arbeiterbewegung setzten. Erst als der Zarismus bereits gestürzt war, kam es partiell zur Kooperation mit den bürgerlichen Kadetten, die im Grundsatz aber weiterhin auf die Kräfte der alten Ordnung setzten. Das zweite Problem war, dass sie sich mit ihrem Agrarprogramm von den Massen der Bauernschaft und damit von der revolutionsentscheidenden gesellschaftlichen Kraft isolierten. Einmal in Bewegung

---

[98] Geschichte der KPdSU, Band II, 1973ff., S. 209ff.

geraten, wollten diese Bauern nicht nur den Zarismus stürzen, sondern die gesamte bisherige Ordnung hinwegfegen, die ihnen das Land vorenthielt, auf das sie seit alters her einen gottgewollten Anspruch erhoben.

Die Konsequenz daraus war, dass die Menschewiki mit ihrem strategischen Konzept im Lauf des Jahres 1917 immer mehr an den Rand der gesellschaftlichen Bewegung gedrängt wurden, bis sie schließlich kaum mehr als einflusslose Statisten darstellten.

Die Überlegungen Karl Kautskys

Unter dem Eindruck der russischen Revolution von 1905 beschäftigte sich auch Karl Kautsky, nach Engels' Tod der führende Theoretiker der II. Internationale, mit den Triebkräften und Perspektiven des Revolutionsprozesses. Seine Position unterschied sich deutlich von derjenigen der Menschewiki und ging ein ganzes Stück über die Auffassungen von Marx und Engels hinaus. 1906 schrieb er: »Das Zeitalter der *bürgerlichen* Revolutionen, das heißt der Revolutionen, deren Triebkraft die Bourgeoisie bildete, ist abgeschlossen, auch für Russland. Auch dort bildet das Proletariat nicht mehr ein Anhängsel und Werkzeug der Bourgeoisie, wie das in den bürgerlichen Revolutionen der Fall war, sondern eine selbständige Klasse mit selbständigen revolutionären Zielen. Wo aber das Proletariat in dieser Weise auftritt, hört die Bourgeoisie auf, eine revolutionäre Klasse zu sein. Die russische Bourgeoisie, soweit sie überhaupt eine selbständige Klassenpolitik treibt und liberal ist, hasst wohl den Absolutismus vor allem deswegen, weil sie in ihm die Grundursache der Revolution sieht; und soweit sie nach politischer Freiheit verlangt, so geschieht dies vor allem deswegen, weil sie darin das einzige Mittel zu finden glaubt, der Revolution ein Ende zu machen. Die Bourgeoisie gehört also nicht zu den Triebkräften der heutigen revolutionären Bewegung Russlands, und insofern kann man diese nicht eine bürgerliche nennen.«[99]

Kautsky attestierte der russischen Bourgeoisie in Anbetracht ihrer eigenen Schwäche und der relativen Stärke des Proletariats also nicht nur, dass sie *nicht* zu den Triebkräften der Revolution gehörte. Er ging noch einen Schritt weiter und stritt der künftigen russischen Revolution ihr bürgerliches Wesen grundsätzlich ab. Indem er den Charakter der Revolution

---

[99] Kautsky 1906, S. 329-332

an die führende Rolle der Bourgeoisie band und eine solche Führung auf Grund der gegebenen Klassenverhältnisse für ausgeschlossen, ja das Zeitalter der bürgerlichen Revolutionen spätestens mit dem 19. Jahrhundert für »abgeschlossen« erklärte, konnte die künftige Revolution für ihn nicht mehr bürgerlich sein.

Doch wenn nicht bürgerlich, wie sollte ihr Charakter dann bestimmt sein? »Deswegen darf man aber doch nicht ohne weiteres sagen, dass sie eine sozialistische sei. Sie vermag auf keinen Fall das Proletariat zur Alleinherrschaft, zur Diktatur zu bringen. Dazu ist das Proletariat Russlands zu schwach und zu unentwickelt. Allerdings ist es sehr wohl möglich, dass im Fortgange der Revolution der Sieg der sozialdemokratischen Partei zufällt, und die Sozialdemokratie tut sehr wohl daran, ihre Anhänger mit dieser Siegeszuversicht zu erfüllen, denn man kann nicht erfolgreich kämpfen, wenn man von vornherein auf den Sieg verzichtet.« Für Kautsky ist somit der Charakter der künftigen russischen Revolution weder bürgerlich noch sozialistisch. Obwohl die Revolution nicht sozialistisch sein kann, ist es seiner Meinung nach sehr wohl möglich, dass die Sozialdemokratie in den Besitz der Regierungsmacht gelangt, und er empfiehlt der Partei sogar, »ihre Anhänger mit dieser Siegeszuversicht zu erfüllen«.[100]

Eine von der proletarischen Partei geführte Regierung im – von Kautsky bisher nicht näher bestimmten – Niemandsland zwischen bürgerlicher und sozialistischer Gesellschaft führt unweigerlich zu der Frage nach den ökonomischen Maßnahmen dieser Regierung. Wie bestimmte Kautsky die Voraussetzungen für den proletarischen Sieg und wo sah er die Grenzen einer marxistischen Partei im Besitz der Staatsmacht?

»Aber es wird der Sozialdemokratie unmöglich sein, den Sieg allein durch das Proletariat ohne die Hilfe einer anderen Klasse zu erringen, sie wird als siegreiche Partei daher bei der Durchführung ihres Programms nicht weiter gehen können, als die Interessen der das Proletariat unterstützenden Klasse gestatten. (...) Die Allianz des Proletariats mit anderen Klassen im revolutionären Kampfe muss vor allem auf *ökonomischer Interessengemeinschaft* beruhen, soll sie eine dauerhafte und siegreiche sein können. Auf einer derartigen Interessengemeinschaft muss auch die Taktik der russischen Sozialdemokratie aufgebaut sein. Eine solide Interessengemeinschaft für die ganze Zeit des revolutionären Kampfes besteht aber nur zwischen dem Proletariat und der Bauernschaft. Sie muss die Grundlage der ganzen revolutionären

---

[100] Ebd.

Taktik der Sozialdemokratie Russlands abgeben. Ein Zusammenwirken mit dem Liberalismus darf nur dort und in einer Weise ins Auge gefasst werden, wo das Zusammenwirken mit der Bauernschaft dadurch nicht gestört wird. In der Interessengemeinschaft zwischen dem industriellen Proletariat und der Bauernschaft liegt die revolutionäre Kraft der russischen Sozialdemokratie begründet und die Möglichkeit ihres Sieges, zugleich aber auch die Grenze der Möglichkeit seiner Ausbeutung.«[101]

Anders als die Menschewiki sah Kautsky also nicht in der Bourgeoisie, sondern in der Bauernschaft den Hauptbündnispartner des Proletariats und schlussfolgerte, dass die Bauernschaft die Grenzen der proletarischen Macht bestimmen würde. Hier finden wir klassenpolitisch eine weitgehende Identität mit der von Lenin entwickelten Konzeption einer »revolutionär-demokratischen Diktatur des Proletariats und der Bauernschaft«. Doch wie sollten die weder bürgerlichen noch sozialistischen Maßnahmen aussehen, die die »ökonomische Interessengemeinschaft« von Proletariat und Bauernschaft begründen sollten?

Dazu äußerte sich Kautsky nicht detailliert, schrieb allerdings in der Diskussion über das menschewistische Agrarprogramm, das die Munizipalisierung der enteigneten Adelsländereien forderte, in dem Brief an einen Menschewiki: »Offenbar verstand ich unter Munizipalisierung etwas ganz anderes als Sie und, vielleicht, als Maslow. Ich begriff darunter das Folgende: der Großgrundbesitz wird konfisziert und darauf wird von den Gemeinden oder größeren Organisationen auch weiter im Großbetrieb gewirtschaftet oder der Boden an Produktionsgenossenschaften verpachtet. Ich weiß nicht, ob dergleichen in Russland möglich ist; ich weiß auch nicht, ob die Bauern darauf eingehen werden. Ich sage auch nicht, dass wir es verlangen müssen, sondern ich glaube nur, dass wir, wenn andere dies fordern, ohne weiteres dem zustimmen könnten. Es wäre ein interessantes Experiment.«[102] Das heißt, er erkannte die Bedeutung ökonomischer Zugeständnisse an die Bauernschaft an, ohne hierfür die Grenzen näher zu bestimmen. »Wir können den Bauern die Entscheidung der Frage nach den Formen überlassen, die das den Großgrundbesitzern entzogene Eigentum annehmen soll. Ich würde es für einen Fehler halten, ihnen in dieser Beziehung etwas aufzwingen zu wollen.«[103]

---
[101] Ebd.
[102] Kautsky: Brief an M.Schanin, April 1906; zitiert in LW 13, S. 367
[103] Kautsky: Brief an P.Maslow, 1906; zitiert in LW 13, S. 368

Was das konkrete Gesicht dieser Bauernschaft anbelangt, teilte Kautsky die beschränkte Sicht des gesamten russischen Marxismus zur Rolle und Bedeutung der Dorfgemeinde, indem er schrieb: »Die jetzige Revolution dürfte auf dem Lande nur dahin führen, eine kraftvolle Bauernschaft auf der Grundlage des Privateigentums am Boden zu schaffen«.[104] Dass die Bauernmassen Zentralrusslands im Gegenteil die Beseitigung des Privateigentums an Land (soweit dieses bereits existierte) anstrebten, konnte er sich nicht vorstellen.

Davon abgesehen formulierte er die klassenpolitische Grundkonzeption einer möglichen proletarischen Revolution in »unentwickelten Ländern«, indem er eine sozialdemokratisch geführte Regierung in der kommenden Revolution für möglich hielt und ihre gesellschaftliche Basis an das Bündnis mit der Bauernschaft (und nicht mit der Bourgeoisie) band. Richtungsweisend war weiterhin seine Erkenntnis, dass diese Revolution nicht einfach als bürgerliche zu begreifen war. So bekräftigte er am Ende des zitierten Artikels noch einmal seine Position: »Wir dürften der russischen Revolution und den Aufgaben, die sie uns stellt, am ehesten gerecht werden, wenn wir sie weder als bürgerliche Revolution im herkömmlichen Sinne, noch auch als sozialistische betrachten, sondern als einen ganz eigenartigen Prozess, der sich an der Grenzscheide zwischen bürgerlicher und sozialistischer Gesellschaft vollzieht, die Auflösung der einen fördert, die Bildung der anderen vorbereitet und auf jeden Fall die ganze Menschheit der kapitalistischen Zivilisation um ein gewaltiges Stück in ihrem Entwicklungsgang vorwärts bringt.«

Leo Trotzki: Die permanente Revolution

Eine der zentralen Gestalten sowohl der Revolution von 1905 wie auch des Oktoberumsturzes 1917 war ohne Zweifel Leo Trotzki. 1905 Vorsitzender des Petersburger Sowjets, des »Rats der Arbeiterdeputierten«, begriff er sich zwischen den beiden Revolutionsjahren 1905 und 1917 als über den Fraktionen der russischen Sozialdemokratie stehend.

In Diskussionen mit Kautsky sowie Parvus, seinem Nachfolger im Petrograder Sowjet, der zeitweise den Menschewiki angehörte, aber auch in der deutschen Sozialdemokratie aktiv war, entwickelte er in der Schrift »Er-

---

[104] Kautsky 1906, S. 333; Hervorhebung durch d. Verf.

gebnisse und Perspektiven« eine eigene Revolutionstheorie, die sich in wesentlichen Aspekten sowohl von den menschewistischen als auch den bolschewistischen Auffassungen unterschied. Diese Theorie der *permanenten Revolution*, die seiner eigenen Einschätzung nach »die theoretische Prognose der Oktoberrevolution ausarbeitete«,[105] fußte auf dem Gedanken einer bürgerlichen Revolution unter proletarischer Führung, die unmittelbar zu einer sozialistischen Revolution hinüberleiten würde. Ihre Grundgedanken waren:

1. Russland steht am Vorabend einer bürgerlichen Revolution. Diese Revolution wird das Proletariat notwendig an die Macht bringen.
2. Das »gleichgültig unter welcher politischen Fahne« an die Macht gekommene Proletariat »wird gezwungen sein, eine sozialistische Politik zu verfolgen.«
3. Ohne staatliche Unterstützung durch das europäische Proletariat kann sich die russische Arbeiterklasse »nicht an der Macht halten und ihre zeitweilige Herrschaft in eine dauernde sozialistische Diktatur umwandeln.«[106]

Für Trotzki unterlag es keinem Zweifel, dass Russland sich in der Etappe der bürgerlichen Revolution befand, die Bourgeoisie darin aber keine vorwärtstreibende Rolle spielte. »Die russische Bourgeoisie tritt alle revolutionären Positionen an das Proletariat ab. Sie wird auch die revolutionäre Hegemonie über die Bauernschaft abtreten müssen.«[107] Im Unterschied zu dem deutsch-österreichischen Theoretiker, der den künftigen Umsturz vorsichtig an einer »Grenzscheide zwischen bürgerlicher und sozialistischer Gesellschaft« angesiedelt hatte, ging Trotzki jedoch davon aus, dass die Arbeiterklasse zwar in einer bürgerlichen Revolution an die Macht gelangen würde, dann jedoch sofort zum Sozialismus übergehen müsse. Seiner Auffassung nach würde das zur Macht gelangte Proletariat sich nicht mit bürgerlichen Revolutionsschranken zufrieden geben, sondern zwangsläufig zum Sozialismus voranschreiten.

Sein politisches Credo in dieser Frage lautete: »Aber befindet sich einmal die Macht in den Händen der revolutionären Regierung mit einer sozialistischen Mehrheit, so verliert der Unterschied zwischen Minimal- und Maximalprogramm sowohl prinzipiell wie unmittelbar – praktisch jede Be-

---

[105] Trotzki 1929, S. 13
[106] Trotzki 1906, S. 106, 109
[107] Ebd., S. 75

deutung.«[108] Das bedeutete: Mit der Machtergreifung wird die bisherige Unterscheidung zwischen einem bürgerlich-demokratischen Minimalprogramm und dem proletarisch-sozialistischen Maximalprogramm enden; »prinzipiell« und »praktisch« muss gleich im Anschluss an den Sieg in der bürgerlichen Revolution der Sozialismus eingeführt werden. Die Bauernschaft war für ihn nicht mehr als ein Trittbrett, um von der demokratischen Revolution aus ohne Unterbrechung zum Sozialismus zu gelangen.

Aufgrund dieser direkten Perspektive auf den Sozialismus erklärte er den von Lenin entwickelten Gedanken einer revolutionär-demokratischen, gemeinsamen Diktatur des Proletariats und der Bauernschaft für falsch.[109] Seines Erachtens würde die Arbeiterklasse von sich aus die *Alleinherrschaft* anstreben, weil sie nur so zum Sozialismus gelangen könne. Sozialismus und proletarische Alleinherrschaft bedingten einander.

Doch wie sollte das Verhältnis zur Bauernschaft konkret aussehen, wie sollte das Proletariat die Hegemonie über die Bauernschaft nicht nur gewinnen, sondern auch behalten? Auffällig ist, dass Trotzki die Agrarfrage nirgends näher untersuchte. Er besaß zur Zeit der Formulierung seiner »Theorie der permanenten Revolution« offenkundig keine tieferen Kenntnisse von der konkreten Gestalt der russischen Agrarverfassung und ihren Auswirkungen auf das politische Bewusstsein der Bauernschaft.

Sein Unverständnis drückt sich insbesondere in der Stellung zu der von den russischen Gemeindebauern verlangten Sozialisierung des Bodens aus, wozu er bemerkte: »Eine der Lösungen der Bodenfrage, der die Sozialrevolutionäre eine durchaus lobenswerte Popularität verliehen haben, ist die Sozialisierung des ganzen Landes – ein Begriff, der, von seiner europäischen Schminke befreit, nichts anderes bedeutet als die Schwarze Umteilung. Das Programm der ausgleichenden Umverteilung setzt somit die Expropriation des gesamten Bodens voraus – nicht nur des privaten Landbesitzes überhaupt, nicht nur des privaten Bauernlandes, sondern selbst des Gemeindelandes.« Diese Forderung war seines Erachtens gänzlich unrealistisch, denn würde man sie umsetzen, so fuhr er fort, »dann können wir uns leicht vorstellen, welch großer Widerstand gegenüber dem Versuch geleistet würde, das Gemeindeland und die privaten Kleinparzellen zu Staatseigentum zu erklären! Ginge das neue Regime auf diese Weise vor, würde es damit be-

---

[108] Ebd., S. 109
[109] Ebd., S. 76, 82f.

ginnen, gewaltige Bauernmassen gegen sich aufzureizen.«[110] Die Ausführungen zeigen, dass er nicht begriffen hatte, dass gerade diese »schwarze Umteilung« von den Massen der Gemeindebauern verfochten wurde – allerdings nicht als »Verstaatlichung«, wie Trotzki hier fehlerhaft formuliert, sondern als »Sozialisierung«, die das gesamte Land der Dorfgemeinde zur Umteilung übereignete, gleich ob es Gutsbesitzern oder privaten Einzelbauern oder der Obscina gehörte.

Dass er es nicht für nötig hielt, eine nähere Untersuchung der Agrarfrage vorzunehmen, hängt unverkennbar mit seinem Sozialismusprogramm zusammen, denn der Übergang zum Sozialismus musste den Widerstand der Bauern hervorrufen, gleich unter welcher Agrarverfassung sie lebten. Insofern war die konkrete Gestalt der bäuerlichen Produktionsverhältnisse von seinem Standpunkt aus unerheblich, weil die proletarische Macht bei der Einführung des Sozialismus in jedem Fall mit den Bauern aneinandergeraten würde, egal welche Besitzformen auf dem Land vorherrschten.

Auf Grundlage dieser Position konnte er auch nicht wie Kautsky den Bauern entgegen kommen und ihnen die Entscheidung über die Nutzung des Landes der Gutsbesitzer überlassen, sondern er hielt es für verfehlt, der Bauernschaft substantielle Zugeständnisse zu machen. Nach seinen Worten musste das proletarische Regime »schon in der allerersten Zeit die Lösung der Agrarfrage in Angriff nehmen ... Das Proletariat wird bei der Lösung dieses Problems ... von dem wichtigsten Bestreben seiner Wirtschaftspolitik geleitet, nämlich, ein möglichst großes Feld für die Organisation der sozialistischen Wirtschaft in Besitz zu nehmen. ... Es ist selbstverständlich, dass der Eingriff des Proletariats in die Organisation der Landwirtschaft nicht damit anfangen wird, verstreute Arbeiter an verstreute Landstücke zu binden, sondern mit der Nutzung großer Güter auf der Grundlage staatlicher oder kommunaler Rechnungsführung.«[111] Das war ein Programm der Durchsetzung sozialistischer Produktionsverhältnisse auf dem Land in großem Maßstab.

Eine solche Politik hatte unvermeidliche Folgen. »Das Proletariat wird sich gezwungen sehen, den Klassenkampf ins Dorf zu tragen und dadurch die Gemeinsamkeit der Interessen mit der gesamten Bauernschaft zerstören ... Vom ersten Augenblick seiner Herrschaft an wird das Proletariat seinen Rückhalt in der Gegenüberstellung von Dorfarmen und Dorfreichen,

---

[110] Ebd., S. 107f.
[111] Ebd., S. 106, 108f.

von Landproletariat und landwirtschaftlicher Bourgeoisie suchen müssen. Aber während die Heterogenität der Bauernschaft eine Schwierigkeit darstellt und die Basis einer proletarischen Politik einengt, wird umgekehrt die ungenügende Klassendifferenzierung der Bauernschaft es erschweren, einen entwickelten Klassenkampf in die Bauernschaft hineinzutragen, auf den sich das städtische Proletariat stützen könnte. Die Primitivität der Bauernschaft wird sich dem Proletariat von ihrer feindseligen Seite zeigen.«[112]

Diese Zeilen waren prophetisch, denn sie sagten völlig richtig voraus, dass das Proletariat beim Übergang zum Sozialismus keinen Bündnispartner im Dorf finden würde, weil die Klassendifferenzierung im Dorf nicht genügend vorangeschritten war; die immer wieder beschworene Dorfarmut war eher eine Wunschvorstellung als eine gesellschaftspolitisch relevante Größe für den Klassenkampf auf dem Land. Genau diese Erfahrung mussten die Bolschewiki von 1918 bis 1920 machen, als sie den Übergang von der bürgerlichen zur sozialistischen Revolution versuchten – und auf den geschlossenen Widerstand des Dorfes stießen.

Trotzki beschrieb auch die Konsequenz daraus: »Ihren eigenen Kräften überlassen, wird die Arbeiterklasse Russlands unvermeidlich in dem Augenblick von der Konterrevolution zerschlagen werden, in dem sich die Bauernschaft von ihr abwendet.« Demzufolge würde die von ihm propagierte Sozialismuspolitik die Arbeitermacht in den Untergang führen – es sei denn, sie bekäme Hilfe von außen. Das war denn auch der Ausweg, den Trotzki für die Arbeitermacht vorsah: »Ihr wird nichts anderes übrigbleiben, als das Schicksal der russischen Revolution mit dem Schicksal der sozialistischen Revolution in Europa zu verknüpfen.«[113]

Mit dieser Lösung griff er auf einen Hinweis Kautskys zurück, der in der Zeitschrift »Die Neue Zeit« ebenfalls über ein Wechselspiel von russischer Revolution und ihren Rückwirkungen auf die Arbeiterbewegung Europas nachgedacht hatte. Das russische Proletariat sollte seine Klassenbasis also sozusagen nach Westen erweitern und seine im eigenen Land nicht zu sichernde Herrschaft auf das europäische Proletariat stützen. Nur wie sollte das möglich sein? Selbst wenn die russische Revolution den Auftakt zu sozialistischen Revolutionen im Westen Europas bildete, wie sollte das Proletariat Westeuropas den 150 Mio. weitgehend subsistenzwirtschaftenden russischen Bauern sozialistische Produktionsverhältnisse aufzwingen?

---
[112] Ebd., S. 78f.
[113] Ebd., S. 119f.

Jenseits dieser Fragestellung ist ein Problem der damaligen Strategiedebatten die undifferenzierte Verwendung der Begriffe von *Sozialisierung*, *Nationalisierung* und *Verstaatlichung*, um die Lösung des Bodenproblems anzugehen. Dieses Problem kennzeichnet auch Trotzkis soeben zitierte Auseinandersetzung mit dem sozialrevolutionären Agrarprogramm. Wie in einem Brennglas fokussiert sich hierin das unzureichende Verständnis der Agrarfrage, das nicht nur die marxistische Debatte von damals kennzeichnet, sondern bis in die Gegenwart hinein den Nachvollzug der Ereignisse erschwert.

Für die zentralrussischen Bauern – und hauptsächlich auf diese kommt es hierbei an – war der Sachverhalt glasklar: der Boden gehörte – nur – demjenigen, der ihn bebaute. D.h. er gehörte nicht dem fernen Staat in Moskau oder Petrograd, sondern konkret der Dorfgemeinde, die ihn regelmäßig an die zugehörigen Bauernfamilien zur Bearbeitung umverteilte. Selbst wenn eine Bauernorganisation einmal den Begriff der *Nationalisierung* benutzte, um die Ziele der Muschiks zu formulieren, war damit nicht gemeint, dass die als Staat organisierte Nation Eigentümer des Grund und Bodens werden sollte. Gemeint war damit die »Sozialisierung« des Bodens, die alles Land zum Gemeineigentum in Verfügung der Dorfgemeinden machte.

Die politische Sprengkraft der hinter diesen Begriffen stehenden Verhältnisse offenbart sich, wenn es um die Frage des Übergangs zum Sozialismus geht. Wäre der Boden *verstaatlicht* bzw. *nationalisiert* (beides besagt dasselbe), würde das bedeuten, dass der Staat das ihm gehörende Land zwar den Bauern zur Bewirtschaftung überließe, aber das Recht behielte, »seinen« Boden oder zumindest Teile davon (wieder) an sich zu nehmen, etwa um in großem Maßstab eine gesellschaftliche Agrarproduktion einzuführen. Diese Vorstellung verbanden die russischen Marxisten mit dem Begriff der »Nationalisierung« – und prallten damit gegen eine Wand aus vielen Millionen Bauern, die gar nicht daran dachten, den Bolschewiki, dem Staat oder wem auch immer das Recht auf »ihr« Land zu überlassen. Diese Gemeindebauern diktierten der bolschewistischen Regierung im Oktober 1917 das Dekret Nr. 1 über die *Sozialisierung des Bodens*, das alle privaten Besitztitel an Land entschädigungslos aufhob und den gesamten Grund und Boden den Dorfgemeinden übertrug.

Lenin: Für eine revolutionär-demokratische Diktatur von Proletariat und Bauernschaft

Im Juni und Juli 1905, als die Revolution in den Städten in vollem Gange war, aber auf dem Land erst begann, entwickelte Lenin noch vor Kautsky und Trotzki in der Schrift »Zwei Taktiken der Sozialdemokratie in der demokratischen Revolution« ein neues Revolutionskonzept.[114]

Sein Ausgangspunkt war die für die Marxisten aller Flügel unstrittige Tatsache, dass in Russland eine bürgerliche Revolution anstand. Anders als die Menschewiki ging er jedoch davon aus, dass die russische Bourgeoisie aufgrund ihrer Stellung nicht in der Lage war, diese Revolution zu führen, weil sie zu eng mit den Kräften der alten Ordnung verwoben war und das Proletariat einen Entwicklungsstand erreicht hatte, der die Bourgeoisie es mehr fürchten ließ als den Zarismus. Daraus zog er die Schlussfolgerung, dass die Arbeiterklasse sich an die Spitze dieser Revolution setzen müsse. »Die Bolschewiki wiesen dem Proletariat die Rolle des *Führers* in der demokratischen Revolution zu. Die Menschewiki beschränkten seine Rolle auf die Aufgaben einer ›äußersten Opposition‹.«[115] Damit waren die »zwei Taktiken« in der bürgerlichen Revolution auf den Punkt gebracht.

Eine bürgerliche Revolution unter proletarischer Führung, das war eine Vorstellung, die mit den bis dahin in der II. Internationale kursierenden Überzeugungen brach und sich direkt gegen die russischen Menschewiki richtete, die diese Orientierung konsequent verneinten. Unter Verfolgung dieser Position war Lenin in der Lage, während des gesamten Revolutionsverlaufs 1905-07 die zarismusfreundliche Kompromisspolitik der Kadetten und ihre Flankensicherung durch die Menschewiki zu kritisieren.

Die zweite strategische Schlussfolgerung betraf das Verhältnis zu den Bauern. Bis 1905 spielte die Bauernschaft im Revolutionsverständnis der russischen Marxisten keine Rolle, weil diese bei weitem die kapitalistische Durchdringung Russlands überschätzten. Davon legt u.a. Lenins 1896-1899 verfasstes Werk über »Die Entwicklung des Kapitalismus in Russland« Zeugnis ab.[116] Anders als die Volkstümler hatten die Marxisten u.a. keine Zweifel daran, dass die Obscina so gut wie untergegangen war.

---

[114] LW 9, S. 1–130
[115] Vorwort zum Sammelband »12 Jahre«, geschrieben im September 1907; LW 13, S. 103
[116] LW 3, S.10-629

Auf Basis der Überzeugung von der bürgerlichen Umformung der Dörfer sahen sie keinerlei Voraussetzungen für eine bäuerliche Agrarrevolution, weshalb das SDAPR-Programm von 1903 der Bauernschaft auch keine Beachtung schenkte, bis auf die allseits unstreitige Forderung nach Rückgabe der im Zuge der Bauernbefreiung verloren gegangenen Bodenabschnitte. Umso überraschter waren sie von der Urgewalt, mit der die Bauern 1905 der städtischen Revolution nachfolgten und mit ihren bis in das Jahr 1907 fortgeführten Aufständen auf die Bühne der Geschichte traten.

Lenin war der erste, der die Tragweite dieses Geschehens begriff. »Die Rolle des Hegemons in der bürgerlichen Freiheitsbewegung, die die revolutionäre Sozialdemokratie stets dem Proletariat zugewiesen hat, musste genauer definiert werden, als die Rolle eines Führers, der *die Bauernschaft* führt. Und wohin führt er sie? Zur bürgerlichen Revolution in ihrer konsequentesten und entschiedensten Gestalt.«[117] Als Ergebnis entwickelte er den Gedanken einer »revolutionären demokratischen Diktatur des Proletariats und der Bauernschaft«, sprich einer gemeinsamen Herrschaft beider Klassen. Diese »Losung«, so Lenin, »erkennt vorbehaltlos den bürgerlichen Charakter der Revolution an, die unfähig ist, über den Rahmen einer nur demokratischen Umwälzung *unmittelbar* hinauszugehen, *treibt* aber zugleich diese Umwälzung *vorwärts*, ist bestrebt, dieser Umwälzung die für das Proletariat vorteilhaftesten Formen zu geben, und ist folglich bestrebt, die demokratische Umwälzung für die Zwecke des weiteren erfolgreichen Kampfes des Proletariats für den Sozialismus in denkbar bester Weise auszunutzen.«[118]

Aber wie begründete er das Bündnis mit der Bauernschaft inhaltlich? Mit welchem ökonomisch-sozialen Programm sollte das Zusammengehen beider Klassen in der anstehenden Revolution unterfüttert werden? Dieser Aufgabe stellte er sich Ende 1907, als die Aufstände auf dem Land ausgelaufen waren. Dabei ging es zu diesem Zeitpunkt nicht nur um die Auswertung der Bauernrevolution. Darüber hinaus musste er sich nun mit dem Agrarprogramm auseinandersetzen, das der Vereinigungsparteitag von Bolschewiki und Menschewiki im Mai 1906 auf Grundlage einer menschewistischen Vorlage verabschiedet hatte und das entsprechend der Revolutionsstrategie der Menschewiki auf ein Zusammengehen mit den bürgerlichen Kräften ausgerichtet war. Das Ergebnis war die Schrift »Das

---

[117] LW 13, S. 290
[118] LW 9, S. 77

Agrarprogramm der Sozialdemokratie in der ersten russischen Revolution von 1905 bis 1907«.[119]

Preußischer und amerikanischer Weg in der Landwirtschaft

Zu dem alten Agrarprogramm von 1903 merkte er an, dass dieses einer »Überschätzung des Grades der kapitalistischen Entwicklung in der russischen Landwirtschaft« aufgesessen sei. »Wir nahmen an, die Elemente der kapitalistischen Landwirtschaft seien in Russland bereits vollkommen ausgebildet – sowohl in der Gutswirtschaft ... als auch in der bäuerlichen Wirtschaft, von der es schien, als habe sie bereits eine starke Dorfbourgeoisie hervorgebracht und sei daher zu einer ›bäuerlichen Agrarrevolution‹ nicht mehr fähig.«[120]

Im Grundsatz hatte er weiterhin keine Zweifel am baldigen Untergang der Obscina, denn unter Berufung auf die Stellungnahmen einiger Bauernorganisationen behauptete er: »Somit haben sich die Bauern klar und entschieden gegen die alte Dorfgemeinde, für freie Genossenschaften und für die Bodennutzung durch Einzelpersonen ausgesprochen. Dass das tatsächlich die Stimme der Gesamtbauernschaft ist, kann nicht bezweifelt werden, denn auch der Entwurf der Trudowikigruppe (der 104) *erwähnt die Dorfgemeinde mit keiner Silbe.*«[121] Doch wenn die Dorfgemeinde ohne Perspektive war, woher kam dann das revolutionäre Potenzial der Bauernbewegung?

Dieses Potenzial sah Lenin jetzt in dem *Zwischenzustand* der Agrarentwicklung, d.h. in der Tatsache, dass die Obscina noch nicht vollständig aufgelöst und der Agrarkapitalismus noch nicht vollständig durchgesetzt sei. Nach seinen eigenen Worten rührte die frühere Unterschätzung der Bauernbewegung daher, »dass wir wohl die *Richtung* der Entwicklung, nicht aber den *Moment* der Entwicklung richtig erkannten. Wir nahmen an, die Elemente der kapitalistischen Landwirtschaft seien in Russland bereits vollkommen ausgebildet – sowohl in der Gutswirtschaft ... als auch in der bäuerlichen Wirtschaft, von der es schien, als habe sie bereits eine starke Dorfbourgeoisie hervorgebracht und sei daher zu einer ›bäuerlichen Agrarreform‹ nicht mehr fähig. ... Die Überreste der Leibeigenschaft erschienen uns damals als unwesentliches Detail, die kapitalistische Wirtschaft auf dem

---

[119] LW 13, S. 213-437
[120] Ebd., S. 289f.
[121] Ebd., S.285

Gutsbesitzerboden und Anteilland dagegen als völlig ausgereift und gefestigt.«[122] Entgegen früherer Auffassungen nahm er jetzt also an, dass die kapitalistische Durchdringung der Agrarverhältnisse noch nicht abgeschlossen sei und das Aufbegehren der Bauern daher rühre, dass sie die Überreste der mittelalterlichen Zustände abschütteln und zu freien Verhältnissen der bürgerlichen Warenproduktion kommen wollten.

Um diesen Gedanken zu vertiefen, formulierte er die Theorie von einem »preußischen« und einem »amerikanischen« Weg in der Landwirtschaft, die er in der Forderung nach Nationalisierung des Bodens münden ließ. Auf dem »preußischen« Weg würde die fronherrliche Gutswirtschaft in eine bürgerliche »Junkerwirtschaft« hinüberwachsen, unter qualvoller Expropriation und Knechtschaft der Bauern. Auf dem »amerikanischen« Weg hingegen würde der Bauer im Zentrum der Entwicklung stehen und vom patriarchalischen Landwirt allmählich zum bürgerlichen Farmer werden. Auf beiden Wegen würde die mittelalterliche Agrarwirtschaft durch bürgerliche Produktionsverhältnisse verdrängt werden, aber der »amerikanische« Weg, den die russische Bauernschaft bereits eingeschlagen habe, würde durch Zerschlagung der Gutswirtschaften eine freiere und schnellere Vollendung des agrarischen Kapitalismus im Interesse der Bauern ermöglichen.[123]

Die Schlussfolgerung daraus war die Forderung nach Nationalisierung des Bodens, denn damit würde das revolutionäre Potenzial der Farmer-Bauern am konsequentesten zur Geltung gebracht. »Die Nationalisierung des Grund und Bodens erfüllt diese Erfordernisse (einer kapitalistischen Entwicklung; Anm. d. Verf.) mit den Methoden der bäuerlichen Revolution und befreit das Volk mit einem Schlage *von allem und jedem Moder mittelalterlicher Grundeigentumsformen*. Weder gutsherrlicher Grundbesitz *noch* bäuerlicher *Anteillandbesitz*, sondern nur ein neuer, freier Grundbesitz – das ist die Losung des radikalen Bauern. Und diese Losung bringt die Interessen des Kapitalismus (bei dessen Nennung der radikale Bauer in seiner Einfalt ein Kreuz schlägt), die Interessen einer größtmöglichen Entwicklung der Produktivkräfte des Bodens unter den Verhältnissen der Warenproduktion am entschiedensten und konsequentesten zum Ausdruck.«[124]

---

[122] Ebd., S. 289f.
[123] Ebd., S. 235-240
[124] Ebd., S. 278

Diese Nationalisierungsforderung stellte er dem menschewistischen Munizipalisierungsprogramm entgegen. »Die Munizipalisierung ist eine reaktionäre Losung, die die mittelalterliche Abgeschiedenheit der Gebiete idealisiert und in der Bauernschaft das Bewusstsein von der Notwendigkeit einer zentralisierten Agrarrevolution abstumpft.«[125] Dagegen würde die Nationalisierungsforderung die Bauernbewegung landesweit auf einen gemeinsamen Punkt hinlenken. Dass Lenin sich unter der Nationalisierung etwas vollständig anderes vorstellte als die Bauern, war an dieser Stelle unerheblich. Entscheidend war, dass diese Losung der Bauernbewegung ein übergreifendes gemeinsames Ziel gab, nämlich die Übernahme der Gutsländereien durch die Bauern selber, und so ihr revolutionäres Potenzial konzentriert zur Geltung brachte. Erst nach Erreichung dieses Ziels, als es um den Weg zum Sozialismus ging, machte sich die Tragweite der unterschiedlichen Auffassungen, die sich hinter dem Begriff der Nationalisierung verbargen, bemerkbar.

Zusammenfassung

Zusammengefasst, unterschied sich Lenins Revolutionskonzept in entscheidenden Fragen sowohl von den Überlegungen Kautskys als auch Trotzkis. Wie Kautsky bejahte Lenin die ausschlaggebende Rolle der Bauernschaft, aber anders als dieser siedelte er die kommende Revolution nicht zwischen bürgerlicher und sozialistischer Gesellschaft an, sondern ordnete sie durchgängig als »bürgerlich« ein. Von Trotzki unterschied ihn die unbedingte Anerkennung der bäuerlichen Interessen, weshalb er nachdrücklich den »von den Sozialdemokraten merkwürdig oft vergessenen Leitsatz« betonte, dass alle Fragen der Agrarumwälzung »ausschließlich vom Standpunkt der *bäuerlichen* Agrarrevolution in Russland richtig entschieden werden können.« In der Weiterführung dieses Gedankens ging er bis zu der Feststellung, dass die bäuerliche Agrarrevolution, »um zu siegen, als solche, als Bauernrevolution zur Zentralgewalt des ganzen Staates werden« müsse.[126]

---

[125] Ebd., S. 337
[126] Ebd., S.256, 334. Um der Wahrheit die Ehre zu geben, postulierte auch Lenin 1905: »von der demokratischen Revolution werden wir sofort, und zwar nach Maßgabe unserer Kraft, den Übergang zur sozialistischen Revolution vollziehen. Wir sind für die ununterbrochene Revolution. Wir werden nicht auf halbem Wege stehenbleiben.« (Das Verhältnis der Sozialdemokratie zur Bauernbewegung, September 1905, LW 9, S. 232) Die offizielle Übersetzung der Gesammelten Werke verwendete statt des trotzkistisch verpönten Begriffs der »permanenten« Revolution die »ununterbrochene« Revolution, was jedoch an der Sache nichts ändert. Der Unterschied ist, dass Lenin den Begriff nur

Die bäuerlichen Anliegen zu respektieren fiel Lenin umso leichter, weil er fortwährend den Entwicklungsstand des Kapitalismus in der russischen Agrarwirtschaft überschätzte und die Losung der schwarzen Umteilung für ihn nur die ideologische Verkleidung für die Konstituierung einer freien bürgerlichen Farmerschaft in Russland darstellte. Die von ihm vorgetragenen Fakten dokumentierten ohne Zweifel den vor sich gehenden Zersetzungsprozess der altrussischen Agrarverfassung, der je länger je mehr zur Herausbildung bürgerlicher Produktionsverhältnisse führen musste. Aber das war nur die eine Seite.

Die andere Seite war, dass sich vor allem die Bauern der zentralrussischen Rayons mit allen Kräften gegen diese Entwicklung stemmten. Sie wollten um keinen Preis vorwärts zum Kapitalismus, sondern zurück in die gute alte Zeit; sie wollten die vertraute Dorfgemeinde behalten, die alle gleich behandelte und jedem zu essen gab. Und es waren *diese* Bauernmassen, die das Auftreten der »Gesamtbauernschaft« bestimmten und der Revolution 1917 ihren Stempel aufdrückten. Nicht der bürgerliche Farmer stand im Revolutionsjahr auf, um sich das Gutsbesitzerland anzueignen, sondern der von Lenin totgesagte Gemeindebauer, der im grauen Soldatenrock und im ländlichen Arbeitskittel an die Seite des Proletariats trat, um die verfaulende alte Ordnung zu stürzen und zugleich die Keime des Kapitalismus auf dem Land auszurotten.

Auch wenn die inhaltliche Interpretation der Bauernbewegung durch Lenin fehlerhaft war, seine Erkenntnis, dass der Umsturz nur als Bauernrevolution gelingen konnte, ermöglichte den Sieg der Revolution durch die proletarische Machtübernahme im Oktober 1917. Im Ergebnis hatte die Oktoberrevolution einen anderen Charakter, als von Lenin gedacht und geplant. Doch damit wurde eine neue Ordnung errichtet, die dem ganzen Land den Weg in die Zukunft öffnete, so schmerzhaft die weitere Entwicklung auch sein mochte.

---

im Vorübergehen gebrauchte und ansonsten im Gegensatz zu Trotzki immer die zentrale Bedeutung des Bündnisses mit den Bauern betonte.

Kapitel 4
Der Sowjet und die erste Provisorische Regierung

Das Machtvakuum nach dem Sturz des Zarismus währte nur wenige Stunden. Am Abend des 27. Februar gründete sich in Petrograd als neues Machtzentrum des Landes der Sowjet der Arbeiterdeputierten, aus dem nach wenigen Stunden der Arbeiter- und Soldatensowjet hervorging, der das weitere politische Geschehen des Revolutionsjahres prägen sollte. »Der spontan eingebrachte Vorschlag, die Revolutionsarmee und das Proletariat der Hauptstadt zu vereinigen und eine einheitliche Organisation zu bilden, die fortan Sowjet der Arbeiter- und Soldatendeputierten heißen sollte, wurde unter stürmischen Beifall angenommen«, so schildert Suchanow den Verlauf der entsprechenden Sitzung nicht ohne politische Magenschmerzen, auf die noch zurückzukommen sein wird.[127]

Da der Sieg der Revolution auf das Überlaufen der Armee zurückzuführen war, spielten die Soldaten die entscheidende Rolle in dem Sowjet. Dies wurde sowohl in den ersten Maßregeln des Sowjets als auch in seinem Wahlverfahren deutlich. »Der Petersburger Sowjet glich in den ersten Wochen seines Bestehens einer riesigen permanenten Arbeiter- und Soldatenversammlung. Die Delegiertenzahl wuchs mit jedem Tage; in der ersten Märzwoche betrug sie etwa 1.200, in der zweiten Märzhälfte stieg sie auf nahezu 3.000. Davon waren etwa 2.000 Soldaten und nur 800 Arbeiter, obwohl die Gesamtzahl der Petersburger Arbeiterschaft die der Garnisonssoldaten um das Zwei- bis Dreifache überstieg.«[128]

Die Dominanz der Soldaten spiegelt sich auch in den Beschlüssen des Sowjets wider. Mit seinem »Befehl Nr. 1« verfügte er die Bildung von gewählten Soldatenkomitees in allen militärischen Einheiten von der Kompanie aufwärts, die Unterstellung der Truppenteile in allen politischen Angelegenheiten unter den Sowjet und die Gewährung aller bürgerlichen Freiheitsrechte für die Soldaten. Die Befehle der vom Duma-Komitee eingesetzten militärischen Kommission, die das Oberkommando über die Garnison beanspruchte, sollten nur dann befolgt werden, wenn sie zu den Befehlen und Beschlüssen des Sowjets nicht im Widerspruch standen. »Damit besaß

---
[127] Suchanow 1967, S. 70
[128] Anweiler 1958, S. 131

der Petersburger Arbeiter- und Soldatenrat die faktische Verfügungsgewalt über die Garnison«.[129] Da mit dem Sturz des Zaren bis auf die Armee alle Stützen des alten Regimes von Polizei und Geheimdienst bis zur Beamtenschaft verschwunden waren, um sich dem Volkszorn zu entziehen, gab es keinen Staatapparat mehr, den die Revolution hätte zerschlagen können, und damit verfügte der Sowjet über die Macht im Staat.

Der Petrograder Sowjet

Dem Wesen der Sache nach war dieser *Arbeiter- und Soldatenrat* ein *kleinbürgerlich-bäuerlicher Rat*. Die auch zahlenmäßig abgesicherte Vorherrschaft der Garnison über die Petrograder Arbeiter war Ausdruck der Hegemonie der von städtischen Kleinbürgern geführten Bauern, die der Zarismus in den Soldatenrock gesteckt hatte. Der Begriff des Arbeiter- und Soldatenrats war geeignet, diesen klassenpolitischen Kern zu vernebeln, denn in seiner sozialen Zusammensetzung war der Petrograder Sowjet von 1917 etwas völlig anderes als der erste Sowjet, der sich in der Revolution von 1905 gebildet hatte.

Der Sowjet der ersten Revolution war direkt aus einem Generalstreik der Arbeiter entstanden, seine Massenbasis war das streikende Proletariat der Hauptstadt gewesen. Der neue Sowjet entstand nach dem Überlaufen der Garnisonstruppen zur Revolution. »Die Februarrevolution siegte, dank dem Aufstand der Regimenter, bevor noch die Arbeiter Sowjets geschaffen hatten. Das Exekutivkomitee bildete sich eigenmächtig vor dem Sowjet, unabhängig von den Betrieben und Regimentern, nach dem Sieg der Revolution.«[130] Treffend illustriert dies Suchanow, wenn er über die Versammlung zur ersten Sitzung des Petrograder Arbeiterrates schreibt: »Das Palais füllte sich mehr und mehr. Man sah immer öfter Gesichter von Vertretern der sozialistischen Bewegung. Die gesamte sozialistische und radikale Intelligenzija von Petersburg kam hier zusammen: Es versammelten sich die Deputierten der Arbeiter.«[131] Hier beschreibt Suchanow anschaulich die kleinbürgerliche Dominanz, die sich in diesem Sowjet nach der Februarrevolution herausbildete.

---

[129] Ebd.
[130] Trotzki 1960, S. 184
[131] Suchanow 1967, S. 55

Der neue Sowjet hatte also nicht nur eine andere Genesis, sondern auch eine andere soziale Basis. Er war kein Sowjet des Petrograder Proletariats mit intellektueller Führung mehr, sondern ein Sowjet, in dem die Delegierten des Proletariats eine Minderheit bildeten. Das von ihm gebildete Exekutivkomitee ging dementsprechend nicht wie in der ersten Revolution 1905 aus der Streikbewegung der Arbeiterschaft hervor, sondern konstituierte sich aus den Kadern der »sozialistischen und radikalen Intelligenzija«, den Vertretern der aufständischen Regimenter sowie den Mitgliedern der Zentralen Arbeitergruppe des Kriegsindustriekomitees, die von der Revolution aus dem Gefängnis befreit worden waren, d.h. aus patriotischen Vaterlandsverteidigern der Menschewiki. Zu ergänzen ist, dass dieses Exekutivkomitee anschließend nicht nur von den Soldatendelegierten, sondern auch von den Arbeiterdelegierten des Sowjets bestätigt wurde.

Faktisch hatte damit die radikale Intelligenz der Hauptstadt die Führung des Sowjets übernommen, parteipolitisch repräsentiert durch das Bündnis von Sozialrevolutionären und Menschewiki. Diese Führung verdeckte die soziale und politische Basis des Sowjets, die mehrheitlich aus der parteipolitisch nicht organisierten Bauernschaft bestand. Die daraus resultierenden Konsequenzen schildert Suchanow mit beeindruckenden Sätzen: »Die unmittelbare Beteiligung der Armee an der Revolution war nichts anderes als eine Form der Einmischung der Bauernschaft in den revolutionären Prozess gewesen. (...) Jetzt war die Bauernschaft in graue Militärmäntel gekleidet. Das war der erste Punkt. Außerdem fühlte sie sich als Hauptheld der Revolution. Sie stand ... nicht abseits, sondern beugte sich hier mit dem vollen Gewicht ihrer Masse und dazu noch mit dem Gewehr in der Hand über die Wiege der Revolution. Und sie erklärte: *Ich bin der Herr nicht nur des Landes, nicht nur des russischen Staates, nicht nur der nächsten Periode der russischen Geschichte, ich bin der Herr der Revolution, die ohne mich nicht hätte vollzogen werden können.*«[132]

Diese Tatsache, die zumeist sowohl in der bürgerlichen und erst recht in der marxistischen Geschichtsschreibung unzureichend beachtet wird, ist von entscheidender Bedeutung für den weiteren Verlauf der Revolution, denn die den Sieg der Februarrevolution sichernde bäuerliche Armee bestimmte letztendlich den politischen Kurs des Sowjets. Ihr Programm war die baldige Beendigung des Krieges und die Verteilung des Landes an die Bauern.

---

[132] Ebd., S. 204f.

Wie aber sollte dieses Programm umgesetzt werden? Wie konnte man den Krieg beenden und wie das Land verteilen, solange der Krieg noch andauerte? Darüber hatte die Bauernschaft keine Vorstellungen. In dieses Vakuum stieß die sozialrevolutionär-menschewistische Sowjetführung mit ihrer Parole: »Die Februarrevolution ist eine bürgerliche Revolution, deshalb muss die Bourgeoisie die Regierung übernehmen.«

Die erste Provisorische Regierung

Dem Sowjet, insbesondere seinen führenden Kräften, war nach der Februarrevolution bewusst, dass die eigentliche politische Macht in seinen Händen und nicht bei der später gebildeten Provisorischen Regierung lag. Aber keiner der aktuellen Führer des Sowjets dachte daran, diese Macht tatsächlich zu ergreifen. Der Stand der ökonomischen Entwicklung – dies war ihre in der Öffentlichkeit verfochtene Position – würde eine Machtergreifung durch den Sowjet ausschließen. Die Herrschaft der Bourgeoisie wäre für die nächste Etappe der gesellschaftlichen und politischen Entwicklung die für das ehemalige Zarenreich nun anstand, vorgegeben. Somit sei die Übergabe der Regierungsgewalt an die Bourgeoisie unvermeidlich und außerdem notwendig, um einen erneuten Sieg der Konterrevolution durch ein eventuelles Abschwenken der Bourgeoisie von der Revolution zu verhindern.

Hinter dieser offiziellen Verlautbarung gab es einen zweiten, noch wichtigeren Grund, um die Bourgeoisie an die Regierung zu bringen. Die Sowjetführung konnte nämlich die von der Revolution aufgeworfenen Fragen nicht beantworten, ihr fehlte ein politisches Programm für die Regierungsübernahme. Wie sollte sie die Interessen und Erwartungen der Arbeiter und Bauern während des laufenden Krieges umsetzen? Weder die Menschewiki noch die Sozialrevolutionäre verfügten über Antworten zu den beiden entscheidenden Fragen der Revolution, der Stellung zum Krieg und der Lösung der Agrarfrage. Klar war ihnen lediglich, dass beide Fragen miteinander verknüpft waren, denn es konnte keine grundlegende Agrarreform stattfinden, ohne zuvor den Krieg beendet zu haben. Tschernow, einer der Gründer der Sozialrevolutionären Partei und späterer Landwirtschaftsminister in den Koalitionsregierungen, bekannte unverblümt, dass den Sowjetparteien »ein einstimmig angenommenes Programm zur Bildung einer Regierung (fehlte). In ihrer Mitte gab es eine Vielfalt von Ansichten sowohl über den Charakter der Revolution als auch über das Verhältnis zwischen der Revolution und dem Krieg.«[133]

Eingedenk der Differenzen in den eigenen Reihen war es deutlich klüger, die Regierungsbildung »der Bourgeoisie« zu überlassen und den Sowjet als Kontrollorgan der Regierung zu etablieren. Auf diese Weise war es möglich, den Sowjet ohne ein gemeinsames politisches Programm zu führen und alle Verfehlungen der bürgerlichen Regierung anzulasten. Die Politik der sozialrevolutionär-menschewistischen Sowjetführung reduzierte sich deshalb auf den fortgesetzten Versuch, die bürgerlichen Kräfte in die Regierung zu bringen bzw. dort zu halten und sie durch eine Vereinbarung mit dem Sowjet an die Ergebnisse der Februarrevolution zu fesseln, um so ein vermeintliches Bündnis der Bourgeoisie mit der Konterrevolution gegen den Sowjet zu verhindern. Diese Politik der Sowjetmehrheit wurde in den ersten Monaten auch von der bolschewistischen Parteiführung mitgetragen.

Infolgedessen rückte das provisorische Dumakomitee, das sich nach der befehlsgemäß vollzogenen Auflösung der Duma zu privaten Zusammenkünften in die Hinterzimmer der Volksvertretung zurückgezogen hatte, um nicht den Zorn des Zaren auf sich zu ziehen, in den Brennpunkt des Interesses. Auf Betreiben des Sowjets übernahm es nach vorherigen Verhandlungen die Regierungsgeschäfte, indem aus seiner Erweiterung die erste Provisorische Regierung hervorging, die außer Kadetten und Oktobristen noch den Fraktionsvorsitzenden der Trudowiki, Alexander Kerenski, als Justizminister umfasste. Kerenski war zugleich Regierungsmitglied und Mitglied des Petrograder Sowjets; er bildete das Bindeglied zwischen diesen beiden so unterschiedlichen Institutionen. Die führenden Köpfe der neu gebildeten Regierung wie vorher des Dumakomitees waren Miljukow (Historiker von der Kadettenpartei) und Gutschkow (Moskauer Industrieller von den Oktobristen).

Eine demokratische Legitimation besaß diese erste Provisorische Regierung so wenig wie die drei bis zum Oktober 1917 folgenden. Ihre Mitglieder waren Abgeordnete einer unter der Selbstherrschaft nach Zensuswahlrecht gewählten Duma gewesen und repräsentierten keineswegs das russische Volk des Revolutionsjahres. Ihre Legitimation resultierte letztlich aus dem politischen Konzept der Menschewiki und Sozialrevolutionäre, die Bourgeoisie an die Herrschaft zu bringen.

---

[133] Nach: Anin 1976, S. 178

Das in Absprache mit dem Sowjet verfasste Regierungsprogramm bestand aus acht Punkten
- Vollständige Amnestie für politische und religiöse Terrorakte, Militärrevolten und Agrarvergehen
- Rede-, Presse- und Versammlungsfreiheit, Recht auf gewerkschaftliche Organisation
- Ausdehnung dieser politischen Rechte auf die Angehörigen der Streitkräfte
- Abschaffung aller Diskriminierungen
- Sofortige Vorbereitung für die Einberufung einer Verfassungsgebenden Versammlung auf dem Boden des allgemeinen und gleichen Wahlrechts
- Auflösung der Polizei und Schaffung einer Volksmiliz
- Wahlen zu den Organen der örtlichen Selbstverwaltung nach allgemeinem und gleichem Wahlrecht
- Die militärischen Einheiten, die an der revolutionären Bewegung teilgenommen haben, dürfen weder entwaffnet noch aus Petrograd abgezogen werden
- Allgemeine Bürgerrechte für die Soldaten.

Dies waren für ein Land im vierten Kriegsjahr sehr weitgehende demokratische Rechte, die so bei den anderen Kriegsteilnehmern nicht existierten. Russland wurde 1917 mit diesen Rechten eines der freiesten Länder der Welt.

Mit der ausdrücklichen Festlegung, dass die aufständischen Regimenter weder entwaffnet noch aus der Hauptstadt abgezogen werden durften, schrieb die Bauernschaft im Soldatenrock sozusagen ihren Beitrag zum Revolutionssieg in das Regierungsprogramm. Diese Regimenter bildeten die militärische Rückversicherung gegen einen Versuch der Konterrevolution, die in der Revolution errungenen Freiheiten zurückzunehmen. Darüber hinaus fällt auf, dass die wichtigsten politischen Fragen der Revolution (nach der Staatsform, der Agrarreform und dem Krieg) im Regierungsprogramm keine Erwähnung fanden.

Bei den Revolutionen im Westen Europas spielte die Auseinandersetzung um die Staatsform immer eine zentrale Rolle, weil sich darin die Frage der Klassenherrschaft ausdrückte, also Sieg oder Niederlage der Revolution. Der Petrograder Sowjet und die ihn tragenden politischen Parteien, die Sozialrevolutionäre, Menschewiki und Bolschewiki plädierten im Prinzip für die Ausrufung einer demokratischen Republik. Dagegen war das Ziel der führenden Köpfe der neuen Regierung, den Zarismus als konstitutionelle Monarchie zu retten. Da die Mehrheit der Sowjetparteien, darunter im Februar und März auch die Bolschewiki, auf eine bürgerliche Regierung setzten, waren sie in der Übereinkunft zwischen der Provisorischen Regierung und dem Sowjet bereit gewesen, die Frage nach der künftigen Staatsform offen zu lassen. Sie sollte durch die noch zu wählende Konstituierende Versammlung entschieden werden.

In diesem Zusammenhang sticht allerdings die Vagheit der Formulierung zur Wahl der Verfassungsgebenden Versammlung ins Auge. Es wurde kein Datum und nicht einmal ein ungefährer Zeitrahmen für die Wahlen zu dieser Versammlung bestimmt. Der Begriff der »sofortigen Vorbereitung« suggerierte dem Publikum eine Aktualität und Aktivität, die der Rest der Formulierung nicht hergibt und die die Beteiligten auch nicht beabsichtigten. Die Wahlen zur Konstituante blieben im Nebel der künftigen Entwicklung, erst die siegreiche Oktoberrevolution setzte einen Wahltermin fest.

Darüber hinaus fällt auf, dass das Regierungsprogramm die *Agrarfrage* sowie die *Stellung zum Krieg*, also die Probleme, die den Massen noch mehr als die Frage nach der staatlichen Verfasstheit auf den Nägeln brennen, nicht einmal erwähnt. So haben wir im März 1917 die verblüffende Situation, dass der Zar gestürzt ist, der Petrograder Sowjet die Macht in der Hand hält und eine erste Provisorische Regierung gebildet ist, dass also die Revolution auf ganzer Linie gesiegt hat, aber die maßgeblichen Probleme, die zum Ausbruch dieser Revolution geführt haben, ungeklärt geblieben sind.

Wer hat die Macht im Staat?

Scheinbar hatte Russland ab März 1917 mit dem Sowjet und der Provisorischen Regierung zwei Machtzentren, was bereits in den zeitgenössischen Debatten dazu führte, von einer »Doppelherrschaft« zu sprechen – ein Begriff, mit dem der Charakter der Februarrevolution mehr verdunkelt als erhellt wird. Den Akteuren in Regierung und Sowjetführung war die reale Machtverteilung völlig klar. So forderte der Kriegsminister der ersten Provisorischen Regierung, Gutschkow, in einem Brief an den Chef des Stabes, General Alexejew, diesen auf, sich folgende »grausame Wirklichkeit vor Augen« zu halten: »Die Provisorische Regierung besitzt keine wirkliche Macht in der Hauptstadt und ihre Befehle werden nur nach Gutheißen des Rates der Arbeiter- und Soldatendeputierten ausgeführt, die in ihrer Hand die wichtigsten Elemente der wirklichen Macht halten, wie Truppen, Eisenbahnen, die Post und den Telegraphen. Man kann geradezu sagen, dass die Provisorische Regierung ihre Existenz der Duldung des Rates der Arbeiter- und Soldatendeputierten verdankt. Besonders auf militärischem Gebiet können jetzt nur solche Anordnungen erlassen werden, die nicht zu den Beschlüssen des genannten Rates in Widerspruch stehen.«[134] Dies ist eine zutreffende Beschreibung der Situation in Petrograd, die sich nicht wesentlich von der Situation im Rest des Landes oder an der Front unterschied. Die Aussage über die Kräfteverhältnisse ist eindeutig: Die bürgerlichen Kräfte stellen zwar die Regierung, aber die Herrschaft übt der Sowjet aus.

Nicht anders beurteilte Suchanow, Mitglied des Exekutivkomitees des Sowjets, die Lage: »Zur Popularisierung des Sowjets trug natürlich auch die Tatsache bei, dass die faktische Gewalt oder, richtiger ausgedrückt, die reale Macht – soweit damals überhaupt von einer Macht gesprochen werden konnte – in seinen Händen lag. Das wusste jeder Bürger. Formell lag die Macht zwar beim Dumakomitee ... Doch es war eine papierene oder wenn man will ›moralische‹ Gewalt.«[135] Dass die Macht des Dumakomitees bzw. der Provisorischen Regierung nur auf dem Papier stand, wird schließlich noch von dem prominenten Vertreter eines dritten politischen Lagers bestätigt, von Kerenski, dem künftigen Kriegsminister und Ministerpräsidenten. »Die neue nationale Regierung (die erste Provisorische Regierung; Anm. d. Verf.) war bis zu einem gewissen Grade nicht direkt auf die Gnade, aber doch auf das Wohlwollen einer lokalen Institution angewiesen, die auf Grund des Vertrauens, das sie in bestimmten Kreisen der Bevölkerung genoss, die Existenz der legal eingesetzten, autorisierten Regierung jederzeit in Frage stellen konnte.«[136] Die abwertend »lokale Institution« genannte Einrichtung meint den Petrograder Sowjet, dessen führende Rolle im gesamten Land anerkannt wurde. Kerenskis Ausführungen können nicht einmal notdürftig das Eingeständnis verdecken, dass die »reale Macht«, wie Suchanow es nennt, beim Sowjet lag und dieser jederzeit die Regierung »in Frage stellen« konnte, aber nicht umgekehrt.

Die bürgerlichen Kräfte waren in dieser Lage nicht zu beneiden. In den Feudalstaaten des Westens hatte die Bourgeoisie bereits vor der bürgerlichen Revolution nicht nur ökonomisch die Oberhand gewonnen, sondern auch erhebliche Teile des Staats- bzw. Verwaltungsapparats in der Hand gehabt

---

[134] Nach: Gudaitis 2004, S. 202
[135] Suchanow 1967, S. 97
[136] Kerenski 1989, S. 253

Wer hat die Macht im Staat? 97

(nicht den Gewaltapparat). Wenn hier nach dem Umsturz eine bürgerlich geführte Regierung gebildet wurde, so konnte sie an diese Stellungen anknüpfen, um ihre Klassenherrschaft zu festigen.

Russland hatte keinen vergleichbaren Staatsapparat besessen, und was es an Ansätzen dazu gegeben hatte, war mit der Flucht der verhassten zaristischen Bürokratie verschwunden. Das dadurch hinterlassene Vakuum wurde von der Revolution durch ihre Komitees gefüllt. Der Versuch der Provisorischen Regierungen in den folgenden Monaten, einen neuen Staatsapparat aufzubauen, misslang vollständig. Entweder liefen die beauftragten Kommissare zu den örtlichen Organen und Sowjets über, oder sie wurden fortgejagt. Die reale Macht der neuen Regierung endete jenseits der Bürotüren der Ministerien.

Die Marxisten stellte diese Situation nicht nur praktisch, sondern auch theoretisch vor ein Problem, denn die Untersuchungen von Marx, Engels und anderen Theoretikern zur englischen und französischen Revolution bezogen sich auf grundlegend andere Verhältnisse. Nicht nur stellte der Charakter der Februarrevolution als Bauernrevolution ein neues Phänomen dar, außerdem war auch die Bourgeoisie angesichts ihrer Schwäche bis dahin nicht bereit gewesen, die Macht gegen den Zarismus zu erobern und verfügte nach dem Umsturz über keinen Apparat, um ihre Herrschaft auszuüben. Stattdessen war als neues Machtorgan ein »Sowjet« entstanden, in dem die Bürgerlichen nichts zu sagen hatten. Mit anderen Worten: die Lehrsätze des auf den Westen bezogenen Marxismus stellten kein Handlungsrezept zur Verfügung, sondern waren eher geeignet, den Blick für die Besonderheiten der russischen Situation zu verstellen.

Die russische Bourgeoisie ihrerseits musste versuchen, dem Sowjet die reale Macht zu entwinden, wenn sie nicht nur eine Regierung von seinen Gnaden führen wollte. Dies erklärt den roten Faden, der die Politik aller provisorischen Regierungen des Revolutionsjahres durchzieht. Um eine eigene bürgerliche Regierungsmacht herauszubilden, müssen sie die Macht des Sowjets entweder zerschlagen (Miljukow, Gutschkow) oder ihn eingrenzen bzw. absterben lassen (Kerenski) – hier gab es unterschiedliche Konzeptionen. In Verbindung damit ging es gleichzeitig um die Fortführung des Weltkriegs an der Seite der Alliierten, stellten diese Alliierten doch neben dem höheren Offizierskorps die einzige ideelle und materielle Stütze der bürgerlichen Kräfte in den provisorischen Regierungen dar. Ziel war, am Ende eines hoffentlich siegreichen Krieges mit Hilfe der dann einzuberufenden Konstituierenden Versammlung eine Staatsform ohne Sowjets, aber vielleicht in Gestalt einer konstitutionellen Monarchie aus der Taufe zu heben. Deshalb war die eigenmächtige Ausrufung der Republik durch Kerenski kurz vor der Oktoberrevolution nichts anderes als ein Ausdruck der vollständigen Niederlage dieser bürgerlichen Pläne.

Ein Kampf um die Armee und die Kriegsziele

Zunächst galt es freilich, die Herrschaft über die Armee (wieder) zu gewinnen, die nach der Auflösung des zaristischen Staatsapparats als einziger Machtfaktor übrig geblieben war. Diese Armee war nicht mehr gleichzusetzen mit ihrer militärischen Führung und dem höheren Offizierskorps, denn der berühmte Befehl Nr. 1 des Sowjets befreite die Soldaten aus dem Joch der Offiziersherrschaft. Allerdings war die Bauernschaft im Soldatenrock nach wie vor bereit zur Verteidigung des Heiligen Mütterchen Russland gegen die Mittelmächte, und diese Bereitschaft ließ sich im Kampf zwischen Regierung und Sowjet um den Einfluss auf die Armee als Hebel einsetzen.

Ende März 1917 startete die bürgerliche und reaktionäre Presse eine Kampagne, um die Soldaten gegen die Arbeiter aufzuhetzen, die mit ihren Streiks die Versorgung der Truppe behindern und die Soldaten unzureichend bewaffnet gegen den Feind kämpfen lassen würden. Die reaktionären Kräfte des Bürgertums und des Offizierskorps organisierten »spontane Betriebsbesichtigungen« durch Soldaten, die den Arbeitseinsatz der Arbeiter kontrollieren und die »Faulenzerei am Arbeitsplatz« ausmerzen sollten. Mit dieser Kampagne sollte die Einheit zwischen den um ihre Rechte kämpfenden Arbeitern in den Betrieben und den Soldaten in der Garnison und der Front aufgebrochen werden. Dem Kern der Sache nach war es ein Kampf um die Vorherrschaft über die Armee. Das Offizierskorps sollte seine uneingeschränkte Befehlsgewalt zurückgewinnen, der Einfluss der Soldatenkomitees zurückgedrängt werden. So rückte als nächstes der Befehl Nr. 1 zu den Soldatenrechten ins Zentrum der Pressekampagne der Kadetten und Oktobristen. Dieser Befehl würde die Disziplin der Armee unterhöhlen und die Wiederherstellung der Kommandogewalt in der Armee behindern.

Der Sowjet musste auf diese Kampagne der bürgerlichen Rechten reagieren, die auf die Trennung von Arbeitern und bäuerlicher Armee zielte. »Im Gegenzug verstärkte der Sowjet seine Agitation und förderte zielstrebig die Gründung von Räten« in allen Truppenteilen. »Zur Heerschau der sozialistischen Kräfte geriet ein großer Kongress von Komiteedeputierten der Westfront, der vom 7. bis 17. April in Minsk ... stattfand. Er machte zugleich die Abkehr der Soldatenkomitees von der bedingungslosen Vaterlandsverteidigung deutlich und wurde zum Tribunal über die Außenpolitik der Provisorischen Regierung. Die Offensive der nationalen Presse bewirkte eben das, was sie verhindern sollte: den Schulterschluss zwischen den Räten an der Front und denen im Hinterland. Sie erst verhalf dem Petrograder Sowjet zur festen Kontrolle über die soldatische Revolution.«[137] Als Ergebnis der Kampagne verbreiteten sich die Soldatenkomitees also auch unter den Fronttruppen, wo sie bis dahin nur schwach vertreten gewesen waren. Den ersten Versuch einer Machtprobe zwischen der bürgerlichen Rechten in der Regierung und dem Sowjet hatten Miljukow und Gutschkow nicht nur verloren, sondern zugleich dazu beigetragen, dass sich der Einfluss des Petrograder Sowjets auf die Fronttruppen verstärkte.

Um die Kriegsziele

Der Gegenstand der nächsten Machtprobe war bereits auf dem gerade erwähnten Kongress der Westfront zur Sprache gekommen. Wie sahen die Kriegsziele des revolutionären Russland aus, welche außenpolitischen Ziele vertrat die neue Regierung und der sie stützende Sowjet? Die erste Provisorische Regierung besaß nicht nur die Unterstützung des Generalstabs und großer Teile des Offizierskorps, sondern auch der Kriegsalliierten Russlands. Letztere hatten den Umsturz frühzeitig begrüßt und die Absetzung des Zaren über ihre Botschafter und Militärattachés seit der Jahreswende 1916/17 in den Kreisen der Armeeführung und der Bourgeoisie gefördert. Sie erhofften von einer bürgerlich geführten Regierung eine effizientere Kriegsführung gegen die Mittelmächte, wie es die Bourgeoisie von den Rednertribünen der Duma lautstark vom Zarismus gefordert und für ihre Regierungsübernahme versprochen hatte.

Dass diese alliierten Wünsche in den folgenden Monaten nicht in Erfüllung gehen konnten, hatte eigentlich schon der Verlauf der Februarrevolution deutlich gemacht. Die Massen wollten ein Ende des Krieges und keine neuen Offensiven zur Entlastung der Alliierten an der Westfront. Eine effizientere Kriegführung gegen die Mittelmächte, wie von der Provisorischen Regierung und den Alliierten gewünscht, konnte noch mit einer

---
[137] Hildermeier 1992, S. 156

(begrenzten) Unterstützung durch den Sowjet rechnen, wobei alle Beteiligten ein unterschiedliches Verständnis davon hatten. Die Alliierten und die Regierung verstanden darunter eine neue große Offensive der russischen Armee spätestens bis Sommer 1917, während die Soldaten darunter eine menschen- und materialschonende Verteidigung Russlands bis zum baldigen Friedensschluss verstanden. Da die für den Sommer 1917 geplanten Offensiven die Voraussetzung für die weitere Unterstützung der Provisorischen Regierung durch die Alliierten waren, musste es bei der Definition der künftigen Außenpolitik und der Kriegsziele Russlands zur erneuten Machtprobe zwischen der Regierung und dem Sowjet kommen.

In der Frage nach den Zielen Russlands in dem stattfindenden Krieg trat die Sowjetführung nach einigem Zögern für einen Frieden »ohne Annexionen und Kontributionen« ein. Einen entsprechenden Aufruf veröffentlichte sie allerdings erst am 27. März, *nachdem* ihre Verhandlungen mit der ersten Provisorischen Regierung über das Regierungsprogramm bereits abgeschlossen waren. In der Friedensfrage brachen die in der Februarrevolution von Anfang angelegten Gegensätze offen auf, denn während der Umsturz für die revolutionären Massen dazu dienen sollte, »sich von den Entbehrungen, Lasten und Leiden des Krieges zu befreien«, wie der Menschewik Theodor Dan schreibt, sollte er »für die bürgerlichen Klassen ... nur ein Mittel sein, um den Krieg bis zum ›siegreichen Ende‹ fortführen zu können. Doch diese Stellungnahme zum Problem ›Revolution und Krieg‹ fand nicht die geringste Widerspiegelung in dem Programm der Provisorischen Regierung, das laut Vereinbarung mit dem Petersburger Arbeiter- und Soldatenrat angenommen wurde. In diesem ... Programm wurde die Kriegsfrage mit völligem Stillschweigen übergangen.«[138]

Die Ausklammerung der Friedensfrage aus den Verhandlungen mit der Provisorischen Regierung reklamiert Dan genauso wie Suchanow in seinen Erinnerungen als Erfolg des Sowjets, weil die bürgerliche Position eines Kriegs »bis zum siegreichen Ende« keine Resonanz im Regierungsprogramm gefunden habe. In der politischen Praxis gab dieser »Erfolg« des Sowjets der Provisorischen Regierung jedoch freie Hand für die Gestaltung ihrer Außenpolitik, und diese wurde vom rechten Flügel der Provisorischen Regierung um Gutschkow und Miljukow dazu genutzt, um die Konfrontation mit dem Sowjet zu suchen.

---

[138] Martow/Dan 1926, S. 293f.

Die Sowjetpolitik der Ausklammerung der Kriegsfrage konnte die hinter dem Sowjet stehenden Massen auf Dauer nicht zufrieden stellen. Sie hatten die Revolution gemacht, um den Krieg möglichst bald zu beenden und in den Besitz von Brot und Land zu kommen. Der Sowjet musste ihre Wünsche formulieren. Dies geschah mit dem bereits genannten »Aufruf an die Völker der ganzen Welt« vom 27. März. »Der schleunige Abschluss eines allgemeinen Friedens ohne Annexionen und Kontributionen auf der Grundlage der freien Selbstbestimmung der Völker – diese Formel ... wurde zum offiziellen Programm des Petersburger Arbeiter- und Soldatenrates in der Kriegsfrage.«[139]

Wie die Mehrheit der Provisorischen Regierung diese durchaus dehnbare Sowjetformel interpretierte, erläuterte der Ministerpräsident dieser Regierung, Fürst Lwow, dem britischen Botschafter, der dies seinem Tagebuch anvertraute: »Über die Phrase ›Frieden ohne Annexionen‹ in der Resolution des Arbeiterrates meinte Lwow, dass sie jede uns genehme Interpretation zuließe, z. B. auch die ›Befreiung vom Feindesjoche‹.«[140] In den Augen der bürgerlichen Politiker ließ diese Formell also durchaus weiterhin Annexionen und Kontributionen zu. Sie benötigten für den Sowjet nur eine demokratische Umschreibung der alten Kriegsziele, wie z. B. »Befreiung der Völker« statt »Annexionen«, oder »Garantien des Friedens« statt »Kontributionen«. Mit dieser Losung war es also durchaus möglich, die unterschiedlichen Interessen der Bourgeoisie, der Alliierten und der vom Sowjet vertretenen Massen mit einer gemeinsamen Parole zu überdecken.

Ein weiterer Vorzug dieser Parole war, dass sie ziemlich genau der Stimmung der Bauernschaft und damit der Soldaten im Frühsommer 1917 entsprach. Diese waren zwar von allgemeiner Friedenssehnsucht getrieben, lehnten einen Separatfrieden mit Deutschland aber wegen möglicher territorialer Zugeständnisse an das Deutsche Kaiserreich weiterhin ab. Die Bauern waren kriegsmüde geworden, aber sie wollten keinen Zollbreit der »heiligen russischen Erde« einem ausländischen Eroberer abtreten. »Aus dieser Parole (gemeint ist die Losung des »allgemeinen Friedens«, d.h. die Ablehnung eines Separatfriedens mit Deutschland; Anm. der Verf.) ergab sich bereits für die revolutionären Elemente des Sowjets die Notwendigkeit, für die Verteidigung des Landes zu sorgen, ... und zwar bis zu dem Augenblick, wo dieser Frieden Wirklichkeit geworden war. Diesen Stand-

---
[139] Ebd., S. 294
[140] Buchanan 1926, S. 195

punkt teilten sämtliche Fraktionen des Sowjets, auch die Bolschewisten.«[141] So verwandelte sich die Losung eines »allgemeinen Friedens ohne Annexionen und Kontributionen« in den Händen einer sozialrevolutionär/menschewistischen Sowjetmehrheit mit Zustimmung der Bolschewiki in die politische Praxis der »revolutionären Vaterlandsverteidigung«, die die von den Alliierten gewünschte Offensive durchaus nicht ausschloss, wie wir noch sehen werden.

Der Versuch, die Außenpolitik festzuschreiben

Obwohl die Kriegsalliierten Russlands mit der Auslegung der allgemeinen und verwaschenen Friedensparolen des Sowjets durch die Provisorische Regierung leben konnten, waren sie doch beunruhigt. Die Forderung des Sowjets, »allen expansionistischen Tendenzen in den Regierungen aller kriegführenden Länder entgegenzutreten«, richtete sich ja nicht nur gegen die Mittelmächte, sondern ebenso gegen die Kriegsalliierten Russlands. Miljukow, der Außenminister der ersten Provisorischen Regierung, bemühte sich deshalb in den folgenden Wochen, die Position seiner Regierung in außenpolitischen Fragen deutlicher festzulegen und gegenüber dem Sowjet abzugrenzen, um das bei den Alliierten schwindende Vertrauen in Russlands künftige Kriegsanstrengungen zu festigen. Zugleich suchte er in diesen Fragen hinter dem Rücken der Regierungsmehrheit die offene Konfrontation mit dem Sowjet, um künftige Versuche des Sowjets, auf die Regierungspolitik Einfluss zu nehmen, ein für alle Mal zu unterbinden. Dieser erneute Versuch einer Machtprobe führte zur Aprilkrise.

In einem Zeitungsinterview vom 23. März unterstützte Miljukow offen die alliierten Kriegsziele, die auf einen »Siegfrieden« mit Annexionen und Kriegsentschädigungen abzielten, und definierte darüber hinaus eigenständige imperiale Ansprüche Russlands. So sollte die Donaumonarchie zu territorialen Abtretungen an Italien und Rumänien gezwungen und letztlich ganz zerschlagen werden. Im Namen der »Selbstbestimmung« sollten die Tschechen, Slowaken und Kroaten (unter russischem Schutz und alliierten Garantien) die Donaumonarchie verlassen und unabhängige Staaten werden. Weiterhin erhob Miljukow für Russland territoriale Ansprüche auf Armenien, Konstantinopel und die Dardanellen in einem künftigen Friedensvertrag.

---

[141] Martow/Dan 1926, S.295f.

Ein Kampf um die Armee und die Kriegsziele

Das Interview war der Versuch einer bürgerlichen Definition der imperialen Kriegsziele der ehemaligen zaristischen Macht. Zweck dieser Außenpolitik war die Festigung der russischen Vormacht auf dem Balkan durch die Zerschlagung ihres wichtigsten Gegenspielers in dieser Region, der k. u. k. Monarchie. Mit der Eroberung eines ungehinderten Zugangs zum Mittelmeer und der Zerstückelung des Osmanischen Reichs sollten endlich jene Ziele realisiert werden, die der Zarismus weder im Krimkrieg (1853-56) noch im späteren russisch-türkischen Krieg (1877-78) hatte realisieren können.

Die Zeitungsveröffentlichung hatte Miljukow weder mit der Regierung noch mit der Sowjetführung abgestimmt. Als der vermeintlich »starke Mann« der Regierung und der Unterstützung durch den Kriegsminister Gutschkow sicher gedacht er, den außenpolitischen Kurs der in diesen Fragen uneinigen und schwankenden Regierung im Alleingang festzulegen.

Gegen den offen imperialistischen Kurs des Außenministers bildete sich innerhalb der Regierung eine Opposition von sieben bürgerlichen Ministern. Suchanow schreibt über diese Minister: »Sie bildeten nicht nur eine geschlossene Gruppe gegen die rechten Kadetten, sondern sie verkörperten auch die Stimmungen recht großer Kreise der Bourgeoisie. Was hielt sie zusammen? Zweifellos die Opposition zur offenen Eroberungspolitik Miljukows. An der Frage der Dardanellen und Armeniens spaltete sich die Bourgeoisie eindeutig in Gruppen mit verschiedenen Ansichten und Interessen. Sie verstanden es zwar nicht, einen entsprechenden außenpolitischen Kurs zu halten, aber es gab bei uns immerhin auch diesen bürgerlichen ›Pazifismus‹. Nach den Apriltagen machten sich solche Stimmungen in der Bourgeoisie recht deutlich bemerkbar. Die Opposition gegen Miljukow erfasste nicht nur die zivilen liberalen Kreise, sondern sogar das Korps der Berufsoffiziere.«[142]

Die Proteste gegen sein eigenmächtiges Vorgehen wie gegen den Inhalt des Interviews führten – bestärkt durch den Druck der Sowjetführung – zu einer Regierungserklärung (27. März). Die Provisorische Regierung stellte darin fest, »dass das freie Russland weder nach Herrschaft über andere Nationen noch nach Annexionen fremden Eigentums oder fremder Territorien strebt, sondern allein das Ziel verfolgt, einen dauerhaften Frieden auf der Grundlage der Selbstbestimmung der Völker zu schaffen.« Dieser Erklärung setzte Miljukow allerdings das Gelöbnis an die Alliierten hinzu,

---
[142] Suchanow 1967, S. 342

alle Verpflichtungen zu erfüllen, »die wir gegenüber unseren Verbündeten eingegangen sind.« Die Widersprüchlichkeit dieser Aussagen war nicht zu übersehen. Einerseits bekannte sich die Regierung zu einem Frieden ohne Annexionen, andererseits wollte sie an allen imperialistischen Geheimabkommen mit den Alliierten, die genau das enthielten, festhalten.

Die »Regierungserklärung« war ein Zugeständnis der Regierung an den Sowjet, um mit der Sowjetformel vom »Frieden ohne Annexionen« der Stimmung der Massen entgegenzukommen. Andererseits versuchten die führenden Köpfe der Regierung, Miljukow und Gutschkow, weiterhin so viel wie möglich von ihren eigenen imperialen Zielen und denen der Kriegsalliierten für die künftige Außenpolitik festzuschreiben. Diese Doppelzüngigkeit entging auch dem Sowjet nicht. Am 30. März forderte deshalb die zu diesem Zeitpunkt tagende Gesamtrussische Sowjetkonferenz, »dass die Provisorische Regierung in aller Öffentlichkeit von jeder annexionistischen Bestrebung des alten Regimes abrückt«.

Unter dem Druck des Sowjetkongresses entschloss sich die Regierung, ihre Erklärung vom 27. März als offizielles Dokument an die Alliierten weiterzuleiten. Doch Miljukow nutzte diese Gelegenheit erneut, um die Regierungserklärung mit eigenen Erläuterungen (18. April) zu versehen. In der nach ihm benannten »Miljukow-Note« versicherte der Außenminister den Alliierten, dass die russischen Kriegsziele letztlich die gleichen geblieben seien wie unter der zaristischen Regierung, er sprach weiterhin vom »Drang des ganzen Volkes, den Weltkrieg zu einem entscheidenden Sieg zu führen«, von »Garantien und Sanktionen« auf Kosten der Mittelmächte etc. Die Absicht der Regierungserklärung, von offen formulierten imperialistischen Kriegszielen Abstand zu nehmen und somit in der Öffentlichkeit die Übereinstimmung mit den Positionen des Sowjets zu betonen, wurde mit diesen Zusätzen in ihr Gegenteil verkehrt.

Unter diesen Umständen musste die Miljukow-Note zu einer offenen Machtprobe innerhalb der Regierung und mit der Sowjetmehrheit führen, was auch ganz im Sinne des Außenministers war. Er war davon überzeugt, in einer offenen Konfrontation die Macht des Sowjets militärisch brechen zu können.

Eine Niederlage der bürgerlichen Rechten

Da der Außenminister ein wenig realistisches Bild der gesellschaftlichen Kräfteverhältnisse besaß, ging der Schuss nach hinten los. Mit der Presseveröffentlichung seiner Note traten in Petrograd die Regimenter »Finnland«,

»Moskau«, »Pawlowsky« und »Keksholm« geschlossen auf die Straße, zogen zum Sitz der Provisorischen Regierung und forderten den Sturz Miljukows. Die Arbeiterschaft organisierte Massendemonstrationen gegen die Provisorische Regierung sowohl in Petrograd als auch in Moskau und anderen industriellen Zentren. Soldatendeputationen von der Front machten im Sowjet die Stimmung der Armee deutlich: eine Beibehaltung imperialer Kriegsziele führe zu Massendesertionen und zur Auflösung der Armee. »Drei Tage zogen sich die Protestmärsche einer ›ungeheuren Menge‹ teilweise bewaffneter Arbeiter hin, die den Rücktritt des Außenministers und der Provisorischen Regierung verlangten. Auf der anderen Seite vermochte auch das bürgerliche Lager seine Anhänger zu mobilisieren. Der neue Kommandeur Petrograds, General L.G. Kornilow, stand mit Truppen bereit. Ein Bürgerkrieg lag in der Luft, zumal auch in Moskau ›die Straßen und Plätze kochten‹.«[143] Es kam zu Schießereien in der Hauptstadt, offenkundig von der Kadettenpartei und ihren Anhängern im Offizierskorps provoziert, um Kornilow eine militärische Niederschlagung der Demonstrationen zu ermöglichen.

Miljukow versuchte mit dieser Aktion, eine Mobilisierung des patriotischen Bürgertums zu erreichen, seine Anhänger und die Partei der Oktobristen riefen zu Straßendemonstrationen in Petrograd und Moskau auf. Der Verlauf dieser Aktivitäten zeigte aber nur die politische Schwäche von Bourgeoisie und liberalem Adel, denn die Kundgebungen für Miljukow gingen in den Massendemonstrationen der Arbeiter und Soldaten unter. Die Arbeiterklasse und die bäuerliche Armee waren nicht bereit, den Krieg für imperiale Eroberungen fortzuführen. Der Petrograder Sowjet beorderte Kornilows Truppen in die Kasernen und beendete damit Miljukows Machtprobe. Nach einigen inneren Kämpfen in der Regierung mussten die offenen Repräsentanten eines solchen Kurses in der Provisorischen Regierung gehen. Gutschkow trat am 30. April zurück[144] und Miljukow wurde zurückgetreten – wie er selbst formulierte –, indem ihm in der zweiten Provisorischen Regierung nur das Amt des Erziehungsministers angeboten wurde, das er ablehnte.

Die schon frühzeitig aufgetretene Spaltung der ersten Provisorischen Regierung in der Kriegs- und Außenpolitik war ein weiteres unüberseh-

---

[143] Hildermeier 1989, S. 162
[144] Er begründete seinen Rücktritt mit der mangelnden Kriegsfähigkeit der russischen Armee, die solange anhalten würde, bis der Befehl Nr. 1 über die Soldatenrechte seine Gültigkeit verlieren würde.

bares Indiz für die Schwäche der russischen Bourgeoisie. Miljukows Versuch, die Allianz von Großgrundbesitz, liberalem Adel und Kapital auf eine bürgerliche Interpretation der imperialen Kriegsziele des Zarismus festzulegen, fand letztendlich keine Mehrheit in der Regierung, obwohl diese noch die am weitesten rechts stehende Regierung des Revolutionsjahres war und sich – mit Ausnahme Kerenskis – nur aus Vertretern von Bourgeoisie und Großgrundbesitz zusammensetzte. Doch selbst in den Reihen dieser Kräfte wurde Miljukows und Gutschkows politischer Kurs nur von Teilen getragen.

Buchanan notierte zu diesen Ereignissen in seinem Tagebuch: »Eine Hauptschlacht wird zwischen Kerensky und Miljukow wegen der berühmten Formel ›Frieden ohne Annexionen‹ ausgefochten. Da die Mehrzahl der Minister auf Kerenskys Seite steht, würde ich mich nicht wundern, wenn Miljukow gehen müsste. Das bedeutete in mancher Beziehung einen Verlust, denn er repräsentiert das gemäßigte Element im Kabinett und ist für die Fortsetzung des Krieges. Er hat jedoch so wenig Einfluss auf seine Kollegen, dass man niemals weiß, ob er auch durchsetzen kann, was er vorhat.«[145] Mehrheitsfähig war ab April/Mai 1917 nur noch eine Fortsetzung des Krieges zur »revolutionären Verteidigung des Vaterlandes« gegen die Mittelmächte. Diese Politik fand die begrenzte Unterstützung der Alliierten, der Mehrheit von Kapital und Grundbesitz sowie (noch) großer Teile der Bauernschaft. Dagegen war ein Festhalten an eigenständigen imperialen Kriegszielen für die russische Bourgeoisie bereits im Frühjahr 1917 nicht mehr möglich, weil die Bauernarmee nicht bereit war, den Krieg für die Eroberung der Dardanellen fortzuführen.

Nach wie vor waren die Bauern jedoch bereit, das Land – durchaus in seiner doppelten Bedeutung – zu verteidigen und deshalb im Bündnis mit den Alliierten zu verbleiben. Sie lehnten noch immer einen Separatfrieden mit Deutschland ab und standen hinter der Losung von der »Revolutionären Vaterlandsverteidigung«, jener Formel also, die, wie Lenin treffend formulierte, die Fortführung des imperialistischen Krieges mit diplomatischen Floskeln verhüllte. Damit stand die Bauernschaft ziemlich genau da, wo auch die Bolschewistische Partei zu diesem Zeitpunkt stand. Auf dem zeitgleich zu den Aprilereignissen stattfindenden Sowjetkongress stimmten

---

[145] Buchanan 1926, S. 196

die Bolschewiki nicht gegen die Losung der Sowjetmehrheit, sondern enthielten sich der Stimme.[146]

Mit Miljukow wurde der führende Kopf der Kadettenpartei und mit Gutschkow der Führer der Oktobristen mit ihrem offen imperialistischen Programm von den Massen auf den Straßen Petrograds abgelehnt. Insofern veränderte der dann folgende Wechsel von Personen durchaus das politische Kräfteverhältnis. Was blieb, war das Programm des Sowjets: »Nach dieser ersten Krise der Provisorischen Regierung wurde die Zimmerwalder Friedensformel[147] zum offiziellen Programm der Regierung, obwohl sie während der ersten Phase der Revolution von den bürgerlichen Regierungsvertretern sabotiert wird.«[148]

Miljukows Versuch und sein schmähliches Scheitern dokumentieren das Ende einer eigenständigen außenpolitischen Linie der Bourgeoisie in der russischen Revolution. Die bewaffnete Bauernschaft machte den imperialen Zielen anhängenden Kräften deutlich, wer der »Herr der Revolution« war. In der Februarrevolution vom Petrograder Sowjet an die Regierung gebracht, verloren die führenden Köpfe der bürgerlichen Rechten ihre Stellung bereits wenige Wochen nach der Revolution. Diese Entwicklung und die in der ersten Provisorischen Regierung aufgebrochene politische Uneinigkeit über Kriegsziele und Außenpolitik dokumentieren die Unfähigkeit der russischen Bourgeoisie zur politischen Herrschaft im Revolutionsjahr 1917. Ökonomisch zu schwach, sozial zu unbedeutend, politisch zersplittert und unerfahren, ging die weitere Entwicklung der Revolution über sie hinweg. Der Verabschiedung Miljukows und Gutschkows war der Abschied der Bourgeoisie von einer durch sie bestimmten Regierungspolitik. Ab jetzt reagierten die Überreste der Kadetten in den künftigen Provisorischen Regierungen des Jahres 1917 nur noch auf die politischen Veränderungen, ohne sie selbst entscheidend beeinflussen oder gar bestimmen zu können.

---

[146] Martow/Dan 1926, S. 296

[147] Im September 1915 trafen sich in Zimmerwald (Schweiz) linke Vertreter der europäischen Sozialisten und verabschiedeten mehrheitlich eine Resolution für einen sofortigen Frieden ohne Annexionen und Kontributionen. Dies war die erste gemeinsame öffentliche Stellungnahme von Sozialisten und Sozialdemokraten der kriegführenden Länder gegen die vorherrschende Politik des Sozialpatriotismus. Als Friedenslosung war diese Formel allerdings unzulänglich, da sie die sog. revolutionäre Vaterlandsverteidigung, das heißt die weitere Fortführung des Krieges, zuließ.

[148] Martow/Dan 1926, S. 294

Suchanow fasst die Ereignisse treffend zusammen: »Kurze Zeit nach dem Märzumsturz hatte sich die russische Plutokratie in der Partei der Kadetten konsolidiert. Während der Periode, da Miljukow als Minister fungierte, waren die Kadetten durchaus eine Regierungspartei gewesen. Aber mit der Liquidierung Miljukows und der Bildung der Koalitionsregierung in den Apriltagen änderte sich die Situation. Die Bildung der Koalition war gegen den Willen der führenden Kreise der Kadetten zustande gekommen, und die Kadetten konnten nun nicht mehr im bisherigen Sinne Regierungspartei bleiben. Sie wurden die Rechtsopposition. Freilich verblieben noch Mitglieder dieser Partei im Kabinett, aber von einer echten Unterstützung der Regierung konnte keine Rede mehr sein.«[149] In den Auseinandersetzungen um die Bildung der zweiten Provisorischen Regierung setzte sich diese Entwicklung fort.

---

[149] Suchanow 1967, S. 356

Kapitel 5
Die Juli-Ereignisse

Nachdem Gutschkow aufgrund seiner Niederlage im Kampf um die Armee zurückgetreten war, veröffentlichten die sieben linken Kadetten in der Regierung zusammen mit Kerenski unter dem Eindruck der Demonstrationen am 26. April einen Aufruf, der sich für eine Koalitionsregierung aus linken Kadetten und den sozialistischen Repräsentanten der Sowjetmehrheit (Sozialrevolutionäre und Menschewiki) aussprach.

Eine solche Regierung war nach den vorangegangenen Auseinandersetzungen um Miljukows Imperialismusprogramm nur ohne den Vorsitzenden der Kadettenpartei denkbar, zumindest in seiner bisherigen Funktion als Außenminister. Zwar erklärte das Zentralkomitee der Kadetten, »unverrückbar« hinter Miljukow zu stehen, aber das änderte nichts an der Tatsache, dass er nicht zu halten war. Mit ihm verließen auch die übrigen rechten Kadetten die Regierung, so dass nur die sieben linken Kabinettsmitglieder der Kadetten übrig blieben. Als das Zentralkomitee der Kadettenpartei daraufhin erklärte, die neue Regierung nur bedingt zu unterstützen, ging die maßgebliche bürgerliche Partei in die halbe Opposition.

Die erste Koalitionsregierung mit dem Sowjet

Nicht nur die Kadetten hatten Probleme, auch der Petrograder Sowjet musste zu einer Koalitionsregierung gezwungen werden. Noch immer hing die Mehrheit der Sowjetführung der Auffassung an, dass sozialistische Parteien und ihre führenden Vertreter in der Periode der bürgerlich-demokratischen Revolution keine Regierungsverantwortung übernehmen dürften; ihre Aufgabe sei die Kontrolle der bürgerlichen Regierung und die Opposition ihr gegenüber.

Die erste Abstimmung nach dem Zerfall der ersten Provisorischen Regierung im Exekutivkomitee des Sowjets ergab noch eine knappe Mehrheit von 23 zu 22 gegen eine Beteiligung von Sowjetdeputierten an einer Koalitionsregierung mit den Kadetten. »Aber dieser Standpunkt war auf Dauer nicht zu halten. ... Eine Soldatendeputation von der Front wies vor dem Exekutivkomitee des Sowjets eindringlich darauf hin, dass nur die

Bildung einer starken Koalitionsregierung unter Führung des Sowjets die Armee vor der völligen Auflösung bewahren könnte. Die Reden der Armeedeputierten hinterließen einen tiefen Eindruck. Auf der folgenden Sitzung des Exekutivkomitees, die am Abend des 1. Mai begann und die ganze Nacht hindurch dauerte, verschoben sich die Gewichte zugunsten der Beteiligung.«[150]

Der Vorgang zeigte, in welchem Maße die bäuerlichen Soldaten den Petrograder Sowjet als ihre Vertretung ansahen. Umgekehrt war der Sowjet gehalten, den Forderungen seiner Basis nachzukommen, mochten die Menschewiki aufgrund ihres Revolutionskonzepts auch die größten ideologischen Magenschmerzen haben. Jedenfalls wurde bald darauf am 5./18. Mai die zweite Provisorische Regierung gebildet, die zugleich die erste Koalitionsregierung war.

Von Seiten des Sowjets umfasste sie u.a. Kerenski (Trudowiki) als Minister für Armee und Flotte, Tschernow (Sozialrevolutionäre) als Landwirtschaftsminister, Skobelew (Menschewiki) als Arbeitsminister und Zeretelli (Menschewiki) als Minister für Post- und Telegrafenwesen. Ministerpräsident blieb weiterhin Fürst Lwow, der »träumerische Vertreter der intellektuellen und humanen Großgrundbesitzer.«[151]

Sozial repräsentierte die neue Regierung das Zusammengehen von Teilen der Arbeiterklasse (sozialpatriotische Menschewiki) mit der Masse der Bauernschaft und dem städtischen Kleinbürgertum (repräsentiert durch die verschiedenen Flügel der Sozialrevolutionäre) sowie einem Teil der Bourgeoisie, des Adels und des Offizierskorps (vertreten durch den linken Flügel der Kadetten). »Die neue Regierung vertrat jetzt ... alle wesentlichen Strömungen und Parteien des Landes; rein formell gesehen, war eine Regierung mit einem noch ausgeprägteren gesamtnationalen Charakter schwer vorstellbar.«[152]

Auf eigenen Wunsch waren die »sozialistischen« Minister zahlenmäßig in der Minderheit geblieben, so dass auf sechs sozialistische zehn bürgerliche Minister kamen. Dennoch lag die Führung der Regierung bei den Parteien der Sowjetmehrheit. Zum einen hatten die bürgerlichen Kräfte ihre politischen Köpfe verloren und konnten nur mit begrenzter Unterstützung durch die Kadettenpartei rechnen. Zweitens waren die sozialistischen Mini-

---

[150] Abramovitsch 1963, S. 51-52
[151] So Suchanow 1967, S. 468
[152] Suchanow 1967, S. 356

Die erste Koalitionsregierung mit dem Sowjet

ster dem Sowjet für ihre Regierungstätigkeit verantwortlich und hing Wohl und Wehe der Regierung somit von dessen Entscheidungen ab. Drittens übernahm mit Kerenski ein Vertreter der Sozialrevolutionäre und Mitglied des Sowjets das Kriegsministerium, von dem in den kommenden Wochen die entscheidenden Aktivitäten ausgingen.

Die marxistische Geschichtsschreibung verficht bisher ein anderes Bild der Klassenverhältnisse und der Regierungsverantwortung in Russland. Sie unterstellt, dass die Bourgeoisie im März 1917 an die Macht kam und Regierung und Staat bis zur Oktoberrevolution beherrschte. Gegen diese herrschende Klasse – so das bis heute dominierende Bild – habe das Proletariat seine siegreiche »sozialistische Oktoberrevolution« durchgeführt. Aber die Fakten sprechen eine andere Sprache, denn die Oktobristen waren inzwischen gänzlich aus der Regierung verschwunden und die Rolle der Kadetten, der zweiten bürgerlichen Partei, war innerhalb von zwei Monaten von der alleinigen Regierungsführung zur bedingten Unterstützung abgesunken.

Stattdessen erweisen sich die Bauernschaft und ihre politische Repräsentanz – die Narodniki-Parteien mit ihren verschiedenen Flügeln, hier speziell die Sozialrevolutionäre Partei – als die entscheidende soziale und politische Kraft dieses Jahres. »Aber die größte Partei war damals die der Sozialrevolutionäre (SR). Es war eine kleinbürgerliche Partei der Bauern, Händler, Genossenschaftler, Beamten, die Partei des ›Dritten Standes‹, der großen Masse der mittellosen Intelligenzija und der aufgerüttelten Spießer. Auf dem Lande hatte die Parole der SR, ›Land und Freiheit‹, diesen schon eine Monopolstellung unter der Bauernschaft verschafft. In diese größte der Parteien zogen aber auch reiche Bourgeois, liberale Gutsbesitzer und – nachdem der so überaus populäre Kerenskij Kriegsminister geworden war – kompakte Schichten von Militärs, ja sogar Generäle ein. Und diese größte und mächtigste Partei der Revolution unterstützte nun mit ihrem ganzen Gewicht die neue Regierung.«[153]

Die zentrale Stellung Kerenskis in allen Provisorischen Regierungen des Jahres 1917 liegt in der Rolle und Bedeutung der Bauernschaft begründet. »Die führende Figur, nicht nur im neuen Kabinett, sondern im ganzen späteren Verlauf der Provisorischen Regierung, war der neue Kriegsminister A. Kerenski.«[154] Als Advokat (er hatte unter dem Zarismus Streikführer

---

[153] Suchanow 1967, S. 356
[154] Chamberlin 1958, S. 137

aus der Arbeiterschaft verteidigt) und als populärer Dumasprecher eines Flügels der Narodniki-Parteien war er die geeignete Person, um Bauernschaft, städtisches Kleinbürgertum, die sozialpatriotischen Teile der Arbeiterschaft und den linken Flügel der Bourgeoisie zusammenzuführen und bis zum Kornilow-Putsch zu repräsentieren.

Sein Aufstieg vom Justizminister in der ersten Provisorischen Regierung zum Kriegsminister in der zweiten und schließlich zum Ministerpräsidenten und Kriegsminister in den beiden folgenden Regierungen fand auf diesem Boden statt.

Das neue Regierungsprogramm

Mit der zweiten Provisorischen Regierung und Miljukow verschwand auch dessen Eroberungsprogramm von der politischen Bühne. Sein Nachfolger als Außenminister wurde der parteilose Tereschtschenko, ein reicher Zuckerindustrieller aus der Ukraine, der in der ersten Regierung Finanzminister gewesen war. Er steuerte einen Kurs zwischen den Wünschen der Sowjetmehrheit und denen der Kriegsalliierten Russlands. Spätestens ab Mai 1917 wurden Kerenski und Tereschtschenko die zentralen Ansprechpartner für die verbündeten Mächte.

Tereschtschenko versicherte dem Sowjet, dass die Provisorische Regierung »in Übereinstimmung mit dem ganzen Volk jeden Gedanken an einen separaten Friedensschluss verwirft« und das Ziel habe, »einen allgemeinen Frieden ohne Annexionen und Kontributionen auf der Grundlage der Selbstbestimmung der Völker zu erreichen«. Damit war die Sowjetformel als Grundlage der künftigen Regierungspolitik festgeschrieben. Ebenso wie die Ablehnung eines Separatfriedens mit den Mittelmächten entsprach dies dem Willen der Mehrheit des russischen Volkes im Frühjahr/Sommer 1917.

Mit der Begründung, »dass eine Niederlage Russlands und seiner Alliierten ... den Abschluss eines allgemeinen Friedens auf der erwähnten Grundlage ... unmöglich machen würde«, versprach er den Alliierten gleichzeitig, dass Russland einen deutschen Sieg im Westen nicht zulassen würde. Zu diesem Zweck verkündete er im Namen der Regierung, dass »die Festigung der demokratischen Grundlagen der Armee, ferner die Organisierung und Stärkung ihrer Kampfkraft sowohl für die Defensive als auch für die Offensive zu den Hauptaufgaben der Provisorischen Regierung gehören«

würden.[155] Damit war die Katze aus dem Sack. Die imperialen Kriegsziele Miljukows waren im Einvernehmen mit den Alliierten aus dem Regierungsprogramm verbannt worden (England hatte kein Interesse an einer russischen Vorherrschaft über die Meerengen am Ostende des Mittelmeeres). An ihre Stelle trat nunmehr die Formel von einer Stärkung der russischen Kampfkraft und einer Offensive an der russisch-deutschen Front. Diese Orientierung entsprach nicht nur den Wünschen der Alliierten nach einer effizienteren Kriegsführung, sondern auch den Bestrebungen der bürgerlich-kleinbürgerlichen Kräfte sowie des Offizierskorps der Armee.

Neben ihrer außenpolitisch-militärischen Stoßrichtung hatte die versprochene Offensive eine zentrale innenpolitische Funktion. Während Sozialrevolutionäre und Menschewiki darauf setzten, dass eine siegreiche Offensive ihrem Drängen nach Friedensverhandlungen sowohl gegenüber den Alliierten als auch den Mittelmächten Nachdruck verleihen würde, hofften die bürgerlichen Kräfte ebenso wie die Alliierten, dass sie die Befehlsgewalt des Offizierskorps in der Armee stärken und die Stellung der Soldatenkomitees in den Einheiten schwächen würde. Gerade Kerenski setzte ebenso wie die Kadetten darauf, den Prozess der Revolutionierung der Armee durch die Offensive bremsen und umkehren zu können, denn »keine Armee vermag in unbegrenztem Müßiggang zu verharren«, wie er schrieb. »Die Wiederherstellung der Kampffähigkeit der russischen Armee und die Wiederaufnahme der Offensive (war) unmittelbare, grundlegende, notwendige Forderung für ein freies Russland. Um Russlands Zukunft willen musste dieser Akt heroischer Selbstaufopferung vollbracht werden.«[156]

Allerdings wären weder die russische Bourgeoisie noch das ausländische Kapital im Sommer 1917 in der Lage gewesen, den russischen Bauern für eine Offensive gegen die Deutschen aus seinen Schützengräben heraus zu bringen. Dazu bedurfte es sowohl einer gewissen Bereitschaft der Bauernsoldaten als auch der Unterstützung durch ihre politische Interessenvertretung, die sozialrevolutionäre Partei.

Den Anfang machte der dritte Parteitag der Sozialrevolutionäre Ende Mai 1917. Seine Delegierten »billigten den Verteidigungskrieg einschließlich neuer Anstrengungen, um ihn siegreich zu beenden.«[157] Da die Sozialrevolutionäre zusammen mit den Menschewiki eine solide Mehrheit auf

---

[155] Suchanow 1967, S. 367
[156] Kerenski 1928, S. 272
[157] Hildermeier 1989, S. 168

dem ebenfalls im Mai stattfindenden Bauernkongress und dem anschließenden Sowjetkongress im Juni hatten, wurde dies zur offiziellen Politik des Sowjets. »Als sich am 16. Juni der Erste allrussische Kongress der Sowjets wiederum in Petrograd unter dem Vorsitz von Tscheidse (Menschewiki) versammelte, billigten die Delegierten (248 Menschewisten, 285 Sozialrevolutionäre und 105 Bolschewisten) eine neue Offensive gegen Deutschland und Österreich. Die Bolschewisten stimmten selbstverständlich gegen diese Resolution, wurden jedoch niedergeschrien.«[158] Unmittelbar nach diesem Beschluss unterzeichnete Kerenski den Befehl zu der zwei Tage später beginnenden Offensive.

Bereits im Vorfeld hatte er nicht nur eine Propagandarundreise an die Front unternommen, die ihm den Spitznamen der »Höchstüberredende« einbrachte, sondern den Befehl Nr. 1 des Sowjets über die Soldatenrechte wesentlich umformuliert, sprich die Rechte der Soldaten eingeschränkt. Neben einer Klarstellung, dass das Recht zur Ernennung oder Entlassung von Offizieren ausschließlich bei den Kommandeuren liege, verfügte er die Unterstellung aller Sowjetkommissare bei den Truppen unter die Befehlsgewalt der Provisorischen Regierung.

Diese Maßnahmen sollten die Grundlage für die Festigung der Disziplin in der Armee und die von den Alliierten gewünschte Offensive legen. Für die Masse der Bauern in der Armee war es die Annullierung der Errungenschaften des Februars. Sie »schenkten fortan denjenigen mehr Glauben, die der Regierung von Anfang an Verrat an der Revolution vorgeworfen hatten. Im Juli begann der Siegeszug der Bolschewiki in der Armee.«[159] Die Wiedereinführung der Todesstrafe an der Front am 12. Juli tat ihr Übriges, um die Bauernsoldaten gegen die Regierung aufzubringen und an die Seite der Bolschewiki zu treiben.

Ein Strategiewechsel der bolschewistischen Partei

Noch während die Verhandlungen über die Anfang Mai gebildete erste Koalitionsregierung aus Sowjetvertretern und Bürgerlichen liefen, begann die bolschewistische Partei einen Politikwechsel vorzunehmen, dessen Ausgangspunkt die »Aprilthesen« Lenins waren.

---

[158] Moorehead 1958, S. 248
[159] Hildermeier 1989, S. 173

Bis zum Ausbruch der Februarrevolution hatte Lenin das Konzept einer demokratischen Diktatur des Proletariats und der Bauernschaft verfochten, weil diese Klassenkonstellation die anstehende bürgerliche Revolution in Russland nach seiner Auffassung am konsequentesten zu Ende führen könne. Nach der Februarrevolution begann er unter dem Eindruck der Politik der Sowjetmehrheit, seine bisherige Position zu überdenken. Ausschlaggebend dafür war ein grundlegendes Dilemma, vor dem die Bolschewiki standen.

In Gestalt des Sowjets besaß das von den Bolschewiki seit 1905 verfochtene Klassenbündnis von Proletariat und Bauernschaft faktisch die politische Macht. Aber real weigerten sich die Parteien, die diese Klassen vertraten (Menschewiki, Sozialrevolutionäre und bis dahin auch die Bolschewiki), die Regierung in ihre Hände zu nehmen und strebten stattdessen ein Übereinkommen mit dem bürgerlichen Lager an. Dazu gehörte, dass der Sowjet die Fortführung des imperialistischen Krieges deckte und der Bauernschaft das Land bis zur Einberufung der Konstituierenden Versammlung verweigerte.

Wollten die Bolschewiki nicht auf Dauer zum linken Flügel der kleinbürgerlich-menschewistischen Sowjetmehrheit werden, mussten sie ihre bisherige Strategie abändern. Mit seinen Aprilthesen forderte Lenin, die alte Orientierung durch eine neue zu ersetzen: »Die Eigenart der gegenwärtigen Lage in Russland besteht im *Übergang* von der ersten Etappe der Revolution, die infolge des ungenügend entwickelten Klassenbewusstseins und der ungenügenden Organisiertheit des Proletariats der Bourgeoisie die Macht gab, *zur zweiten* Etappe der Revolution, die die Macht in die Hände des Proletariats und der ärmsten Schichten der Bauernschaft legen muss.«[160] Übergang von der demokratischen zur sozialistischen Etappe der Revolution, gestützt auf ein neues Klassenbündnis des Proletariats mit der Landarbeiterschaft und den armen Bauern – diese Umorientierung wurde ab Mai 1917 nach teils heftigen innerparteilichen Auseinandersetzungen zur offiziellen Linie der bolschewistischen Partei.

Der Kurswechsel hatte eine politische und eine theoretische Seite. *Politisch* brachte er die Bolschewiki gegen die probürgerliche Politik der Sowjetmehrheit in Stellung, die bisher noch kein bedeutsames Problem der Revolution (Staatsform, Kriegsende, Landreform) gelöst hatte und auf Dauer

---

[160] Aprilthesen, verfasst 4./5. (17./18.) April 1917; LW 24, S. 4

zur Abwendung der Massen führen musste. *Theoretisch* beruhte die dafür vorgetragene Begründung auf einer grundlegenden Fehleinschätzung.

Herrschaft der Bourgeoisie?

Nach der Behauptung Lenins hatte die ungenügende Entwicklung des proletarischen Klassenbewusstseins dazu geführt, dass es nicht zu einer gemeinsamen Herrschaft von Proletariat und Bauernschaft gekommen war, sondern die Bourgeoisie die Macht erlangt hatte. »Bis zur Februar-März Revolution 1917 befand sich die Staatsmacht in Russland in den Händen der alten Klasse: der Klasse der adligen fronherrlichen Grundbesitzer, mit Nikolaus Romanow an der Spitze. Nach dieser Revolution befindet sich die Staatsmacht in den Händen einer *anderen*, neuen Klasse: der *Bourgeoisie*. Der Übergang der Staatsmacht aus den Händen einer *Klasse* in die einer anderen ist das erste, wichtigste, grundlegende Merkmal einer *Revolution* ... Insoweit ist die bürgerliche bzw. bürgerlich-demokratische Revolution in Russland *abgeschlossen*.«[161]

Aber in Russland war keine Staatsmacht aus den Händen des Zarismus in die Hände der Bourgeoisie übergegangen; die alte Staatsmacht war »verschwunden« und die reale neue Staatsmacht stellten die Bajonette der Bauernsoldaten dar, die von der Sowjetmehrheit geführt wurden. Auch das jetzt propagierte neue Bündnis des Proletariats mit der Landarmut statt mit der Bauernschaft insgesamt stand auf dünnen Beinen. Zu dessen Begründung berief sich Lenin auf die »*neue* Erscheinung« einer »sich vertiefenden Kluft zwischen den Landarbeitern und den armen Bauern einerseits und den besitzenden Bauern anderseits.«[162] Doch wo und inwiefern sollte die neue Erscheinung zutage getreten sein? Das ganze Jahr 1917 unternahm Lenin keinen Versuch, das konkret nachzuweisen. Die These eines beginnenden Klassenkampfs zwischen Landarmut und reichen Bauern blieb eine reine Behauptung.

In seiner Auseinandersetzung mit Lenin arbeitete Kamenew gerade den Gedanken der noch nicht vollendeten bürgerlichen Revolution heraus und leitete daraus das Festhalten an der alten bolschewistischen Losung von der »revolutionär demokratischen Diktatur des Proletariats und der Bauernschaft« ab. »Was das allgemeine Schema des Gen. Lenin anbelangt, so hal-

---

[161] Briefe über die Taktik, geschrieben zwischen dem 8. und 13. (21./26.) April 1917; LW 24, S. 27
[162] Ebd., S. 29

ten wir es für unannehmbar, da es davon ausgeht, dass die bürgerlich-demokratische Revolution *abgeschlossen* sei und auf die sofortige Umwandlung dieser Revolution in eine sozialistische berechnet ist«,[163] kritisierte er die Aprilthesen. Unabhängig davon, dass er damit sein Plädoyer für eine weitere Unterstützung der Provisorischen Regierung begründete, war die zugrunde liegende Feststellung richtig.

In seiner Erwiderung konzedierte Lenin die *Möglichkeit*, »dass die Bauernschaft vom ganzen Grund und Boden und von der ganzen Macht Besitz ergreift.« In diesem Fall, so folgerte er, würde »eine neue Etappe der bürgerlich-demokratischen Revolution« beginnen.[164] Diese Aussage beschrieb mehr oder weniger die kommende Entwicklung, doch Lenin negierte den sich damit eröffnenden Weg, denn die gegebene *Wirklichkeit*, so fuhr er fort, sehe anders aus. Diese Wirklichkeit sah er, wie eben zitiert, in dem angeblich beginnenden Klassenkampf der Landarmut im Dorf, womit er die Notwendigkeit des Übergangs zur sozialistischen Revolution begründete.

Was die Unabgeschlossenheit der Februarrevolution betrifft, hatte Kamenew vollständig recht. Ohne die Lösung der Agrarfrage als der alles entscheidenden Frage konnte diese Revolution nicht »abgeschlossen« werden. Und da die Bauernschaft im Besitz der Waffen war, würde sie diesen Abschluss früher oder später auch herbeiführen. Die Bauernschaft – und zwar die Bauernschaft als Ganzes – war also weiterhin eine revolutionäre Klasse, die ihre Revolutionsziele noch nicht verwirklicht hatte. Sie hatte aber die feste Absicht, diese Ziele mit den von ihr bestimmten Sowjets zu erreichen. Ihr Problem bestand darin, das Land der Gutsbesitzer an sich zu bringen unter den Bedingungen eines Kriegs, in dem sie das Land gleichzeitig verteidigen wollte. Um die Hegemonie über die Bauernschaft und damit über die Revolution zu gewinnen, galt es, diese Frage zu beantworten.

Richtig an Lenins neuer politischer Konzeption im April 1917 war der Bruch mit der Sowjetmehrheit. Nur indem die Partei der Bolschewiki die Fortsetzung der Kriegspolitik kritisierte und sich dabei auch von der »revolutionären Vaterlandsverteidigung« distanzierte, der die Mehrheit der Bauernschaft noch anhing, schuf sie das Fundament, um in den kommenden Monaten die Mehrheit des Proletariats und der Bauernschaft zu gewinnen.

---

[163] Kamenew, J., zitiert nach Lenin, ebd., S. 32
[164] Ebd., S. 29-30

Die dazu gegebene theoretische Fundierung stellte den Versuch einer klassenmäßigen Absicherung dieses Bruchs dar. Bereits im April 1917 standen die radikaleren Kräfte der Arbeiterbewegung gegen einen Kurs zur Unterstützung der Provisorischen Regierung, wie die Demonstrationen gegen Miljukow und Gutschow zeigten. Lenins politischer Kurswechsel, so fehlerhaft sein theoretisches Fundament war, entsprach der Stimmung der sich weiter radikalisierenden Arbeiter und Matrosen in Petrograd. Deshalb konnte Lenin auch mit seinen »Fieberphantasien«, wie die anderen Sowjetparteien die Aprilthesen bezeichneten, innerhalb eines Monats die Mehrheit in der bolschewistischen Partei gewinnen.

Petrograd im Juni/Juli 1917

Gleichzeitig mit der militärischen Offensive im Westen manifestierte sich die politische Ungleichzeitigkeit der russischen Revolution in Petrograd. Während der Sowjetkongress im Juni mit einer deutlichen menschewistisch-sozialrevolutionären Mehrheit tagte, ging zur selben Zeit die Mehrheit der Arbeitersektion des Petrograder Sowjets zu den Bolschewiki über. Mit 173 zu 144 Stimmen nahm sie zum ersten Mal eine bolschewistische Resolution an, die den Übergang der gesamten Macht an den Sowjet forderte. Zwar besaß die Provisorische Regierung noch bis nach der Kornilow-Krise eine Mehrheit im gesamten Petrograder Sowjet (gestützt auf die Stimmen aus der Soldaten- und Bauernsektion), doch verdeutlichte der Übergang der Arbeitersektion zu den Bolschewiki die Radikalisierung des Petrograder Proletariats und die Abwendung von der von Kerenski vertretenen Politik der Koalition mit der Bourgeoisie.

In der Armee war zu dieser Zeit eine ähnliche Entwicklung erst in ihren Anfängen sichtbar. Während die Fronttruppen, also die Mehrheit der bewaffneten Bauernschaft, im Juni noch bereit waren, Kerenski und der Sowjetmehrheit bei der militärischen Offensive zu folgen, traf dies auf die Garnisonstruppen in den Städten, speziell in Petrograd, bereits nicht mehr zu. Je näher die Einheiten bei den revolutionären Metropolen lagen, desto radikaler war ihre politische Haltung. Dieser gleichzeitige Radikalisierungs- und Differenzierungsprozess innerhalb der Massen ist die Grundlage für die teilweise verwirrend erscheinenden Ereignisse im Juni/Juli 1917.

Noch während der am 16. Juni begonnene Sowjetkongress tagte, drängten die Petrograder Arbeiter und verschiedene radikale Regimenter die bolschewistische Partei zu einem »Auftritt« auf den Straßen der Hauptstadt gegen die Provisorische Regierung und die Sowjetmehrheit. Eine bolschewistische Demonstration, die diesen Stimmungen Ausdruck verleihen sollte, wurde vom Sowjet verboten, stattdessen rief der Sowjet unter dem Druck der Massenstimmung zu einer eigenen Demonstration auf. Diese »Sowjetdemonstration« am 18. Juni wurde zu einer gewaltigen Heerschau der zu den bolschewistischen Losungen drängenden Massen. »Dicht wie ein Wald« reihten sich die Transparente mit bolschewistischen Losungen: »Nieder mit den zehn kapitalistischen Ministern«, »Alle Macht dem Allrussischen Sowjet der Arbeiter-, Soldaten- und Bauerndeputierten«, »Revision der Deklaration der Soldatenrechte«, »Weder einen Separatfrieden mit Wilhelm noch Geheimverträge mit französischen und britischen Kapitalisten«.[165] Transparente für die Provisorische Regierung und die Sowjetmehrheit verschwanden in dem bolschewistischen Parolenmeer.

Die Demonstration, die nach dem Willen ihrer Organisatoren die »Geschlossenheit der revolutionären Kräfte« und ihre Unterstützung für die Sowjetpolitik dokumentieren sollte, bewies das Gegenteil. Die Geschlossenheit der März- und Apriltage war dahin. Die Arbeiterklasse hatte begonnen, sich von der kleinbürgerlichen Sowjetführung und ihrer Kriegspolitik zu lösen und das Zentrum der Revolution, Petrograd, stand bereits weiter links als die sozialrevolutionär-menschewistische Sowjetmehrheit.

Dieser Triumph der Bolschewiki war das direkte Vorspiel zu ihrer Niederlage im Juli. Der Auftritt der Arbeiter, Matrosen und verschiedener radikaler Regimenter am 18. Juni führte den Demonstranten ihre Macht in Petrograd vor Augen. Zugleich ließ die am selben Tag einsetzende »Kerenski-Offensive« ihre Unzufriedenheit mit der Provisorischen Regierung weiter anwachsen, denn in deren Zug wurden bereits demobilisierte Vierzigjährige, die nichts sehnlicher wünschten als zu Hause zu bleiben, erneut an die Front geschickt. Hartnäckig hielten sich Gerüchte über die Verlegung von Garnisonstruppen, die Streikbewegung und Aussperrungen der Arbeiter durch die Kapitalisten nahmen weiter zu (im Mai in 108, im Juli in 206 Betrieben Petrograds).

Ein erneuter, diesmal bewaffneter Auftritt der Massen wurde unvermeidlich. Ihre Hauptforderungen waren jetzt die Beseitigung der »10 kapitalistischen Minister«, die völlige Machtübernahme durch den Sowjet und sofortige Friedensverhandlungen. Die bolschewistische Partei wurde

---

[165] Chamberlin 1958, S. 148

ihr entscheidender Bezugspunkt, weil nur sie diese Forderung der Massen im Sowjet und auf der Straße verfocht. Das bewaffnete Auftreten der Massenbewegung auf den Straßen Petrograds und ihre schließliche Niederlage wurden so auch zu einer Niederlage der bolschewistischen Partei. Die Versuche der Partei, sowohl an der Spitze der Massenbewegung zu verbleiben als auch einen vorzeitigen Versuch der Machtergreifung zu verhindern, schlossen sich gegenseitig aus.

Seit dem Februar war die bolschewistische Partei rasant gewachsen, überschwemmt von neuen Mitgliedern, »die nichts vom Marxismus verstanden und in erster Linie von dem unbändigen Verlangen nach sofortigen revolutionären Aktionen zusammengehalten wurden. Dieses Problem hatte sich bereits im April während der Massenproteste gegen Miljukow bemerkbar gemacht. Damals war der Anstoß zu den Straßendemonstrationen eindeutig von den einfachen Parteimitgliedern aus den Garnisonsregimentern und Fabriken ausgegangen. Das Zentralkomitee stieg erst ein, als die Bewegung bereits im Gange war ... Weitaus radikaler verhielten sich impulsive Mitglieder der Petrograder Parteiorganisation und der bolschewistischen Militärorganisation, die ihrer militanten Basis entgegenkamen und befürchteten, Einfluss an die Anarchisten zu verlieren. ... Nachdem am 18. Juni die lang erwartete russische Offensive begonnen hatte, wurde es noch schwieriger, Unruhen in Petrograd zu verhindern. Tausende Garnisonssoldaten, die zur Unterstützung der Offensive an die Front beordert wurden, und zahlreiche Mitglieder der bolschewistischen Militärorganisation forderten mit Nachdruck den Sturz der Provisorischen Regierung.«[166] Lenin selber und andere Führungsmitglieder der Partei warnten vor einem vorzeitigen Losschlagen, jedoch vergeblich.

Eine zwiespältige Niederlage

Der Ablauf der Ereignisse klärt sich auf, wenn man die Zustimmung und Ablehnung der Klassenkräfte zu dem Aufstandsversuch der Petrograder Arbeiter und Kronstädter Matrosen im Juli 1917 näher betrachtet. Die Mehrheit der Arbeiterschaft Petrograds war bereit, die Provisorische Regierung zu stürzen und die gesamte Macht dem Sowjet zu übertragen. Dieser Meinung waren auch die in Kronstadt stationierten Matrosen der Baltischen Flotte. Gespalten war dagegen die Stimmung innerhalb der Garnison der Hauptstadt. Einzelne radikale Regimenter standen mit an der Spitze der

---

[166] Rabinowitsch 2012, Einleitung zur englischen Ausgabe, S. I viii – I x

revolutionären Massenbewegung, aber die Mehrheit der Garnisonstruppen war weder bereit, den Umsturz zu unterstützen noch die ungeliebte Provisorische Regierung zu verteidigen. Sie blieben während der Juli-Aktionen erst einmal passiv in ihren Kasernen. Gleichzeitig standen die Fronttruppen noch weitgehend hinter der Provisorischen Regierung.

Dieses Bild der Klassenkräfte verdeutlicht, dass es bei einer entschlossenen Führung durchaus möglich gewesen wäre, *die Macht in Petrograd* zu ergreifen. Unmöglich aber wäre es gewesen, diese revolutionäre Macht gegen die bewaffnete Bauernschaft auf das ganze Land auszudehnen. Im Juli wäre weder der Sturz der Provisorischen Regierung von Dauer gewesen, noch hätte die formelle Machtübertragung in die Hände eines von Menschewiki und Sozialrevolutionären dominierten Sowjets die Revolution vorangebracht. Außerdem war die Abwendung der bewaffneten Bauernschaft – besonders bei den Frontarmeen – von der sozialrevolutionären Kompromisspolitik mit der Bourgeoisie und den Alliierten nicht weit genug entwickelt.

Nichtsdestotrotz versetzten die Juli-Demonstrationen Sowjetführung und Provisorische Regierung in Panik. Kerenski reiste an die Front, um verlässliche Truppen nach Petrograd zu schaffen, und der Justizminister veröffentlichte – vermutlich im Einvernehmen mit Kerenski – angebliche Dokumente, die Lenin als deutschen Spion enttarnen sollten. Dadurch wurde die Stimmung innerhalb der passiven Regimenter gekippt. »Dieser nicht eben honorige Appell an den bei aller Kampfesmüdigkeit regen Patriotismus ließ das Pendel gegen die Bolschewiki ausschlagen. Die Nachricht vom Anrücken der herbeigerufenen Fronttruppen tat ein Übriges.«[167] Mit der Rückendeckung des Sowjets konnte die Provisorische Regierung gegen die Bolschewiki und die »Rote Garde« (bewaffnete Arbeitermilizen unter Führung der bolschewistischen Partei) vorgehen, Verhaftungen vornehmen und Zeitungen verbieten. Lenin musste nach Finnland fliehen.

Auf diese Weise endeten die Juli-Tage mit einer politischen Niederlage der Bolschewiki und einem überschätzten Triumph der Provisorischen Regierung. Dem Wesen der Sache nach hatte die Bauernschaft die vorauseilende Avantgarde der Revolution »zur Ordnung gerufen« und ihr deutlich gemacht, dass sie der Koalitionsregierung noch zu folgen bereit war. Weder war die Avantgarde ernsthaft geschlagen worden, wie die Kadetten und

---

[167] Hildermeier 1989, S. 178

Kerenski es wünschten, noch hatten die Juli-Tage die Bauernschaft fester an die Regierung oder die Sowjetmehrheit herangeführt.

Die Tatsachen sind auch hier eindeutig. Während die zweite Provisorische Regierung ihren Triumph nicht lange überlebte, sondern als Koalitionsregierung mit den Kadetten fast zeitgleich mit den Juli-Ereignissen zerbrach, wuchs zugleich der bolschewistische Einfluss in der Arbeiterschaft und der bäuerlichen Armee.

»Denn ohne Zweifel markierte der fatale Entschluss zur Vorwärtsverteidigung jenen Punkt, an dem die Regierung und die Mehrheitsparteien ihren Kredit bei den Soldaten endgültig verloren. Alle Versuche, die Kontrolle zurückzugewinnen, waren umsonst. Die drastische Maßnahme der Wiedereinführung der Todesstrafe an der Front am 12. Juli dokumentierte eher ihre Hilflosigkeit als einen neuen festen Willen.«[168] Die Niederlage der Petrograder Arbeiter und Matrosen wurde, für die Mehrzahl noch unbemerkt, begleitet vom bolschewistischen Siegeszug an der Front. Außerdem begannen im zentralrussischen Hinterland die ersten bäuerlichen Übergriffe auf das Land der Gutsbesitzer.

Ende Juli 1917 hielten die Bolschewiki ihren sechsten Parteitag ab, auf dem der weitere Kurs zum Verlauf der Revolution festgelegt wurde. Ihre wichtigsten Führer befanden sich im Gefängnis oder in der Illegalität, übten aber trotzdem entscheidenden Einfluss auf die kontroverse Debatte aus, in der sich Lenins Position weitgehend durchsetzen konnte.[169] Man hielt also am Übergang zur sozialistischen Revolution fest. Gleichzeitig wurde die Losung »Alle Macht den Sowjets« offiziell zurückgezogen; sie tauchte im August in keinem Parteidokument mehr auf.

Das heißt, die theoretischen Fehler der April-Thesen holten die Partei jetzt politisch ein. Ausgerechnet in dem Moment, in dem die Bauernschaft begann, sich aus der Führung der Sozialrevolutionäre zu lösen, um mit Hilfe der von ihr beherrschten Sowjets zu Frieden und Land zu kommen und in dem die Petrograder Arbeitersektion des Sowjets bolschewistisch geworden war, ausgerechnet in dem Moment also, wo die Sowjets begannen, sich der bolschewistischen Politik zu öffnen, da gab die bolschewistische Partei diese Losung auf, um sie erst später wieder aufzunehmen. Allerdings hielten sich die negativen Auswirkungen in Grenzen, denn die

---

[168] Ebd., S. 173
[169] Vgl. die anschauliche Schilderung des Diskussionsverlaufs durch Rabinowitsch 2012, S. 121-136

zentralen Parolen der Bolschewiki für Frieden und Land sowie für die Deklaration der Soldatenrechte blieben bestehen und die Parteibasis arbeitete weiter aktiv in den Sowjets mit.

Kapitel 6
Von Kerenski zur Oktoberrevolution

Miljukow, der nach dem Druck der Straße die Regierung verlassen musste, aber weiter Vorsitzender der Kadettenpartei blieb, leitete den Zerfall der ersten Koalitionsregierung (zweite Provisorische Regierung) im Juli ein. Er nutzte dabei ein Abkommen der Regierung mit der ukrainischen Rada (Zentralrat), einer bürgerlich-bäuerlichen Unabhängigkeitsbewegung, um im Zentralkomitee der Kadetten einen Beschluss über die Abberufung der kadettischen Minister aus der »Koalitionsregierung« zu erzwingen.

Die Ukraine war eine der Kornkammern Russlands. In ihr lag außerdem das wichtigste Kohlegebiet, das Donezbecken. Die bedeutenderen Städte der Ukraine hatten eine russisch-jüdische Bevölkerungsmehrheit, das Dorf aber war ukrainisch geprägt, und die Bauernschaft dieser Region unterschied sich deutlich von der noch dorfgemeinschaftlich geprägten Bauernschaft Russlands. In der Ukraine dominierte der wohlhabende, für den Markt produzierende Einzelbauer das Dorf. Die Hauptstütze der Rada, der nationalistischen Regierung, die sich in der Ukraine gebildet hatte, waren das »gebildete Bauerntum« und die »Dorfintelligenz der Schullehrer, Ärzte, Genossenschaftsarbeiter usw.«[170] Die großrussisch eingestellten Teile der Kadettenpartei verspürten auf Grund der sowohl ökonomischen als auch politischen Bedeutung der Ukraine wenig Neigung, Zugeständnisse in Richtung nationaler Selbständigkeit zu machen.

Der Außenminister Tereschtenko (selbst ukrainischer Zuckerindustrieller) hatte zusammen mit dem Finanzminister Nekrassow und dem menschewistischen Postminister Zeretelli das Abkommen mit der ukrainischen Rada ausgehandelt, das eine Reihe von Zugeständnissen an die nationale Selbständigkeit der Ukraine enthielt und unter dem Vorbehalt einer späteren, endgültigen Entscheidung durch die zukünftige Konstituierende Versammlung stand. Mit diesem Kompromiss hätte auch der großrussisch eingestellte Flügel der Kadettenpartei zufrieden sein können, da er nur die momentanen Machtverhältnisse in der Ukraine festschrieb, für die Zukunft aber alle Möglichkeiten offenhielt. Miljukows Aufstand gegen diesen Kompromiss dürfte daher, neben seiner bekannten großrus-

---

[170] Chamberlin 1958, S. 145.

sischen und imperialistischen Gesinnung, hauptseitig andere Gründe gehabt haben. Die Schwächung der gegenwärtigen Sowjetführung durch die Arbeiter- und Matrosenunruhen sowie die sich abzeichnende Katastrophe an der Front eröffneten in Miljukows Sicht eine Möglichkeit für die Kadettenpartei, ihre politische Position durch die Herbeiführung einer Regierungskrise zu stärken.

Da die Kadettenpartei zu diesem Zeitpunkt die bedeutendste bürgerliche Partei in Russland war, musste der Austritt von vier ihrer Minister die Provisorische Regierung beenden, da eine »Koalitionsregierung« ohne Kadetten, nur gestützt auf einzelne bürgerliche Politiker, eine Farce war. Miljukow wusste dies und glaubte, die Krisensituation zur politischen Erpressung der Sowjetmehrheit nutzen zu können. Der Beschluss dazu war innerhalb der Kadettenpartei heftig umstritten, bei der entscheidenden Abstimmung im Zentralkomitee betrug Miljukows Mehrheit 16 zu 11 Stimmen.

Die zweite Koalitionsregierung

So klug dieser taktische Schachzug Miljukows geplant war, er scheiterte, weil sein Urheber sich wiederum, wie im April/Mai, mit den Klassenkräften verschätzte. Der Auszug der kadettischen Minister bestärkte die Massenbewegung, die die Übernahme der gesamten Macht durch den Sowjet forderte. Unter dem Druck der Straße wurde die Sowjetführung also trotz der Niederschlagung der Arbeiter- und Matrosenauftritte im Juli in Petrograd und der teilweisen Illegalisierung der bolschewistischen Partei nicht nach rechts, sondern weiter nach links getrieben. Kerenski nutzte zusätzlich noch persönlich die Gunst der Stunde, um den bürgerlichen Ministerpräsidenten, Fürst Lwow, durch sich selbst zu ersetzen.

Die durch Miljukow herbeigeführte Kabinettskrise zog sich fast einen Monat hin. Nach der Ende Juli gescheiterten Offensive an der Front spielte die Agrarfrage die zentrale Rolle bei den Auseinandersetzungen um die Regierungsbildung. Den inneren Zusammenhang zwischen der »revolutionären Vaterlandsverteidigung« und der Unmöglichkeit einer baldigen und grundlegenden Agrarreform stellt Dan aus menschewistischer Sicht folgerichtig dar: »Die Verteidigung des Landes in Erwartung eines allgemeinen demokratischen Friedens machte es notwendig, dass eine viel millionenköpfige Armee in kampffähigem Zustande erhalten und dass sorgfältig alles vermieden wurde, was diese Armee desorganisieren konnte. Hieraus ergab sich zunächst die Schlussfolgerung, dass die Agrarreform bis zur Einberufung der Konstituierenden Versammlung vertagt wurde, da eine revolutionäre Bodenenteignung und die Aufteilung der Gutsländereien unvermeidlich die Desertion von Millionen Bauernsoldaten von der Front nach sich gezogen hätte, die bei der Aufteilung des Grund- und Bodens dabei sein wollten.«[171]

So konnte die Sowjetmehrheit in der Agrarfrage verbal für entschiedene Reformen eintreten, aber indem sie ihre Umsetzung auf die Zeit nach der Einberufung der Konstituierenden Versammlung verschob, geschah in der Praxis für die Bauern sehr wenig. Jeder Versuch einer früheren Lösung der Agrarfrage – also vor der Einberufung der Konstituierenden Versammlung – hätte sowohl das Bündnis mit den Bürgerlichen gefährdet als auch die Bauern aus den Schützengräben nach Hause geholt, denn bei der Verteilung des Bodens wollte jeder Bauer seinen Anspruch selbst vertreten. Der liberale Landadel hatte ebenso wenig wie der konservative Großgrundbesitz oder das Kapital ein Interesse daran, eine Agrarreform durchzuführen, solange der Bauer der Waffenträger der Nation war und mit dem Gewehr seine Forderungen gegen die Gutsbesitzer durchsetzen konnte. Die Lösung der Agrarfrage durch die konstituierende Versammlung, deren Wahltermin irgendwann in der Zukunft liegen sollte, war der logische Kompromiss und engte den politischen Handlungsspielraum der kleinbürgerlichen Sowjetmehrheit ernsthaft ein.

Der Landwirtschaftsminister Tschernow hatte Ende Juni einen Versuch unternommen, der wachsenden Unruhe in der Bauernschaft zu begegnen, indem er die Auflösung der »Landeinrichtungskommissionen« verfügte, jener der Dorfgemeinschaft zutiefst verhassten Kampfinstrumente der Stolypinschen Agrarreform zur kapitalistischen Neuordnung der Agrarverhältnisse. Mitte Juli verbot er außerdem jegliche Art von Landtransfer (Verkauf, Tausch, Verpfändung), um ein Unterlaufen der kommenden Agrarreform durch den Großgrundbesitz zu verhindern. Weiterhin gestand er ohne Zustimmung des damaligen Rumpfkabinetts den stark durch die Dorfgemeinschaft beeinflussten Landkomitees vor Ort das Recht zu, bei Differenzen über den Pachtzins den Zins einseitig festzulegen, Zugtiere an bedürftige Bauern auszuleihen sowie dergleichen mehr.

Alle diese Verordnungen und Gesetze stärkten die Dorfgemeinde und waren erste Ansätze zu einer Verwirklichung des eigentlichen sozialrevo-

---

[171] Martow/Dan 1926, S. 300

lutionären Agrarprogramms. Deshalb verstand die Dorfgemeinde die Reformen auch als ersten Schritt hin zur vollen Verfügung über das Land und begann sie dementsprechend zu handhaben. Gleichzeitig stand Tschernows Vorgehen im diametralen Gegensatz zur Agrarpolitik der Kadetten, die den Grundgedanken der Stolypinschen Reform (Schaffung kapitalistischer Privateigentümer gegen die Dorfgemeinde) entschieden verteidigten und deshalb eine Pressekampagne gegen den Landwirtschaftsminister entfachten. Aber die sozialrevolutionären Sowjetführer wurden von ihrer bäuerlichen Basis gezwungen, Tschernow im Amt zu lassen, so dass die Kadetten schließlich klein beigeben mussten.

Abgesehen von der erneuten Niederlage der bürgerlichen Kräfte verdeutlicht der Streit zwischen Sowjetführung und Kadetten, wie schwierig es nach den Juli-Tagen war, zu einer neuen Machtverteilung in der Regierung zu gelangen. Anfang August hatte man sich endlich auf die neue Koalitionsregierung mit vier Kadettenministern und einer eindeutigen sozialistischen Mehrheit geeinigt. Verlierer der Regierungsbildung »waren letztendlich wieder die konservativen Kadetten um Miljukow. ... Das Kräfteverhältnis hatte sich verkehrt: Die zweite Koalition schien einer rein sozialistischen Regierung und der ausschließlichen Macht der Räte ziemlich nahe zu kommen.«[172]

Trotz seiner Niederlage bezeichnete Miljukow die zweite Koalitionsregierung im Nachhinein als einen Schritt nach rechts, eine These, die vielfach geteilt wird, auch in der marxistischen Geschichtsschreibung. Grundlage für diese Auffassung ist der Tatbestand, dass die neuen sozialistischen Minister, mit Ausnahme Tschernows, jeweils vom rechten Flügel der Sowjetparteien kamen und die neue Regierung erklärte, dass ihre Minister nicht mehr dem Sowjet für ihre Tätigkeit verantwortlich seien. Doch diese vermeintliche Rechtsentwicklung auf Regierungsebene spielte sich im luftleeren Raum ab, denn de facto konnte die Regierung weniger denn je gegen die Sowjets regieren, und in diesen vollzog sich eine unaufhaltsame Linksentwicklung.

Die militärische Niederlage in der Kerenski-Offensive leitete im Land und in der Armee die Abwendung der Bauernschaft von Kerenski und den rechten Sozialrevolutionären ein. Die »revolutionäre Vaterlandsverteidigung« verlor an Anhängern sowohl in der Bauernschaft als auch im städtischen Kleinbürgertum, sie kostete Opfer und brachte den Bauern kein

---

[172] Hildermeier 1989, S. 181-182

Land, den Arbeitern kein Brot und dem gesamten Volk keinen Frieden. Die dritte Provisorische Regierung konnte bei dieser Entwicklung nur mit einer Duldung, aber kaum noch mit einer aktiven Unterstützung durch den Sowjet rechnen. Eine erneute militärische Offensive war unter diesen Bedingungen ebenso wenig möglich wie eine ernsthafte Verfolgung der Bolschewiki. Gegen die Sowjets konnte keine wesentliche politische Frage entschieden werden, alle Versuche dazu mussten scheitern.

Moskauer Staatsberatung und »Kornilowiade«

Durch die Einberufung der sogenannten Moskauer Staatsberatung versuchte die Regierung, jenseits der sich radikalisierenden Sowjets eine breitere gesellschaftliche Basis für ihre Arbeit zu finden. Eingeladen waren u.a. Delegationen von der alten zaristischen Duma, den Gewerkschaften, von Handels- und Industrieverbänden, den Semstwos, der Armee und den Sowjets. Von Seiten des sozialrevolutionär-menschewistischen Mehrheitsflügels des Sowjets war die Staatsberatung als neuer Versuch gedacht, die Koalition mit der Bourgeoisie zu konsolidieren, indem den bürgerlichen Kräften durch die Auswahl der Delegierten eine Vertretung gewährt wurde, die weit über ihre gesellschaftliche Bedeutung hinausging. So wurde die Beratung zu einer über große Strecken realitätsfernen Debatte über die Möglichkeiten des bürgerlichen politischen Einflusses auf die künftige Entwicklung Russlands.

Währenddessen hatte der von Miljukow geführte rechte Kadettenflügel nach den Juli-Ereignissen jegliche Hoffnung auf eine Regierungsbeteiligung in einer Koalitionsregierung aufgegeben und strebte nun eine Militärdiktatur zur Zerschlagung des Sowjets an; als Vollstrecker war dafür General Kornilow vorgesehen, der Oberbefehlshaber der russischen Truppen. Zwei unterschiedliche Konzeptionen standen sich deshalb auf der Staatsberatung gegenüber. Die eine plädierte für die Fortsetzung der Koalitionspolitik mit den kleinbürgerlichen Sowjetparteien; sie wurde von der Masse der Armee, den linken Kadetten, den Gewerkschaften und der Sowjetmehrheit verfochten. Die Militärherrschaftskonzeption wurde von der Armeeführung, den rechten Kadetten um Miljukow, Teilen des Großgrundbesitzes und den Alliierten favorisiert.

Zu bemerken ist, dass beide Modelle keine Formen bürgerlicher Herrschaft darstellten, sondern auf eine untergeordnete und eingegrenzte Teilhabe der Bourgeoisie an der Macht hinausliefen. Über die Möglichkeiten einer eigenständigen Klassenherrschaft diskutierte die russische Bourgeoisie schon nicht mehr. Vorerst aber stand die Machtprobe zwischen den zwei Wegen bürgerlicher Machtbeteiligung noch aus.

Während Miljukow auf der Staatskonferenz Besprechungen mit den Verschwörern führte, beschwor Kerenski die Unausweichlichkeit einer Koalitionsregierung. Gleichzeitig war er aber von den rechten Kadetten und den Alliierten als feste Größe für die Einrichtung eines drei- bis fünfköpfigen Direktoriums im Rahmen der Militärdiktatur vorgesehen; als Überrest des Sowjets sollte er das demokratische Feigenblatt für die Konterrevolution abgeben. Dieses Konzept wurde auch vom englischen Botschafter in Petrograd favorisiert. »Obwohl alle meine Sympathien auf Seite Kornilows waren, hatte ich immer von einem militärischen Handstreich nachdrücklich abgeraten, denn Russlands einzige Hoffnung auf Rettung lag in einer engen Arbeitsgemeinschaft zwischen ihm und Kerenski. Kornilow, der kein Reaktionär war, ... wäre wohl bereit gewesen, mit Kerenski zu arbeiten, doch dahinter standen Männer, die die Regierung seit Wochen stürzen wollten. Das Geheimnis dieser Gegenrevolution kannten so viele Menschen, dass es schon lange kein Geheimnis mehr war. Auch Kerenski wusste davon ...«[173]

Bezeichnend für die Chancen einer Militärdiktatur war die Haltung der Armeevertreter beim Auftreten des auserkorenen Diktators in der Staatsberatung. Während rechte bürgerliche Kreise und die Armeeführung Kornilow mit stehenden Ovationen begrüßten, blieben die Vertreter der Armee schweigend sitzen. Und als der Kosaken-General Kaledin, ein Anhänger der Diktatur, verkündete, im Namen von zwölf Kosakenterritorien zu sprechen, widersprach ihm ein Leutnant von der Kaukasusfront mit dem Hinweis, dass das Gros der Kosaken auf die antisowjetische Fanfare Kaledins nicht hören würde. Die bewaffnete Bauernschaft verweigerte einem Militärdiktator bereits im August in der Staatsberatung die Gefolgschaft.

Inzwischen hatte Kerenski von einem ehemaligen Mitglied der Provisorischen Regierung erfahren, wie die Stimmung im Armeehauptquartier war und welche Pläne die hinter Kornilow stehenden Kräfte mit der Sowjetführung und ihm selber hatten. Über sein weiteres politisches Schicksal war u.a. der Satz gefallen: »Den Namen Kerenski brauchen wir, um die Soldaten etwa zehn Tage bei der Stange zu halten, danach wird er elimi-

---

[173] Tagebucheintrag vom 12.09.1917; Buchanan 1926, S. 229f.

niert.«[174] Nach diesen Informationen war er nicht mehr bereit, weiterhin die Verschwörung Kornilows zu decken oder mit ihm zusammen ein Direktorium zu bilden, wie es die Pläne Miljukows und der Alliierten vorsahen. Er enttarnte die von ihm selber mitgetragene Verschwörung und entließ Kornilow als Oberkommandierenden.

Der wirklichkeitsfremde Zug in den Debatten der Moskauer Staatsberatung lag vor allem an der Ausblendung des Stimmungsumschwungs innerhalb der bäuerlichen Armee sowie der weiteren Radikalisierung des Proletariats. Der Generalstreik, mit dem das Moskauer Proletariat die Delegierten der Staatsberatung empfing, war ebenso wie die Ausführungen der Armeevertreter in der Staatsberatung ein Symptom für die sich vor den Augen der Delegierten vollziehende Entwicklung, d. h. für die Abwendung der Bauernschaft von der immer unbeliebteren Koalition mit der Bourgeoisie und die Hinwendung zu einem Bündnis mit dem von der bolschewistischen Partei geführten Proletariat.

Der Kornilow-Putsch

Dass es aber gerade auf diese Bauernschaft ankam, war auch dem intellektuell nicht besonders begabten Kornilow klar, der nach seiner Entlassung handeln musste und die bereits im weiteren Umfeld Petrograds stationierten Truppen gegen Regierung und Sowjet marschieren ließ. In seinem Aufruf zum Militärputsch bekundete er: »Ich, General Kornilow, der Sohn eines Kosakenbauern, sage einem jeden, dass ich persönlich nichts anderes als die Erhaltung Großrusslands begehre, und ich gelobe, dem Volk durch den Sieg über den Feind die Konstituierende Versammlung zu bescheren, in der es sein Schicksal selbst entscheiden und die Form seines neues Staatslebens wählen wird.«[175] Was kann den Charakter der russischen Revolution deutlicher enthüllen als die Tatsache, dass selbst der vom Großgrundbesitz, der rechten Bourgeoisie, der Armeeführung und den Alliierten favorisierte Militärdiktator erst einmal seine bäuerliche Herkunft beschwören muss, um Anspruch auf die Macht zu erheben?

Darüber hinaus reduzierte sich sein politisches Konzept auf die Wiederherstellung der Disziplin in der Armee, die Erhaltung Großrusslands (von Miljukows weitergehender imperialer Zielsetzung kein Wort) und das Versprechen der Einberufung der Konstituierenden Versammlung, die die

---

[174] Rabinowitsch 2012, S. 179
[175] Chamberlin 1958, S. 197

künftige Staatsform festlegen sollte. Das erscheint als Programm der Konterrevolution äußerst gemäßigt, der Unterschied zu Kerenski ist auf den ersten Blick kaum zu erkennen.

Der reale Unterschied bestand in der konsequenten Absicht, die Macht des Sowjets über die Armee und die Hauptstadt zu brechen. In diesem Ziel trafen sich Kornilows Absichten zwar faktisch mit denen Kerenskis, der dies im Vorfeld seiner Juni-Offensive und nach den Juli-Tagen ebenfalls wiederholt versucht hatte, da aber Kerenskis Rolle und Bedeutung von der Existenz des Sowjets abhing, waren seinen Versuchen enge Grenzen gesetzt gewesen. Letztlich hatten alle seine Bemühungen, die Macht des Sowjets über die Armee einzugrenzen, nur zum Verlust seines Ansehens und seiner Autorität in der Armee, im Kleinbürgertum und vor allem in der Bauernschaft geführt. Nach den Juli-Tagen, als Kerenski auch offiziell zur zentralen Figur der Revolution aufstieg und Ministerpräsident wurde, befand sich seine Popularität bereits auf dem absteigenden Ast. Das Petrograder Proletariat hatte sich im Juni von ihm abgewandt und die Bauernschaft begann nach der Niederlage an der Front nach links, zu einem Bündnis mit dem Proletariat, abzuschwenken.

An dem Ziel aber, das bereits Kerenski verfehlt hatte, musste erst recht ein ehemaliger zaristischer General scheitern. Sein Versuch, die Disziplin in der Armee wieder herzustellen und die Macht des Sowjets zu beseitigen, wurde von der Bauernschaft als Brechung ihrer politischen Macht über die Revolution begriffen. Somit standen die Bauernschaft und ihre Armee geschlossen gegen Kornilow. Als er sich anschickte, gestützt auf die privilegierte Wehrbauernschaft der Kosaken und die »Wilde Division« (aus Angehörigen noch weitgehend unzivilisierter Bergvölker), gegen Petrograd vorzurücken, scheiterte er bereits im Ansatz, denn keiner seiner Verbände erreichte Petrograd, alle gingen vorher auf die Seite des Sowjets über. »Durch die Nachricht von Kornilows Angriff angestachelt, erhoben sich augenblicklich alle politischen Organisationen links von den Kadetten, alle Arbeiterorganisationen, die irgendeine Bedeutung hatten, und die Soldaten- und Matrosenkomitees auf allen Ebenen, um gegen Kornilow zu kämpfen. Es dürfte schwierig sein, in der neueren Geschichte ein mächtigeres, wirkungsvolleres Beispiel einer weitgehend spontanen und vereinten politischen Massenaktion zu finden.«[176]

---

[176] Rabinowitsch 2012, S. 204

Niedergang der Kadetten und Sozialrevolutionäre

Die »Kornilowiade« war die dritte und letzte politische Fehleinschätzung der durch Miljukow vertretenen rechten Kadettenkreise. Nach der ersten Krise im April verschwanden die rechten Kadetten aus der Regierung, nach der zweiten Krise im Juli verloren die Kadetten die bürgerliche Regierungsmehrheit, nach der dritten landeten sie zeitlich noch vor den Menschewiken und Sozialrevolutionären auf dem von Trotzki kurze Zeit später entdeckten »Müllhaufen der Geschichte«. Nach dieser Niederlage glaubten nur noch die Marxisten an die Möglichkeit einer politischen Herrschaft (oder ernsthaften Machtbeteiligung) der Bourgeoisie in Russland.

Der Putschversuch beschleunigte die Linksentwicklung der Bauernschaft. Sie hatte nicht vergessen, dass es Kerenski war, der General Brusilow als Oberbefehlshaber der Armee abgesetzt und den kosakischen Reaktionär Kornilow, der bereits im April 1917 bewaffnet gegen den Sowjet vorgehen wollte, berufen hatte. Ihr entging auch nicht, dass Kornilows Programm nichts anderes war als eine radikalere und offen militärische Umsetzung der Versuche Kerenskis, die Macht des Sowjets über die Armee zu brechen. Ebenso registrierte sie, dass Kerenski Teil der Kornilowiade gewesen war und erst im letzten Moment absprang, als er erkannte, dass auch er ein Opfer des Umsturzes werden könnte.

Die »Kornilowiade« bedeutete das Ende des politischen Einflusses Kerenskis auf das städtische und ländliche Kleinbürgertum, denn sie ermöglichte es, das politische Wesen und Programm Kerenskis zu erkennen. Die Schlussfolgerung des städtischen Kleinbürgertums und der Bauernschaft bestand in der Abwendung von den Koalitionsparteien und der Hinwendung zum Proletariat. »Wer noch eine Bestätigung für den politischen Erdrutsch brauchte, der sich vor allen Augen vollzog, konnte sie den Wahlen zu den Moskauer Stadtbezirksräten am 24. September entnehmen. Im Vergleich zu den Juni-Wahlen verloren die Sozialrevolutionäre über 40% der Stimmen (14,4% gegenüber 56,2%), die Menschewiki etwa 8% (4,1% gegenüber 12,6%). In Massen strömten die Wähler, insbesondere die Soldaten, den Bolschewiki zu: Der Sprung von 11,5% auf 50,9% war ein Triumph, der weit über den kommunalen Rahmen hinauswirkte.«[177]

Die Wählerwanderung von rund 40% der sozialrevolutionären Wähler zu den Bolschewiki musste heftige innere Kämpfe in der Sozialrevolutionären Partei hervorrufen. Tschernow, der von Miljukows Kadettenflügel

---
[177] Hildermeier 1989, S. 227

so heftig befehdete Landwirtschaftsminister der zweiten und dritten Provisorischen Regierung, versuchte, die Partei auf eine reine Sowjetregierung festzulegen, konnte sich aber nicht durchsetzen. Während ihr Masseneinfluss fortwährend sank, hielt die Sowjetmehrheit der Sozialrevolutionäre an einem Bündnis mit dem bürgerlichen Lager fest. Gleichzeitig erstarkte der linke Flügel der Sozialrevolutionäre, der im Gegensatz zur Gesamtpartei die lauter werdenden Rufe der Bauern nach der schwarzen Umteilung bedingungslos unterstützte. Mit der Demissionierung Tschernows von seinem Posten als Landwirtschaftsminister war der Weg frei für die fast vollständige Abwendung der Bauernschaft von der Provisorischen Regierung.

Im Zuge der jetzt rapide verlaufenen Entwicklung bauten die Linken Sozialrevolutionäre und die Bolschewiki ihren Einfluss in den Sowjets aus. Am 31. August nahm der hauptstädtische Sowjet eine bolschewistische Resolution gegen die Koalition mit der Bourgeoisie an. Der Petrograder Sowjet, bisher für den gesamten Revolutionsverlauf entscheidend, war bolschewistisch geworden.

Letzte Manöver der Kerenski-Regierung

Im Zusammenhang mit dem gescheiterten Kornilow-Putsch trat die dritte Provisorische Regierung geschlossen zurück, um Kerenski die Möglichkeit zu geben, eine neue Regierung zu bilden. Wie bisher wollten die führenden Vertreter der Sozialrevolutionäre und Menschewiki erneut eine Koalition mit der Bourgeoisie auf den Weg bringen. Die Voraussetzungen dazu waren aber deutlich schlechter geworden. Die Unterstützung durch einen neuen Sowjetkongress war mehr als fraglich, denn selbst die Mehrheit des alten Sowjets war nicht mehr bereit, mit den Kadetten, den Hintermännern der Kornilowiade, eine Regierung zu bilden. Umgekehrt waren aber auch die Kadetten kaum mehr zu einer Koalition zu bewegen, weil der mangelnde Masseneinfluss der kleinbürgerlichen Sowjetparteien, ihrer bisherigen Verbündeten, immer deutlicher hervortrat. Das Projekt einer erneuten Koalitionsregierung hatte keine gesellschaftliche Basis mehr.

Kerenskis letztes Manöver zur Rettung einer Koalitionsregierung und seiner Stellung war die Einberufung einer »Demokratischen Konferenz« nach Petrograd. Diese Konferenz sollte »kein Forum der ganzen Nation sein, sondern nur die Säulen der Februarordnung repräsentieren. Unternehmer und Großagrarier blieben ebenso ausgeschlossen wie die Kadetten.«[178] Als Ergänzung der Sowjets wurden Delegierte der Gewerkschaften, der Kooperativen, der Armeekomitees, nationaler Organisationen, Stadtdumen und Semstwos eingeladen. Aber selbst diese Erweiterung der Sowjets nach rechts erbrachte keine eindeutigen Mehrheiten für eine erneute Koalitionsregierung. Mal sprach sich die Konferenz knapp für eine Koalition mit der Bourgeoisie aus, um dann mit ihrer nächsten Resolution die Kadetten, den einzig möglichen ernsthaften bürgerlichen Koalitionspartner, auszuschließen. Die Koalition besaß keine Mehrheit im Volk mehr.

Als offenbar wurde, dass die »Demokratische Konferenz« sich nur diskreditieren würde, wenn sie Kerenskis Plänen eine Delegiertenmehrheit verschaffte, sollte den Ausweg aus der Krise ein sogenanntes Vorparlament bringen, mit dessen Konstituierung Kerenski erneut versuchte, die politische Legitimierung der Regierung vom Sowjet zu lösen. Im Gegensatz zur »Demokratischen Konferenz« repräsentierte dieses Vorparlament wieder alle sozialen Schichten. Zu den 367 Vertretern der »revolutionären Demokratie« (die Sowjetparteien) kamen noch 150 Vertreter des »bürgerlichen Russlands«, angeführt von den Kadetten.

Dieses Konstrukt ohne eigentliche politische Legitimation sollte die Grundlage, sozusagen eine Art Parlamentsersatz, für die vierte Provisorische Regierung bilden, die Kerenski Ende September mit zweit- und drittrangigen Sowjetvertretern sowie »der Riege Moskauer Liberaler«, d.h. Konowalow, Tretjakow, Fechkin und Tereschtschenko, gebildet hatte. Das Fehlen prominenter Sowjetvertreter war eine Folge der weiteren Linksentwicklung der Rätebewegung; führende Sowjetfunktionen und Ministerposten schlossen sich inzwischen aus. »Kerenski blieb Ministerpräsident und Oberbefehlshaber. Im Übrigen enthielt die Kabinettsliste fast nur unbekannte Namen.«[179] Die neue Regierung war zugleich die letzte und verdiente kaum noch diesen Namen. Wenige Wochen später wurde sie mit Kerenski an der Spitze durch kaum mehr als einen Federstrich beseitigt.

---

[178] Ebd., S. 224
[179] Ebd., S. 225

Bauernrevolution und Oktoberumsturz

Die mit dem Kornilow-Putsch verbundene weitere Linksentwicklung der Bauernschaft vollzog sich auf dem Boden der jahreszeitlich bedingten erneuten Belebung der Agrarrevolution. Nach der schlechten Ernte des Sommers 1917 nahm die bäuerliche Bewegung gegen den privaten Großgrundbesitz und gegen jene Einzelbauern, die die Dorfgemeinde verlassen hatten, massenhafte Formen an. Die Dorfgemeinde war die ökonomische und politische Organisationsform der sich ausbreitenden bäuerlichen Agrarrevolution.

»Die Fieberkurve des bäuerlichen Aufruhrs stieg von April bis Mitte Juli steil an. Die deutliche Abflachung in den Hochsommerwochen bis Ende August zeigte keine Normalisierung an. Sie dokumentierte lediglich, dass die Unruhen immer noch dem saisonalen Zyklus folgten. Nach der Ernte flammte die Empörung wieder auf und brachte in einem Ausmaß Gewalt und Panik über das Land, wie man es seit 1905 nicht mehr gesehen hatte. ... Nicht nur darin wirkten hergebrachte Muster des bäuerlichen Protest- und Sozialverhaltens fort. In ihrer ganzen Erscheinungsform folgte die dörfliche Revolution des Jahres 1917 weitgehend den gewohnten Bahnen. Sie wurde nach wie vor von der Dorfgemeinde getragen, auch wenn diese häufig unter anderem Namen als Dorfkomitee in Erscheinung trat. ... Was an neuen Zügen hinzukam, ergab sich aus der Gültigkeit der alten Formen und Motive. ... Neu waren Gegner, die in besonderem Maße vom Zorn der Aufständischen heimgesucht wurden: die einstigen Dorfgenossen, die im Gefolge der Stolypinschen Reform der Dorfgemeinde den Rücken gekehrt hatten. ... Die Heimgesuchten wurden zur Zielscheibe wütender Attacken nicht allein wegen ihres überdurchschnittlichen Wohlstandes, über den sie in der Regel verfügten. Vor allem zogen sie den Zorn auf sich, weil sie gegen die herkömmliche Ordnung verstoßen ... hatten. Denn wenn es in der Revolution und im Bürgerkrieg auf dem Dorfe einen Sieger gab, dann war es die traditionelle Lebens- und Wirtschaftsform in Gestalt der Dorfgemeinde.«[180]

Im April hatte Lenin als hypothetische Möglichkeit erwähnt, dass eine neue Etappe der bürgerlichen Revolution (statt des Übergangs zur sozialistischen Revolution) beginnen würde, falls die Bauernschaft entgegen seiner Erwartungen in ihrer Gesamtheit »wider die Bourgeoisie vom Grund

---
[180] Ebd., S. 202ff.

und Boden und von der Macht Besitz ergreifen« würde.[181] Damals hatte er diese Perspektive gegen Kamenew als rein theoretische Spekulation abgetan und als »Wirklichkeit« stattdessen eine Bewegung von Landarbeitern und armen Bauern ausgemacht, auf deren Boden es erforderlich sei, die bolschewistische Strategie auf den Übergang zur sozialistischen Revolution mit Hilfe eines neuen Klassenbündnisses umzustellen.

Nach der Ernteperiode des Spätsommers 1917 verwiesen die Muschiks diese Annahmen ins Reich der Spekulation. Nicht die Landarmut ging daran, den Klassenkampf gegen die Kulaken zu führen, sondern die Bauernschaft »in ihrer Gesamtheit« brach los, um von dem Land der Gutsbesitzer und der Kirche sowie von der Macht Besitz zu ergreifen. Und der Träger dieser Bewegung war nicht der bürgerliche Farmer-Bauer, den Lenin nach 1905 entdeckt hatte, sondern die mittelalterliche Dorfgemeinde, deren Ableben er in langen Erwägungen behauptet hatte.

Sie stellte die entscheidende Organisationsform der bäuerlichen Agrarrevolution dar und war die hauptsächliche Gewinnerin der agrarischen Umwälzung. Ihr Vorgehen gegen den Einzelbauern, der sie im Zuge der Stolypinschen Reform verlassen hatte, holte nicht nur das verloren gegangene Land in die Dorfgemeinde zurück, es richtete sich gegen den zaristisch-bürgerlichen Weg der Entwicklung des Kapitalismus in der Landwirtschaft insgesamt. Die Frage war, inwieweit die Revolution unter diesen Umständen das Prädikat »bürgerlich« verdiente.

Der Oktoberumsturz

Die Abwendung der Bauernschaft von Kerenski, die sich im Juli/August 1917 vollzog, verlangte nach einer politischen Alternative zur Provisorischen Regierung. Die bisherige Mehrheit des Sowjets weigerte sich jedoch weiterhin, die politische Macht in die eigenen Hände zu nehmen. Entsprechend dem Stimmungsumschwung unter der Bauernschaft forderte die bolschewistische Partei die baldige Einberufung eines neuen Sowjetkongresses, der mit Sicherheit weit links von einer Koalition mit der Bourgeoisie stehen würde. Auf dem Boden dieser neuen Sowjetmehrheit wäre die Bildung einer gemeinsamen sozialistischen Regierung, wie sie inzwischen von bedeutenden Teilen der Menschewiki und Sozialrevolutionäre gefordert wurde, möglich gewesen.

---

[181] LW 24, S. 30

Während eine künftige Sowjetmehrheit für eine rein sozialistische Regierung ziemlich sicher war, ließ sich dasselbe für eine eigenständige bolschewistische Machtergreifung nicht sagen. Lenin favorisierte u.a. deshalb seit September entschieden den bewaffneten Aufstand der Partei ganz unabhängig von künftigen Sowjetmehrheiten. Die Partei müsse unverzüglich die ganze Macht ergreifen, den Bauern das Land geben und den sofortigen Frieden anbieten. Diesen Aufstand sollte sie unbedingt vor dem Zusammentritt des nächsten Sowjetkongresses durchführen, denn die Mehrheit der Arbeiter, Bauern und Soldaten würde die neue Macht aufgrund der unverzüglichen Umsetzung ihrer politischen und sozialen Forderungen tragen.

Tatsächlich erfolgte die Machtergreifung aber nicht, wie Lenin gefordert hatte, unabhängig vom Zusammentritt des Sowjetkongresses, sondern zeitgleich. Militärisch erfolgte sie auch nicht als Aufstand der Bolschewiki, sondern als formelle Machtübernahme des »Militärrevolutionären Komitees des Petrograder Sowjets« über die Garnison der Stadt. Der Sturm auf das Winterpalais, dieses Symbol der siegreichen Oktoberrevolution, war eine spätere, aber logische Folge dieser Machtübernahme.

Das Militärrevolutionäre Komitee verlangte unter Trotzkis Führung vom Oberkommandierenden des Petrograder Militärbezirks das Recht auf Gegenzeichnung aller seiner Befehle. Nach der Zurückweisung dieser Forderung erließ das Komitee folgenden Aufruf: »Auf der Sitzung vom 21. Oktober hat sich die revolutionäre Garnison von Petrograd um das Militärrevolutionäre Komitee als um ihr Führungsorgan geschart. Dennoch hat der Stab des Petrograder Wehrkreises das Militärrevolutionäre Komitee nicht anerkannt und sich geweigert, die Arbeit gemeinsam mit Vertretern der Soldatensektion des Sowjets durchzuführen. Damit hat der Stab mit der Garnison und dem Petrograder Sowjet gebrochen. Indem der Stab aber mit der organisierten Garnison der Hauptstadt bricht, wird er zu einem Werkzeug der konterrevolutionären Kräfte. ... Soldaten von Petrograd! Es ist eure Aufgabe, unter der Leitung des Militärrevolutionären Komitees für die Sicherung der revolutionären Ordnung gegen konterrevolutionäre Anschläge zu sorgen. Alle die Garnison betreffenden Befehle, die nicht die Unterschrift des Militärrevolutionären Komitees tragen, sind ungültig.«

Dies war eine kaum verhüllte Mitteilung an die Regierung und die regionale Armeeführung, dass der Sowjet in Gestalt des Militärrevolutionären Komitees die Staatsgewalt zu übernehmen gedachte. Mit den Lehren von der Durchführung eines bewaffneten Aufstandes hatte diese Ankündigung wenig zu tun, lief sie doch quasi auf die Aufforderung zur Vorbereitung von

Gegenmaßnahmen hinaus. Dass jedoch weder die Provisorische Regierung noch die Armeeführung den angemeldeten Aufstand niederschlagen konnten, lag jenseits der Unfähigkeit dieser Institutionen an der Tatsache, dass die Armee, wie im Februar beim Zarensturz, im Oktober beim Sturz Kerenskis nicht mehr zur Verteidigung der Regierung bereit war. Mit vollem Recht folgert Suchanow: »Im Grunde vollzog sich der Umsturz in dem Augenblick, als die Petrograder Garnison, die die Stütze der Provisorischen Regierung sein sollte, den Sowjet als ihre oberste Autorität und das Militärrevolutionäre Komitee als ihren unmittelbaren Vorgesetzten anerkannte. ... Schon am 21. Oktober war die Provisorische Regierung abgesetzt worden und existierte für das Gebiet der Hauptstadt nicht mehr.«[182]

Auf Anweisung des Militärrevolutionären Komitees besetzten Einheiten der Garnison zusammen mit aufständischen Matrosen und der Roten Garde in den folgenden Tagen die strategisch wichtigen Punkte der Stadt und verhafteten am Schluss die Regierung im Winterpalais. Der »bewaffnete Aufstand des Petrograder Proletariats« siegte deshalb weitgehend unblutig, weil er unter dem Schutz der Petrograder Garnison, die die Macht bereits zwei Tage zuvor faktisch übernommen hatte, vollzogen wurde. Auch hier erwies sich die von Bauernsoldaten bestimmte Garnison als Schirmherrin des Umsturzes.

Das Neue des Oktoberumsturzes

Die Marxisten tun sich bis heute unglaublich schwer, die bäuerliche Seite des Oktobers zu akzeptieren. Das von Beginn an vorhandene Unverständnis tritt nirgends so offen zutage wie in der Beschreibung der Ereignisse durch Suchanow, der als Mitglied des Exekutivkomitees des Petrograder Sowjets dessen Politik an führender Stelle mitgestaltete. Als gebildeter Marxist war er gleichzeitig ein scharfsinniger Beobachter des Revolutionsprozesses, der einen gänzlich anderen Verlauf nahm, als die Marxisten und er selber bis dahin angenommen hatten. Er notierte in seinem »Tagebuch der russischen Revolution« mit unverkennbarem inneren Abstand, dass »die Soldatenmassen in Petrograd« im Februar/März 1917 »nicht nur nicht bereit (waren), etwas über den Frieden zu hören, sie waren nicht einmal bereit, darüber mit sich reden zu lassen ... Später allerdings, ... nach einigen Monaten ... stürzten dieselben Massen, dieselbe finstere Naturgewalt Hals

---

[182] Suchanow 1967, S. 620

über Kopf hinter denen her, die sie zum Verlassen der Gräben aufforderten und nach Hause riefen, um dort ›das Geraubte zu rauben.‹«

Im Prinzip hatten die Bauern nur ein sehr begrenztes politisches Programm – wobei der Begriff selber bereits zu weit greift, denn es bestand letztlich aus nicht mehr als zwei Punkten: ein Ende des Krieges und das gesamte, ihnen in der Vergangenheit »geraubte« Land zu ihrer Nutzung. Wie man diese Ziele während des Weltkriegs erreichen könnte, darüber besaßen sie im Februar 1917 ebenso wenig Klarheit wie ihre politische Vertretung in den Sowjets, die verschiedenen Flügel der Sozialrevolutionären Partei. Erst in den Monaten nach der Februarrevolution bildeten sich die bäuerlichen Vorstellungen deutlicher heraus, und was Suchanow mit spitzer Feder beschreibt, ist nichts anderes als der innerhalb kürzester Zeit ablaufende Bewusstwerdungsprozess der Bauernschaft über ihre Ziele in der Revolution.

Welche Konsequenzen das hatte, stellt Suchanow ebenso offen wie einprägsam dar: »Die unmittelbare Beteiligung der Armee an der Revolution war nichts anderes als eine Form der Einmischung der Bauernschaft in den revolutionären Prozess gewesen. Von meinem marxistischen Standpunkt aus war das eine gänzlich unangebrachte Einmischung, ein zutiefst schädliches Eindringen, das noch dazu keineswegs zwangsläufig, sondern allein durch besondere Umstände zu erklären war. Die Bauernschaft, die einzig und allein nach Land dürstete, hatte als Hauptelement der Bevölkerung die Möglichkeit abseits zu bleiben, Neutralität zu wahren und im Hauptdrama, an der Hauptfront der Revolution, niemanden zu stören. Nachdem sie irgendwo in der Tiefe der Provinz ein wenig Lärm geschlagen, einige Gutshäuser angezündet und ein wenig herumgeplündert hätte, hätte sie ihren Fetzen Land erhalten und sich in ihrem ›Idiotismus des Landlebens‹ beruhigt. Der Hegemonie des Proletariats in der Revolution wäre keine Konkurrenz entstanden. Die ihrem Wesen nach allein revolutionäre Klasse hätte die Revolution bis zum gewünschten Ende geführt.«[183]

Mit diesen Ausführungen erkannte er an, dass der Hegemonie des Proletariats in der Revolution eine Konkurrenz entstanden war, die für ihn ein »zutiefst schädliches« Ereignis, eine »unangebrachte Einmischung« darstellte, da die Bauernschaft ja einzig Land haben wollte und nicht den Sozialismus. Mit dieser Auffassung vom Marxismus versperrte man sich jeden Zugang zum Verständnis der russischen Revolution, denn ohne das Über-

---

[183] Suchanow 1967, S. 204-206

laufen der bäuerlichen Armee wäre der Sieg im Februar in Petrograd und im ganzen Land nicht möglich gewesen. Die Schwierigkeit war, dass man nach den früheren Revolutionserfahrungen davon ausging, dass die unorganisierte Bauernschaft aufgrund ihrer zersplitterten Produktionsweise nicht zu einem koordinierten politisch-militärischen Vorgehen in der Lage war; dazu war nach allgemeiner Überzeugung nur das Proletariat fähig. Jetzt war diese Bauernschaft jedoch nicht nur als Armee organisiert, vor allem hatte sie über die von ihr dominierten Sowjets die Macht in der Hand, und die gebrauchte sie zur Erreichung ihrer Ziele.

Was das bedeutete, bekam Suchanow im Petrograder Sowjet handfest zu spüren. Er war einer der Architekten aus den Reihen des Sowjets, der als überzeugter Marxist die Bildung der ersten Provisorischen Regierung mitorganisierte, um die Bourgeoisie an die Macht zu bringen, die ihr nach dem Dogma des angenommenen Revolutionsschemas gebührte. Allerdings hielt sich die Bauernschaft nicht lange an dieses Schema. Von Monat zu Monat wurde sie sich ihrer Ziele bewusster und belehrte Suchanow und die gesamte Sowjetführung handfest, wer das entscheidende Gewicht auf die Waage der Revolution legen konnte.

Im September-Oktober 1917 zogen die Bauern die Lehren aus der April-Krise, der gescheiterten Kerenski-Offensive und der anschließenden Kornilowiade sowohl praktisch als auch politisch – praktisch, indem sie massenhaft begannen, sich das Land zu nehmen und den Krieg einzustellen, politisch, indem sie sich der Partei zuwandten, die bereit war, ihnen das Land zu garantierten und den Krieg zu beenden. Dies war das Programm der Bolschewiki, die zu diesem Zeitpunkt bereits die Mehrheit des russischen Proletariats hinter sich vereint hatten.

Mit der Abwendung der Bauernschaft vom Bündnis mit der Bourgeoisie, mit ihrer Loslösung aus der kleinbürgerlich geprägten Führung der alten Sowjetmehrheit, eröffnete sie dem russischen Proletariat die Möglichkeit, die Staatsmacht zu ergreifen und zu behalten. Der Preis für die proletarische Macht war eine antikapitalistische, rückwärtsgewandte Agrarrevolution, die jeden direkten Weg zur sozialistischen Umgestaltung der Gesellschaft versperrte. Lenin und weitere bolschewistische Führer – keineswegs alle – waren bereit, diesen Preis zu zahlen. Über die Rechnung hatten sie im Oktober noch keine Klarheit. Im Frühjahr/Sommer 1918 wurde sie ihnen präsentiert.

Kapitel 7
Die Bewährung der Oktoberrevolution
1918 bis 1920

Mit ihrem ersten Gesetz, dem Agrardekret vom 26.Oktober 1917 über die Sozialisierung des Bodens, erkannte die soeben zur Macht gelangte bolschewistische Regierung die bäuerliche Grundlage der Oktoberrevolution an und schrieb gleichzeitig den spezifischen Charakter der Bauernrevolution fest. Die entscheidenden Passagen des Agrardekrets lauten:
» 1) Das Privateigentum an Grund und Boden wird für immer aufgehoben, der Boden darf weder verkauft, weder in Pacht gegeben noch verpfändet, noch auf irgendeine andere Weise veräußert werden. Der gesamte Boden: die Staats-, Apanage-, Kabinetts-, Kloster-, Kirchen-, Possession-, Majorats- und Privatländereien, das Gemeinde- und Bauernland usw. wird entschädigungslos enteignet, zum Gemeineigentum des Volkes erklärt und allen, die ihn bearbeiten, zur Nutzung übergeben. ...
6) Das Recht auf Bodennutzung erhalten alle Bürger des Russischen Staates (ohne Unterschied des Geschlechts), die den Boden selbst, mit Hilfe ihrer Familie, oder genossenschaftlich bearbeiten wollen, und zwar nur für so lange, wie sie imstande sind, ihn zu bearbeiten. Lohnarbeit wird nicht zugelassen. ...
7) Die Bodennutzung muss ausgleichend sein, d.h. der Boden wird je nach den örtlichen Verhältnissen auf Grund der Arbeitsnorm oder Verbrauchsnorm unter die Werktätigen aufgeteilt.«
In den (Rand-)Gebieten Russlands, in denen die Obscina nie existiert hatte oder mittlerweile untergegangen war, spielte das Landdekret in der Praxis keine Rolle, aber in den russischen Zentralregionen entfaltete es seine Wirkung. »Das ganze agrarische Russland verwandelte sich gleichsam in eine große Föderation bäuerlicher Selbstverwaltungsgemeinden, deren althergebrachte Rechtsauffassung, Sozialorganisation und Mentalität endlich gesetzliche Anerkennung fanden.«[184]
Somit war gesetzlich festgelegt, dass die Stolypinschen Bauern, die nach 1906 die Umteilungsgemeinde verlassen und private Einzelhöfe gegründet

---
[184] Hildermeier 1998, S. 122

hatten, mit Land und Leuten wieder in den Schoß der Obscina zurückkehren mussten. Außerdem schob das Agrardekret mit dem Verbot der Lohnarbeit und anderen Regelungen der bürgerlich-kapitalistischen Entwicklung der Bauernschaft einen Riegel vor.

Die Folgen des Siegs der Dorfgemeinde

Leo N. Kritzman, selbst Bolschewik, beschreibt die Auswirkung der bäuerlichen Landnahme: »Das Gesetz über die Sozialisierung des Grund und Bodens, das alle Forderungen der Bauernschaft in der Agrarfrage verwirklicht hatte, bildete zusammen mit dem Ausscheiden aus dem imperialistischen Krieg die Grundlage für das politische Bündnis zwischen Proletariat und Bauernschaft; dieses Bündnis sicherte dem Proletariat bei der Eroberung der politischen Macht und ihrer Befestigung die Unterstützung der Bauernschaft. Aber dieses Gesetz, das die erste und notwendige Voraussetzung der proletarischen Revolution, die Übernahme der Macht durch das Proletariat, schaffen half, bedeutete gleichzeitig eine wesentliche *Einschränkung der proletarischen Revolution*, in der Landwirtschaft wurden die Großbetriebe nicht vergesellschaftet, sondern vernichtet und zersplittert, statt der proletarischen Expropriation des Kapitals erfolgte eine kleinbürgerliche (bäuerliche) Expropriation. Dies verschärfte nicht nur die *dingliche Einseitigkeit*, die wirtschaftliche Unvollständigkeit der proletarischen Revolution, sondern *schränkte auch die soziale Grundlage der proletarischen Revolution fühlbar ein*.

Millionen von Landarbeitern verschwanden und verwandelten sich zum großen Teil in kleine Eigentümer. Endlich wurde auch die *landwirtschaftliche Basis der Industrie* und der Stadt überhaupt *eingeschränkt*, denn der am meisten vergesellschaftete Teil der Landwirtschaft, dessen Warenproduktion für den Markt am stärksten war, der kapitalistische landwirtschaftliche Großbetrieb, wurde zu einem bäuerlichen Kleinbetrieb, der mehr den Charakter einer Bedarfswirtschaft trug; dieser Rückgang der Warenproduktion der Wirtschaft betrug allein mindestens ein Sechstel der gesamten für den Markt erzeugten Produktion der Landwirtschaft (dem Werte nach).«[185]

Im Jahr 1917 hatte die Zahl der Landarbeiter noch 2,1 Mio. betragen. Bis dahin auf den Latifundien des Landadels oder den Staatsgütern be-

---

[185] Kritzman 1971, S. 72f.

schäftigt, erhielten sie jetzt als Mitglieder der Dorfgemeinde einen Anteil an dem durch die Adelsgüter vergrößerten Gemeindeland. »Unbestritten ist, dass die spontane Umwälzung der Herrschafts- und Besitzverhältnisse auf dem Lande vor allem *einer* Institution zugutekam: der Dorfgemeinde. Die *obscina* ... nahm das Adelsland und die ausgegliederten Einzelhöfe als ganze in Besitz, um sie nach altem Herkommen an ihre Mitglieder auszuteilen. Nivellierung der gesamten Landfläche und Stärkung der obscina gingen Hand in Hand.«[186]

Seit Menschengedenken regelte die Obscina nicht nur die Landverteilung und -bearbeitung, sondern alle internen und externen Angelegenheiten des Dorfes. Nach ihrem vollständigen Sieg hatte die proletarische Staatsmacht auf dem Land eher noch weniger Einfluss als vorher die zaristische. Aufgrund der Sowjetordnung wählten theoretisch alle erwachsenen Dorfbewohner, auch die Frauen und dörflichen Außenseiter, den Dorfsowjet als das höchste Organ der Landgemeinde. Real blieb die zentrale Institution der Gemeinde die Dorfversammlung (Schod), der die männlichen Haushaltsvorstände angehörten. Zudem war der Vorsitzende des Dorfsowjets in den allermeisten Fällen mit dem vom Schod bestimmten Dorfältesten (Starost) identisch. »Der Sowjet mochte vieles beschließen, ausgeführt wurde in der Regel nur das, was der *schod* für wichtig hielt.«[187]

Die Konstituierende Versammlung

Im November löste die Sowjetregierung das zentrale politische Versprechen der Februarrevolution ein und ließ allgemeine Wahlen zu einer Verfassungsgebenden Versammlung durchführen.

Knapp 42 Mio. Stimmen wurden abgegeben, die im Gegensatz zu den früheren Duma-Wahlen gleiches Gewicht hatten. 380 der insgesamt 703 Mandate erhielt allein die Partei der Sozialrevolutionäre. Indessen gehörten davon 81 Mandate den ukrainischen Sozialrevolutionären, die ihre eigene Politik verfolgten sowie 39 den Abgeordnete der Linken Sozialrevolutionäre. 17 Mandate erhielten die Kadetten, 18 die Menschewiki und 168 die Bolschewiki.

Die Linken Sozialrevolutionäre spalteten sich zu dieser Zeit gerade von der sozialrevolutionären Gesamtpartei ab, weil diese die schwarze Umteilung nicht bedingungslos anerkennen wollte. Wegen der Kürze der Zeit

---

[186] Hildermeier 1998, S. 285
[187] Ebd., S. 296

hatten sie nur wenige eigene Kandidaten aufstellen können, deswegen bekannten sich nur 39 Abgeordnete zu ihnen, obwohl ihr realer Einfluss unter den Bauern zu diesem Zeitpunkt weit größer war und den des rechten Flügels aller Voraussicht nach übertraf.[188]

Ende November 1917 gingen die Linken Sozialrevolutionäre eine Regierungskoalition mit den Bolschewiki ein. Sie hatten nicht nur auf dem Land, sondern auch unter den Arbeitern der Städte viele Anhänger und arbeiteten insbesondere in Petrograd eng mit dem linken Flügel der Bolschewiki zusammen. Die von Lenin 1905 vorhergesagte revolutionär-demokratische Diktatur der Arbeiterklasse und der Bauernschaft wurde damit nicht nur politisch, sondern auch organisatorisch-parteimäßig zur Realität.

Als die Konstituierende Versammlung am 5. Januar 1918 zum ersten Mal zusammentrat, weigerte sich ihre Mehrheit, die vorgelegte *Deklaration der Rechte des arbeitenden und ausgebeuteten Volkes* zu akzeptieren, die u.a. die entschädigungslose Inbesitznahme des Bodens durch die Bauern legalisierte. Die rechte Mehrheit der Sozialrevolutionäre und die Menschewiki erklärten sich zwar bereit, die Landenteignungen im Grundsatz zu akzeptieren, wollten aber die Festlegung der Modalitäten an Kommissionen übertragen. In der Vergangenheit hatte diese Verschiebungstaktik alle Anläufe zu einer Landreform ins Leere laufen lassen, bis der Geduldsfaden der Bauernschaft gerissen war. Darum verspielte der neuerliche Vertagungsversuch unter Berufung auf Kommissionen und Paragrafen umgehend jeden Kredit bei der Landbevölkerung.

Mit ihrem Beschluss hatte sich die Verfassungsgebende Versammlung selber den Strick um den Hals gelegt. War die Bauernschaft noch wenige Wochen zuvor an die Wahlurnen geströmt, um ihre Vertreter für die Versammlung zu wählen, ließ sie die Konstituante jetzt fallen wie eine heiße Kartoffel. Als Bolschewiki und Linke Sozialrevolutionäre das weitere Zusammentreten der gewählten Abgeordneten unterbanden, riefen die anderen Parteien zu Protestaktionen auf, doch das Echo zeigte die vollständige Isolierung des verfassungsgebenden Organs. »Es waren ganz überwiegend Staatsbedienstete, Angestellte, Studenten und andere ›Intelligenzler‹, die für die Konstituante auf die Straße gingen. Von einer Minderheit abgesehen, rührten sich die Arbeiter ebenso wenig wie die Bauern in der Provinz.

---

[188] Rabinowitch 2010, S. 92

... Das Fazit konnte bitterer nicht sein: Die Konstituierende Versammlung fand keine Verteidiger.«[189]

Im Juli 1920 verabschiedete der Allrussische Sowjetkongress eine neue Verfassung, die die Errungenschaften der Oktoberrevolution festschrieb. Darin wurde u.a. festgelegt, dass bei künftigen Wahlen in den Stadtsowjets ein Abgeordneter auf 25.000 und in den ländlichen Sowjets auf 125.000 Wähler kam. Das ungleiche Wahlrecht wurde von der Bauernschaft ohne Murren hingenommen. Für sie war die Landfrage entscheidend, und die war nach ihren Wünschen geregelt.

Rechnungsführung und Kontrolle

Mit der Machtübernahme standen die Bolschewiki vor der Aufgabe, die Wirtschaft des neuen Sowjetstaats zu organisieren. Im Januar 1918 nahm Lenin in seinem Bericht über die Tätigkeit des Rats der Volkskommissare zur Frage des sozialistischen Aufbaus Stellung. Er verwies darauf, dass die Arbeitermacht jetzt schon länger als die Pariser Kommune überlebt hätte, und betonte, dass »zwischen dem Sozialismus und Kapitalismus eine lange, mehr oder weniger schwierige Übergangsperiode der Diktatur des Proletariats liegt«, in die Russland gerade erst eingetreten sei. Als entscheidendes Übergangsproblem benannte er die *Agrarfrage*: es sei ein großer Unterschied, ob ein Land wie Estland mit großen Landwirtschaftsbetrieben den Weg zum Sozialismus gehe oder ein vorwiegend kleinbürgerliches Land mit agrarischen Kleinbetrieben wie Russland. Allerdings hätten die russischen Bauern »bereits mit diesem Übergang begonnen, und wir haben volles Vertrauen zu ihnen.«[190] Welche konkreten Schritte der russischen Bauern das sein sollten, erläuterte er nicht.

Zur Umgestaltung der Industrie hatte er kurz vor dem Oktober geschrieben: »Die Konfiskation des Eigentums der Kapitalisten wird nicht einmal der ›Kernpunkt‹ der Sache sein, sondern gerade allumfassende ... Arbeiterkontrolle über die Kapitalisten und ihre möglichen Anhänger. Mit der Konfiskation allein ist es nicht getan, denn sie enthält kein Element der Organisation, der Rechnungsführung über die richtige Verteilung. Die Konfiskation können wir leicht durch die Erhebung einer gerechten Steuer

---

[189] Hildermeier 1998, S. 132
[190] Bericht vom 11.(24.) Januar 1918; LW 26, S. 457f.

ersetzen.«[191] Lediglich die Großbanken und einige Großbetriebe sollten verstaatlicht werden, die Masse der Betriebe sollte nicht konfisziert, sondern so besteuert werden, dass das Kapital unter Kontrolle blieb. Darüber hinaus wollte er mit der nationalen und internationalen Bourgeoisie wirtschaftlich kooperieren.

Diese Position wurde nach der Revolution in kürzester Zeit überrollt, weil die revolutionären Arbeiter weit mehr Betriebe als sinnvoll konfiszierten. In den Arbeiten von April und Mai 1918 über »Die nächsten Aufgaben der Sowjetmacht«[192] sowie »Über ›linke‹ Kinderei und über Kleinbürgerlichkeit«[193] nahm Lenin zur aktuellen Situation Stellung. Den linken Kommunisten, die alles verstaatlichen wollten, warf er vor, »nur Blinde« würden nicht sehen, »dass wir mehr nationalisiert, konfisziert, zerschlagen und zerbrochen haben, *als wir zu erfassen vermochten.*« Weitere Enteignungen lehnte er ab, stattdessen wollte er die Inhaber der verbleibenden kapitalistischen Betriebe mit einer progressiven Einkommens- und Vermögenssteuer belegen, wie er das schon vor der Oktoberrevolution vorgeschlagen hatte. In diesem Zusammenhang sagte er auch, »kein einziger Kommunist« habe je »bestritten, dass die Bezeichnung Sozialistische Sowjetrepublik die Entschlossenheit der Sowjetmacht bedeutet, den Übergang zum Sozialismus zu verwirklichen, keineswegs aber, dass die neuen ökonomischen Zustände als sozialistisch bezeichnet werden.«[194]

Für die gegebene Situation benannte er als Hauptaufgabe die »strengste Rechnungsführung und Kontrolle über Produktion und Verteilung der Produkte«. Um die darniederliegende Produktivität und Arbeitsdisziplin zu steigern, plädierte er für den Übergang zum Staatskapitalismus. Darunter verstand er, die Leitung der großen Betriebe und Trusts gegen entsprechende Bezahlung den früheren Organisatoren und Technikern zu übertragen. Diese gehörten zwar »zu 99% zur Kapitalistenklasse«, aber nur sie seien in der Lage, die Großproduktion zu organisieren. Erst wenn auf diese Weise die Steigerung der Arbeitsproduktivität und die Vergesellschaftung der Produktion gelungen sei, könne man sagen, »dass Russland nicht nur eine Sowjetrepublik, sondern auch eine sozialistische Republik *geworden*

---

[191] Werden die Bolschewiki die Staatsmacht behaupten? September/Oktober 1917; LW 26, S. 91
[192] Die nächsten Aufgaben der Sowjetmacht; April 1918; LW 27, S. 225-268
[193] Über »linke« Kinderei und über Kleinbürgerlichkeit, Mai 1918; LW 27, S. 315-347
[194] LW 27, S. 326ff.

ist.«¹⁹⁵ Zur selben Zeit wurden neue Rubel eingeführt, um den Geldumlauf zu regulieren. Dabei konnten die alten nur bis zu einem bestimmten Betrag in neue Rubel umgetauscht werden, um zu verhindern, dass »Bourgeoisie und Kulaken« mit Hilfe der gehorteten Geldscheine die wirtschaftliche Macht behielten.¹⁹⁶

Mit seinen Positionen zum Staatskapitalismus stieß Lenin auf heftigen Widerstand in der Partei, der sich mit der Kritik am Friedensvertrag von Brest-Litowsk kombinierte. Unterstützt von den Linken Sozialrevolutionären bestand der starke linke Parteiflügel darauf, dass die Probleme des sozialistischen Aufbaus in Russland nur im Zusammenhang mit der Weltrevolution gelöst werden könnten.

Der Frieden von Brest-Litowsk

Am 28. November 1917 schlug die Sowjetregierung allen kriegführenden Ländern einen sofortigen Waffenstillstand und die Aufnahme von Friedensverhandlungen vor. Während die Ententemächte den Vorschlag umgehend ablehnten, stimmten Deutschland und Österreich-Ungarn zu; am 9. Dezember wurden die Verhandlungen über einen Friedensschluss im weißrussischen Brest-Litowsk aufgenommen.

Die sowjetische Delegation wurde von Adolf Abramowitsch Joffe geleitet. Die Leitung der deutschen Delegation hatte formal der Diplomat Richard von Kühlmann, der es als Vertreter der zivilen Reichsleitung mit Blick auf den angestrebten Verhandlungsfrieden im Westen vermeiden wollte, Russland allzu harte Friedensbedingungen zu diktieren. Doch die Oberste Heeresleitung unter Hindenburg und Ludendorff zielte auf einen Friedensschluss, der in erster Linie der Stärkung des junkerlichen Preußen dienen sollte, um dessen Hegemonialstellung in Deutschland auszubauen. Deshalb setzte sich ihr Vertreter in der kaiserlichen Delegation, General Hoffmann, über die Mäßigungspolitik des Außenministeriums hinweg und konfrontierte die russische Delegation mit der Forderung nach weitgehenden territorialen Veränderungen, die neben der Ukraine auch Polen, die baltischen Provinzen, Finnland und Teile Weißrusslands betrafen.

---
[195] LW 27, S. 231, 233
[196] Lenin: Referat auf dem I. Gesamtrussischen Kongress von Vertretern der Finanzabteilungen der Sowjets, 18. Mai 1918, LW 27, S. 380f.

In der bolschewistischen Partei kam es daraufhin zu heftigen Auseinandersetzungen. Angeführt von Bucharin, trat der linke Parteiflügel dafür ein, den Krieg als revolutionären Krieg fortzusetzen, mit dem Ziel, auf diese Weise den deutschen Imperialismus zu schwächen und die erwartete Revolution in Deutschland zu beschleunigen. Die zu dieser Zeit gerade geführten großen Januarstreiks 1918 im Deutschen Reich gaben dieser Einstellung Rückenwind.[197] Zusammen mit den Linkskommunisten wandten sich auch die Linken Sozialrevolutionäre gegen einen annexionistischen Friedensschluss mit den Mittelmächten und plädierten für einen revolutionären Krieg.

Die Gegenposition dazu nahm Lenin ein. Er verfocht, dass die bäuerliche Mehrheit der Armee nicht mehr imstande sei zu kämpfen und erst recht keinen revolutionären Krieg unterstützen würde. Eine Arbeiterregierung, die zu einem solchen Krieg aufriefe, würde binnen weniger Wochen gestürzt werden. Man müsse zwar alles tun, um die Revolution in Europa zu befördern, könne sich aber nicht auf ihren Erfolg verlassen, denn bliebe dieser aus, würde Russland überwältigt werden und die Revolution wäre am Ende. Deshalb plädierte er für eine Atempause zur Sicherung der proletarischen Macht, auch wenn damit eine zeitweise Stärkung des deutschen Imperialismus verbunden sei.[198]

Trotzki nahm in dem Konflikt eine Mittelposition ein. Auf der einen Seite ging er wie Lenin davon aus, dass Russland aktuell keinen revolutionären Krieg führen könne, weil dazu eine neue Armee erforderlich sei, die erst aufgebaut werden müsse. Gleichzeitig bezweifelte er, dass die Deutschen angesichts der Kämpfe im Westen zu einer neuerlichen Offensive in der Lage seien. Daraus resultierte sein Vorschlag, eine Politik von »Weder Krieg noch Frieden« zu betreiben. Das bedeutete, den gegebenen Zustand zwischen Russland und Deutschland ohne Unterzeichnung eines Friedensvertrags hinzunehmen, die ohnehin kampfunfähige russische Armee zu demobilisieren und ansonsten die Verhandlungen für die Propagierung der Revolution im Westen auszunutzen.

Lenin hatte nur eine Minderheit auf seiner Seite; etwa die Hälfte der Parteiführung befürwortete die Aufnahme eines revolutionären Kriegs, und ein Viertel unterstützte Trotzki.[199] Als Kompromiss einigte man sich

---

[197] Rabinowitch 2012, S. 198ff.
[198] Thesen vom Januar 1918 »Über den sofortigen Abschluss eines annexionistischen Separatfriedens«, LW 26, S. 442ff.
[199] so Lenins Schätzung der Mehrheitsverhältnisse; LW 26, S. 451

schließlich darauf, Trotzki anstelle Joffes als Unterhändler nach Brest Litowsk zu entsenden.

Am 7. Januar in Brest-Litowsk angekommen, versuchte dieser anschließend alles, um die Verhandlungen hinauszuzögern und hielt Fensterreden, um die Klassenbrüder der russischen Arbeiter in Deutschland und Österreich-Ungarn aufzurütteln und sie zur Nachahmung des russischen Beispiels zu bringen.

Als die Vertreter der Mittelmächte registrierten, dass die russische Delegation keine ernsthaften Verhandlungen führte, schlossen sie am 9. Februar mit der Ukraine einen Separatfrieden, der unter anderem umfangreiche Getreidelieferungen an Deutschland vorsah. Gleichzeitig forderten sie die russische Delegation ultimativ auf, den vorgelegten Entwurf zu einem Friedensvertrag anzunehmen.

Trotzki reagierte darauf gemäß seiner Linie von »Weder Krieg noch Frieden«, d.h. er lehnte die Vertragsunterzeichnung ab, erklärte den Kriegszustand einseitig für beendet und erteilte den russischen Truppen den Befehl zur Demobilisierung. Nach wie vor war er der Meinung, das Kaiserreich würde nicht angreifen, weil die deutschen Truppen für den Krieg im Westen gebraucht würden und die innerdeutsche Revolutionsgefahr zu groß wäre.

Petrograd in Gefahr

Doch am 17. Februar ging die preußisch-deutsche Armee zum Angriff über, und da eine gegnerische Streitmacht faktisch nicht mehr existierte, stieß sie binnen kurzer Zeit weit nach Russland hinein. Als ihre Truppen kurz vor Petrograd standen, musste die Sowjetregierung erneut um einen Waffenstillstand bitten. Das deutsche Hauptquartier ging darauf ein, aber verschärfte die Friedensbedingungen und gab den Russen für die Antwort eine Frist von 48 Stunden.

Trotz der mittlerweile noch einmal verschlechterten Lage weigerten sich die meisten Vertreter des linken Parteiflügels unter Wortführung Bucharins weiterhin, den Vertrag zu akzeptieren, und wiederholten die Forderung nach Aufnahme eines revolutionären Kriegs gegen den deutschen Imperialismus. Auch die Drohung Lenins, für den Fall der Nichtannahme des Friedensvertrags von allen Funktionen zurückzutreten und den offenen Kampf gegen das ZK aufzunehmen, zeigte nur bei wenigen ZK-Mitgliedern Wirkung. Nur weil Trotzki sich nach dem Debakel seiner Strategie bei der entscheidenden Abstimmung der Stimme enthielt und seine Anhänger

dasselbe taten, kam eine knappe ZK-Mehrheit für Lenins Antrag auf Annahme des Friedensvertrags zustande.[200]
Am 3. März wurde der Vertrag unterzeichnet. Er kostete Russland – hauptsächlich durch den Verlust der Ukraine – etwa ein Viertel seines damaligen europäischen Territoriums und mit rund 60 Mio. Menschen mehr als ein Drittel der Gesamtbevölkerung des Zarenreichs, außerdem fast drei Viertel der Eisenindustrie sowie der Kohlegruben und ein Drittel der Textilindustrie. Wegen der nach wie vor bestehenden Bedrohung durch deutsche Truppen wurde im selben Monat die Hauptstadt von Petrograd nach Moskau verlegt.

In der anschließenden Parteidiskussion über die Ratifizierung des Vertrags, die sich mit der Debatte über die nächsten wirtschaftlichen Aufgaben verband, plädierten die Linkskommunisten dafür, anstelle der Ratifizierung zur »heiligen Verteidigung der sozialistischen Revolution«, d.h. zum revolutionären Krieg gegen den deutschen Imperialismus aufzurufen. In demselben Tenor erklärten die Linken Sozialrevolutionäre, dass sie alles in ihrer Macht Stehende tun würden, um die Erfüllung der Friedensbedingungen zu verhindern. Sie warfen Lenin vor, von der sozialen Revolution Abschied zu nehmen und wollten »gemeinsam mit den gesunden Elementen der bolschewistischen Partei« – gemeint war der linke Parteiflügel – den Kampf gegen das deutsche Kaiserreich fortsetzen, um »auf der ganzen Welt revolutionäre Aufstände auszulösen.«[201]

Zu jener Zeit glaubte kein revolutionärer Marxist daran, auch Lenin nicht, dass der Aufbau des Sozialismus in *einem* Land möglich sei, am wenigsten in dem rückständigen Russland. Als die Novemberrevolution in Deutschland scheiterte, wurde daher im März 1919 die Kommunistische Internationale (*Komintern*) gegründet, um die erwarteten sozialistischen Revolutionen zu forcieren. Aber im Unterschied zu vielen Bolschewiki, die einem revolutionären Utopismus verfielen, bewahrte sich Lenin eine nüchterne Einschätzung der Kräfteverhältnisse. Deshalb schrieb er, »solange nicht eine internationale, mehrere Länder umfassende sozialistische Revolution ausgebrochen ist, die so stark ist, dass sie den *internationalen Imperialismus* besiegen könnte, solange ist es die direkte Pflicht der Sozialisten, die in einem einzelnen (besonders rückständigen) Lande gesiegt haben, keinen Kampf gegen die Giganten des Imperialismus aufzunehmen,

---

[200] Rabinowitch 2010, S. 233ff.
[201] Rabinowitch 2010, S. 275ff., 357ff.

dem Kampf aus dem Wege zu gehen, abzuwarten, bis das Ringen der Imperialisten gegeneinander diese *noch mehr* schwächt und die Revolution in den anderen Ländern näher bringt.«[202] Angesichts der drohenden Besetzung Petrograds und weiterer Gebiete gewann diese Position schließlich eine Mehrheit in der bolschewistischen Partei und dem für die Ratifizierung des Friedensvertrags zuständigen Gesamtrussischen Sowjetkongress.

Als der Sowjetkongress mit großer Mehrheit beschloss, den Friedensvertrag zu ratifizieren, erklärten die Linken Sozialrevolutionäre die Koalition mit der bolschewistischen Partei für beendet, während die linken Kommunisten gleichzeitig ihre Vertreter aus der Regierung zurückriefen. Aber die erhoffte Wirkung auf die Massen blieb aus. Wie von Lenin vorhergesagt, wünschten die Bauern nach mehr als vier Jahren Krieg und der Inbesitznahme der Gutsländereien nichts sehnlicher als Frieden, um ihre Felder zu bestellen. 1917 hatten die Bolschewiki die Parolen der Massenbewegung »Land und Frieden« zu ihrem Programm gemacht. Nach der schwarzen Umteilung hatten sie jetzt auch den zweiten Teil dieses Versprechens eingelöst und Frieden geschlossen. Die Linken Sozialrevolutionäre, wenige Monate zuvor noch das Sprachrohr der Bauernbewegung, waren mit einem Mal isoliert.

Getreide und Sozialismus

Im Januar 1918 hatte Lenin die Hoffnung geäußert, dass die Bauern auf dem Weg zum Sozialismus seien, ohne näher auszuführen wieso. Wenige Monate später glaubte er, den Schlüssel für die Lösung der Agrarfrage in sozialistischem Sinne gefunden zu haben. Katalysator für die Entwicklung seiner Position war das Ernährungsproblem.

Im Verlauf des Frühjahrs 1918 wurde die Frage nach der Ernährung der Städte immer drängender, weil die Getreidevorräte aus der Ernte des vergangenen Jahres zu Ende gingen. Im Jahr 1917 hatte Russland noch mehr als die Hälfte des Getreides aus der Ukraine bezogen, nämlich 350 von 650 Mio. Pud (russisches Gewichtsmaß: 1 Pud=16,63 kg), sowie weitere 110 Mio Pud aus dem Nordkaukaus.[203] Da beide Regionen durch die Niederlage ge-

---

[202] Über »linke« Kinderei und über Kleinbürgerlichkeit, Mai 1918, LW 27, S. 319
[203] Zahlen nach: Rabinowitch 2010, S. 298f.

gen Deutschland ausfielen, blieben als Getreidelieferanten wesentlich nur Sibirien, Südrussland sowie das zentrale Schwarzerdegebiet übrig.

Die Versorgung der Städte mit Nahrungsmitteln warf das grundlegende Problem auf, wie die Beziehungen zwischen Stadt und Land ökonomisch zu gestalten waren. Wie sollte ein funktionierender Austausch zwischen industriellen und bäuerlichen Produkten aussehen? Für diese Aufgabenstellung besaßen die Bolschewiki keine wirtschaftspolitische Konzeption. Worüber man verfügte, das waren allgemeine Überlegungen von Marx und Engels über den Übergang zu gesellschaftlicher Produktion im Sozialismus/Kommunismus, mehr aber nicht. Außerdem war man damit konfrontiert, dass entgegen der eigenen Überzeugung die großen Agrargüter durch die »schwarze Umteilung« aufgelöst worden waren und also keine Stützpunkte gesellschaftlicher Produktion auf dem Land existierten. Die Latifundien hatten einen erheblichen Anteil des Marktgetreides produziert und dieser Teil fehlte jetzt; stattdessen herrschten mehr denn je Kleinwirtschaften mit zersplitterter Produktionsweise vor.

Unter diesen Bedingungen versuchten die Bolschewiki zunächst, das Ernährungsproblem pragmatisch anzugehen. Der Ansatzpunkt dafür war das Getreidemonopol, das im Krieg eingeführt worden war. Es besagte, dass nur der Staat mit Getreide handeln durfte, das er den Bauern zu einem festgesetzten Preis, der sich an dem Marktpreis der Friedenszeit orientierte, abkaufte und es in Gestalt fertigen Brots gegen Vorlage einer Brotkarte weitergab. Allerdings bestand dieses Monopol nur auf dem Papier, denn angesichts der Lebensmittelverknappung ließen sich auf dem Schwarzmarkt weit höhere Preise für das Getreide erzielen und blühte der Privathandel mit Hilfe der sogenannten Sackträger. Deshalb wurde zunächst verfügt, dass Arbeiter- und Soldatenabteilungen auf den Bahnhöfen und an den Eisenbahnknotenpunkten Kontrollen durchführen und alles Schwarzgetreide beschlagnahmen sollten.[204]

Die Kontrollen zeigten jedoch wenig Wirkung, weil es genügend Wege gab, sie zu umgehen. Ab Mai 1918 drohte in den Städten eine Hungersnot, die bis zur Ernte im September anhalten würde. Unter diesem Druck erließ die Regierung am 9. Mai ein Dekret, das die Bauern verpflichtete, sämtliches Getreide, das über die eigene Ernährung und das Saatgut für die nächste Aussaat hinausging, innerhalb einer Woche abzuliefern. Wer das nicht

---

[204] Lenin: Beratung des Präsidiums des Petrograder Sowjets mit Vertretern der Ernährungsorganisationen, 14. (27.) Januar 1918; LW 26, S. 502ff.

Getreide und Sozialismus

tat, wurde zum Volksfeind erklärt.[205] Um das Dekret durchzusetzen, beschloss die Parteiführung gleichzeitig, Tausende von bewaffneten Arbeiterkommandos auf die Dörfer zu schicken, um dort Getreide und andere Lebensmittel zu beschlagnahmen. »Notwendig ist ein Massen›kreuzzug‹ fortgeschrittener Arbeiter nach allen Ecken und Enden des Riesenlandes«, verlangte Lenin.[206] Die Requirierungskommandos waren ermächtigt, zur Beschlagnahme von Getreideüberschüssen Waffengewalt anzuwenden. Dieser Beschluss bedeutete nichts anderes, als dass damit militärische an die Stelle ökonomischer Beziehungen zwischen Stadt und Land traten.

Angriff auf die Bauernschaft

Die Lebensmittelrequirierung durch bewaffnete Arbeiterkommandos konnte indessen keine Dauerlösung sein, denn sie machte das ganze Dorf zum Gegner der Arbeitermacht und änderte an der zersplitterten Produktionsweise der Obscina nichts. Das Getreideproblem schürzte sich zu einem gordischen Knoten, der scheinbar nur mit einem Hieb zu durchschlagen war – mithilfe des schnellstmöglichen Übergangs zum Sozialismus.

Unter Berufung auf die Unterteilung der Bauernschaft in Klein-, Mittel- und Großbauern, die Friedrich Engels bei seiner Untersuchung der Agrarfrage im westlichen Europa getroffen hatte,[207] propagierte Lenin eine großangelegte Kampagne zur flächendeckenden Organisierung der unteren Schichten der Dorfbevölkerung, um diese in den Kampf für den Sozialismus gegen die »Dorfreichen« zu führen. Durch das Dekret vom 11. Juni 1918 rief die Regierung zur Bildung von Komitees der Dorfarmut auf, die als Stützpunkte des Proletariats auf dem Land die Getreidebeschaffung unterstützen, vor allem aber zu Trägern des Übergangs zum Sozialismus werden sollten. Lenin charakterisierte diese Maßnahme als »Schritt, der die eigentliche Grundlage unserer Ernährungspolitik bildet und zugleich ein ungeheuer wichtiger Wendepunkt in der ganzen Entwicklung und Struktur unserer Revolution ist. Mit diesem Schritt sind wir über jene

---

[205] Rabinowitch 2010, S. 362
[206] Brief an die Petrograder Arbeiter »Über die Hungersnot«, 22. Mai 1918; LW 27, S. 392
[207] Engels: »Die Bauernfrage in Frankreich und Deutschland«, in: MEW 22, S. 483-505

Grenze hinausgegangen, die die bürgerliche Revolution von der sozialistischen trennt.«[208]

Bis dahin hatte sich das Arbeiter-Bauern-Bündnis auf dem Land in den Dorfsowjets manifestiert, die von allen erwachsenen Dorfbewohnern gewählt wurden und für die Lebensmittelbeschaffung zuständig gewesen waren. Jetzt traten die Komitees der Dorfarmut an ihre Stelle. »Zuerst zusammen mit der ›gesamten‹ Bauernschaft gegen die Monarchie, gegen die Gutsbesitzer, gegen das Mittelalter (und insoweit bleibt die Revolution eine bürgerliche, bürgerlich-demokratische Revolution)«, schrieb Lenin Ende 1918. »Dann zusammen mit der armen Bauernschaft, zusammen mit dem Halbproletariat, zusammen mit allen Ausgebeuteten gegen den Kapitalismus, einschließlich der Dorfreichen, der Kulaken, der Spekulanten, und insofern wird die Revolution zu einer sozialistischen Revolution.«[209] Unterstützt durch die bewaffneten Arbeiterkommandos, bedeutete dies die Entfesselung des Bürgerkriegs im Dorf, wie Lenin den Komitees verkündete.[210] Die Verschiebung des Arbeiter-Bauern-Bündnisses von der Bauernschaft insgesamt zur Landarmut hin knüpfte an die soziale Umorientierung der Aprilthesen 1917 an – und war genauso fehlerhaft.

Damit im Zusammenhang ging die Regierung daran, den einfachen Produktentausch zwischen Stadt und Land (ohne das Dazwischentreten von Geld) zu organisieren. Die Komitees der Dorfarmut wurden zur Schaltstelle dieses Produktentauschs; sie hatten die aus der Stadt gelieferten Industriewaren im Gegenzug gegen Getreide zu verteilen. Laut Dekret gehörte zu ihrem Wirkungsbereich »die Verteilung von Getreide, Gütern des dringenden Bedarfs und landwirtschaftlichen Geräten; die Unterstützung der örtlichen Organe des Ernährungswesens bei der Beschlagnahme von Getreideüberschüssen bei Kulaken und Reichen.«[211]

Die elementare Bedeutung des im Juni 1918 eingeleiteten Sprungs wurde Lenin nicht müde zu betonen. »Zusammen mit der Bauernschaft bis zur Vollendung der bürgerlich-demokratischen Revolution – zusammen mit

---

[208] Rede in der gemeinsamen Sitzung des gesamtrussischen Zentralexekutivkomitees, des Moskauer Sowjets und des gesamtrussischen Gewerkschaftskongresses, 17. Januar 1919; LW Bd. 28, S. 400

[209] Die proletarische Revolution und der Renegat Kautsky, Oktober/November 1918; LW 28, S. 300

[210] Rede an die Delegierten der Komitees der Dorfarmut des Moskauer Gebiets, 8. November 1918; LW 28, S. 170

[211] Anmerkung 145 zu den Komitees in: LW 27, S. 594-595

dem armen, dem proletarischen und halbproletarischen Teil der Bauernschaft vorwärts zur sozialistischen Revolution!« Das sei »die einzige marxistische Politik.«[212] Mit dem Politikwechsel von der bürgerlichen zur sozialistischen Revolution realisierte Lenin in der Praxis das von Trotzki verfochtene Konzept der permanenten Revolution. Politisch standen sich die beiden in dieser Zeit sehr nahe.

Neben der aktuellen Lebensmittelbeschaffung sollten die Komitees den Übergang von individueller zu gesellschaftlicher Bodenbewirtschaftung organisieren. Dadurch würde sich die agrarische Produktivität sprunghaft vergrößern und man wäre in der Lage, dauerhaft Getreideüberschüsse für die Ernährung der Städte zu erzielen. Den Weg dorthin stellte Lenin sich wie folgt vor: »Wir Bolschewiki waren Gegner des Gesetzes über die Sozialisierung des Grund und Bodens, trotzdem haben wir es unterzeichnet, denn wir wollten nicht dem Willen der Mehrheit der Bauernschaft entgegen handeln. ... Wir waren der Ansicht, dass es besser ist, wenn die werktätigen Bauern selbst, am eigenen Leibe, zu spüren bekommen, dass die ausgleichende Bodenverteilung Unsinn ist. Erst dann wollten wir sie fragen, wo sich denn der Ausweg bietet aus dem Ruin, aus der Vorherrschaft der Kulaken, dieser Folgeerscheinung der Aufteilung des Grund und Bodens. Die Aufteilung war gut nur für den Anfang. Sie musste zeigen, dass der Boden den Gutsbesitzern weggenommen wird, dass er an die Bauern übergeht. Aber das ist nicht genug. Der einzige Ausweg liegt in der gemeinsamen Bodenbestellung. Diese Erkenntnis fehlte euch, doch das Leben selbst bringt euch zu dieser Überzeugung. Kommunen, artelmäßige Bodenbestellung, bäuerliche Genossenschaften – das ist die Rettung aus den Nachteilen des Kleinbetriebs.«[213]

Die Komitees der Dorfarmut sollten dabei vorangehen und zu Trägern großer Kollektivwirtschaften werden.[214] Auf diese Weise würde man den Rest des Dorfes rasch von den Vorteilen gesellschaftlicher Bodenbearbeitung überzeugen können.

---

[212] Die proletarische Revolution und der Renegat Kautsky; LW 28, S. 311
[213] Rede an die Delegierten der Komitees für Dorfarmut des Moskauer Gebiets, 8. November 1918; LW 28, S. 170f.
[214] Mandelbaum, S. 73

Industrie und Städte

Der Übergang zum Sozialismus veränderte das Leben auch in den Städten. Mit der Einführung des Naturaltauschs spielte das Geld eine immer geringere Rolle. Die bei den Bauern eingetriebenen Lebensmittel wurden unentgeltlich ausgeteilt und die Bezahlung für Wohnung, Wasser, Post, Telefon etc. wurde aufgehoben – vorausgesetzt, diese Güter waren überhaupt vorhanden.[215] In Teilen der Arbeiterklasse und speziell in der Jugend waren utopisch-kommunistische Vorstellungen weit verbreitet.

Im April 1918 hatte Lenin konstatiert, dass zu viel Betriebe verstaatlicht worden seien, und gefordert, die verbleibenden Kapitalisten nicht zu enteignen, sondern nur zu besteuern. Aber die Konfiskationen gingen weiter, bis schließlich die Nationalisierung aller Betriebe mit mehr als fünf (Maschinenbetriebe) bzw. zehn Beschäftigten (Betriebe ohne maschinelle Ausrüstung) dekretiert wurde. Besser gesagt, legitimierte das Dekret im Nachhinein die vollzogenen Enteignungen. Damit hatte sich die Besteuerung der Kapitalisten erledigt, denn eine Bourgeoisie im Sinne bürgerlicher Produktionsmitteleigentümer hatte aufgehört zu existieren – ohne dass damit geklärt war, wie die enteigneten Betriebe als Staatsbetriebe funktionieren sollten.

Die Notwendigkeit, die industrielle Produktion irgendwie zu organisieren, brachte heftige Auseinandersetzungen in der Kommunistischen Partei hervor. Für Lenin stand außer Zweifel, dass ohne die bürgerlichen Fachleute und ohne strikte Arbeitsdisziplin unter der Autorität der Betriebsleiter die Produktion nicht aufrechtzuerhalten war, selbst wenn dies »eine Abweichung von den Prinzipien der Pariser Kommune, ... einen Schritt zurück« bedeutete.»Die Revolution fordert, eben im Interesse des Sozialismus, die unbedingte Unterordnung der Massen unter den einheitlichen Willen der Leiter des Arbeitsprozesses.«[216] Gegenüber den Leitungen dieser Betriebe sollten die Gewerkschaften weiterhin selbständig die ökonomischen Interessen der Arbeiter vertreten und ein Gegengewicht gegen bürokratische Auswüchse des Sowjetstaates bilden.

Dagegen vertrat die Gruppe der »Arbeiteropposition«, die maßgeblich gewerkschaftlich organisierte Arbeiter repräsentierte, unter der Parole des Kampfes gegen die Bürokratie: »Wir sind nicht für den ›Aufbau des Sozialismus unter der Leitung von Trustorganisatoren‹. Wir sind für den Aufbau des proletarischen Sozialismus durch die Klassenschöpferkraft der Arbei-

---

[215] Lorenz 1976, S. 113
[216] Die nächsten Aufgaben der Sowjetmacht (April 1918), LW 27, S. 260

ter selbst, nicht durch die Befehle von ›Industriekapitänen‹.«[217] Ihre Anhänger vertraten das Konzept eines ökonomischen Rätesystems, das jenseits von Gewerkschaften und Partei aus der Produktion herauswachsen sollte, mit einem »Gesamtrussischen Kongress der Produzenten« als wichtigstem Organ zur Leitung der Produktion und des Staats. Sie blieben jedoch eine Minderheit in der Partei.

Das Scheitern der Sozialismuspolitik

Mitte 1918 eingeleitet, war es mit der Sozialismuspolitik auf dem Land bereits nach wenigen Monaten vorbei, denn viel länger existierten die Komitees der Dorfarmut nicht. Allerdings wurde der Fehlschlag noch eine Zeitlang durch die militärischen Auseinandersetzungen mit den Weißen überlagert.

Laut den Beschlüssen der Partei setzte sich die Dorfarmut aus Landarbeitern und armen Bauern zusammen. Diese Schichtung des Dorfes in arme, mittlere und reiche Bauern mochte in Westeuropa ein brauchbarer Maßstab zur Klasseneinteilung sein, ebenso in den Regionen Russlands, wo die Obscina nicht vorherrschte, das heißt in Sibirien, den Kosakengebieten Südrusslands oder Teilen der Ukraine. Aber welche Personengruppen sollten das in Zentralrussland mit seiner vorherrschenden Obscina-Agrarverfassung sein?

Der eine Teil der »Dorfarmut«, die früheren Landarbeiter auf den Adelsgütern, war verschwunden; denn durch die schwarze Umteilung waren die Gutsarbeiter zu Mitgliedern der Dorfgemeinde mit dem Anspruch auf eigenes Umteilungsland geworden. Zwar tauchten in der amtlichen Statistik weiterhin »Landarbeiter« ohne Landbesitz auf, doch waren dies großenteils Töchter und Söhne von Obscina-Bauern, die als Knechte oder Mägde bei anderen Bauern arbeiteten, bis sie durch Heirat und die Gründung eines Hausstands einen eigenen Anspruch auf Gemeindeland erhielten. Den anderen Teil der Dorfarmut sollte die »arme Bauernschaft« ausmachen, doch sie dingfest zu machen, ist nicht minder schwierig, weil der egalitäre Charakter der *Obscina* mit dem Anspruch aller Mitglieder auf gleiche Landzuteilung gemäß der Anzahl und Zusammensetzung der jeweiligen Bau-

---

[217] Nach Lorenz 1976, S. 91

ernfamilie dem entgegen stand.²¹⁸ Lediglich Außenseiter wie z.b. Hirten fielen aus dieser Umteilungsgemeinschaft heraus. Anders ausgedrückt: die Dorfarmut als sozial dauerhafte und politisch relevante Erscheinung war vor wie nach der Oktoberrevolution kein tauglicher Bündnispartner, um den Klassenkampf ins Dorf zu tragen und dort den Sozialismus einzuführen. Sie fand sich weniger in der russischen Realität als vielmehr in den Kategorien des westlichen Marxismus.

Ein ähnliches Problem wie mit der Dorfarmut bestand auf der anderen Seite mit der »Dorfbourgeoisie«, den sogenannten Kulaken. Natürlich gab es im Dorf soziale Ausbuchtungen nach oben und unten, aber der egalitäre Charakter der Obscina stand einer dauerhaften, klassenmäßigen Fixierung dieser Unterschiede entgegen. Weil sich eine taugliche Scheidelinie zwischen Mittelbauern und Kulaken so wenig ziehen ließ wie zwischen Mittelbauern und Dorfarmut, wechselten die Definitionen bzw. Kriterien für die Festlegung derjenigen Obscina-Mitglieder, die als Kulaken zu gelten hatten, mehrfach. Die Obscina – das war der sogenannte Mittelbauer und jenseits davon gab es nicht viel.

Zu vermuten ist, dass sich in den Komitees über dörfliche Randgruppen hinaus demobilisierte Bauernsoldaten organisierten, die in der Armee vom Bazillus der Revolution infiziert worden waren bzw. bei ihrer Rückkehr (noch) kein Umteilungsland erhalten hatten. Davon abgesehen gab es permanente Klagen, dass sich in den Komitees sogenannte Kulaken breit machen würden. Die Außenseiterstellung der Komitees gegenüber der Dorfgemeinde wurde noch dadurch potenziert, dass der von ihnen zu vermittelnde Produktentausch nicht zustande kam, weil die städtische Industrie zu wenig Produkte für das Land herstellte. Das Komitee verfügte also zwar über ein paar industrielle Tauschgüter, war aber auch nicht ansatzweise imstande, die Bedürfnisse des Dorfs zu befriedigen. Gleichzeitig erhielten die Komiteemitglieder als Anreiz für ihre Hilfe bei der Eintreibung der Lebensmittel einen Anteil an diesen Lebensmitteln. Unter diesen Bedingungen waren über alle sonstigen Probleme hinaus Willkür und Ärger, Neid und Gier vorprogrammiert.

Bereits am Jahresende 1918 wurden die Komitees der Dorfarmut in den meisten Gouvernements wieder aufgehoben. Auf dem Parteitag im März 1919 bezeichnete Lenin sie als »zeitweilige Organisationen«, und Ende 1919

---

²¹⁸ Vgl. Hildermeier 1998, S. 289ff.

Das Scheitern der Sozialismuspolitik 159

wurden sie durch ein Regierungsdekret in die Dorfsowjets integriert, als deren Widerpart sie im Juni 1918 ins Leben gerufen worden waren.

Ursprünglich hatte Lenin die Komitees zu Trägern des Übergangs zum Sozialismus erklärt. Er hatte geschrieben: »Nachdem das Proletariat Russlands, zusammen mit der Bauernschaft überhaupt, die bürgerliche Revolution vollendet hatte, ging es endgültig zur sozialistischen Revolution über, als es ihm gelang, das Dorf zu spalten, die Proletarier und Halbproletarier an sich heranzuziehen und sie zum Kampf gegen die Kulaken und die Bourgeoisie, einschließlich der bäuerlichen Bourgeoisie, zusammenzuschließen.«[219] Ohne das einzugestehen, besagte das Ende der Komitees daher nicht weniger als das Ende der Sozialismuspolitik. Aber bis eine Mehrheit in der Partei einschließlich Lenins selber bereit war, diese Wahrheit und die dahinter stehende Niederlage zu akzeptieren, verging noch einige Zeit.

Der »Kriegskommunismus«

Als die proletarischen Getreidekommandos ausschwärmten und mit Hilfe der Komitees der Landarmut den Bürgerkrieg gegen die Dörfer eröffneten, war das Land zunächst überrumpelt, doch das blieb nicht lange so. Anfang August 1918 gab Stalin die Stimmung der Bauernschaft in einem Brief an Lenin mit knappen Worten wieder: Die »ungünstige Lage ist dadurch zu erklären, dass der Frontsoldat, der ›tüchtige Mushik‹, der im Oktober für die Sowjetmacht kämpfte - sich gegen die Sowjetmacht gewandt hat (er hasst aus tiefstem Herzen das Getreidemonopol, die festen Preise, die Requisitionen, die Bekämpfung der Hamsterei).«[220]

Angesichts dieser Situation sahen die Linken Sozialrevolutionäre die Gelegenheit gekommen, um mit der Regierungspolitik der letzten Monate, angefangen vom Brest-Litowsker Friedensvertrag bis zum bolschewistischen Angriff auf das Dorf, Schluss zu machen. Umgetrieben vom unheilbaren Glauben der Volkstümler an die Macht der revolutionären Spontaneität griffen sie auf die Traditionen der alten sozialrevolutionären Partei zurück, um den Sturz der Bolschewiki in die Wege zu leiten. Auf Anweisung ihres Zentralkomitees ermordeten zwei Attentäter am 6. Juli 1918 den deutschen Botschafter in Moskau, Graf Mirbach. Der Zweck der Aktion war, eine neue militärische Offensive der Deutschen zu provozieren, die dann ihrerseits den revolutionären Krieg hervorrufen würde. Gleich-

---

[219] Die proletarische Revolution und der Renegat Kautsky; LW 28, S. 304
[220] Brief vom 4. August 1918; SW Bd. 4, S. 107

zeitig riefen sie zum Sturz der bolschewistischen Herrschaft unter Lenin auf und spekulierten darauf, zusammen mit den Linkskommunisten die Macht zu übernehmen.[221]

Doch sie hatten sich gründlich verrechnet, denn nach dem Übergang der Bolschewiki zur Sozialismuspolitik auf dem Dorf begruben die Linkskommunisten ihre Konflikte mit Lenin und nahmen wieder an der Parteiarbeit teil.[222] Innerhalb der bolschewistischen Partei fanden die Linken Sozialrevolutionäre also keine Bündnispartner mehr und auch außerhalb ging es ihnen nicht besser. Sie hatten gehofft, durch die Zurückweisung des Friedensvertrags die Bauernschaft für die Verteidigung des heiligen russischen Bodens zu mobilisieren. Doch unter den Bedingungen des Jahres 1918 liefen sie ins Leere, denn die Bauern wollten keinen neuen Krieg. Der Gedanke an einen drohenden Angriff der Deutschen, den die Sozialrevolutionäre herbeibomben wollten, schreckte sie ab, zumal bald die neue Ernte anstand.

Darüber hinaus formierte sich die weiße Konterrevolution, die die Landnahme der Dorfgemeinden rückgängig zu machen drohte und zu deren Abwehr man die Arbeitermacht brauchte. Bei einer anderen Politik hätten die Linken Sozialrevolutionäre die Bauern vielleicht hinter sich bringen und die bolschewistische Herrschaft stürzen können. So aber blieben sie isoliert und konnten von den Bolschewiki binnen kurzer Zeit ausgeschaltet werden. Nach ihrem Debakel vereinigten sie sich später mit den rechten Sozialrevolutionären, spielten jedoch auch gemeinsam keine größere Rolle mehr.

Bis 1920 dominierten in Russland die Kämpfe mit der von zaristischen Generälen angeführten »weißen« Konterrevolution. Die Hauptmasse der weißen Truppen wurde von Kosaken gestellt, die als traditionell freie Wehrbauern des Zarismus keine Angst vor der Rückkehr der Gutsbesitzer zu haben brauchten, weil auf ihren Territorien keine Adelsgüter existiert hatten. Wohl aber drohte ihnen der Verlust ihrer sonstigen - u.a. steuerlichen - Vorrechte; erst recht wehrten sie sich gegen die Beschlagnahme ihres Getreides durch Arbeiterkommandos. »Die Hauptgründe für die Konterrevolution der Kosaken waren die Furcht, ihre früheren Privilegien zu verlieren, die ihnen durch die gleichmacherische Agrarpolitik des Sowjetregimes

---

[221] Rabinowitch 2010, S. 414f.
[222] Ebd., S. 385

drohende Landeinbuße und die zahllosen Akte von Raub und Gewalttätigkeit, die von undisziplinierten roten Banden verübt wurden.«[223]

Ein weiterer Teil der Bauernschaft verhielt sich neutral bzw. kämpfte gegen beide Seiten. Das war der Fall in Regionen wie Sibirien oder Teilen der Ukraine, wo die obscina gar nicht oder nur schwach ausgeprägt war und die nicht-kosakische Einzelbauernschaft vorherrschte. Hier hatten die Bauern von beiden Seiten nur Requirierungen und Steuern zu befürchten, ohne etwas zu gewinnen, und kämpften sowohl gegen die weißen Armeen der Gutsbesitzer als auch gegen die Rote Armee der Arbeiter und Bauern, teils auch in wechselnden Koalitionen auf beiden Seiten der Front, so die anarchistische Machno-Bewegung in der Ukraine.

Ausschlaggebend für den Verlauf der militärischen Auseinandersetzungen war die Stellung der zentralrussischen Bauernmassen, die wie in der Oktoberrevolution über das Schicksal der Sowjetmacht entschieden. Weil nur die Bolschewiki dafür garantierten, dass sie das den Gutsbesitzern entrissene Land behalten konnten, hielten sie trotz aller Schwankungen und Belastungen an dem Bündnis fest, denn »im Laufe des Bürgerkriegs wurde immer deutlicher, dass die Gegenrevolution für die Monarchie und die soziale Ordnung der Vorkriegszeit stand. Die Stützen des Februarregimes, die eine ›dritte Kraft‹ hatten bilden wollen, waren längst zwischen den Fronten zerrieben worden.«[224] In den umkämpften Randgebieten erfuhren die Bauern unmittelbar, was ihnen drohte, wenn weiße Truppen ein Gebiet erobert hatten, denn dann »folgten ihnen auf dem Fuße die alten Beamten, die alten Grundherren, die alten Polizisten. Gelegentlich wurde den Bauern mit der Kosakenpeitsche der Respekt für das Eigentum der Grundherren eingebläut.«[225] Deswegen tolerierten sie die Getreiderequirierungen, nahmen Entbehrungen ohne Ende in Kauf und stellten in der von Trotzki aufgebauten, zuletzt über 5 Mio. starken Roten Armee die Hauptmasse der Truppen.

Das Kronstädter Ultimatum

Das Jahr 1919 bildete den Scheitelpunkt der militärischen Auseinandersetzungen. Ende 1918 hatten Deutschland und Österreich-Ungarn den Krieg gegen die Westmächte verloren, mit der Folge, dass der Vertrag von Brest-

---

[223] Chamberlin 1958, S. 126
[224] Hildermeier 1992, S. 277
[225] Chamberlin 1958, S. 236

Litowsk annulliert und die Ukraine (ohne Ost-Galizien) nach ihrer Wiedereroberung durch die Rote Armee zu einer Sowjetrepublik wurde. Auf der anderen Seite hatten die Weißen Armeen von Koltschak und Denikin 1919 große Erfolge. Gleichzeitig operierten französische, britische, usamerikanische und japanische Invasionstruppen in Sibirien und dem Fernen Osten und belieferten die Weißen mit Rüstungsgütern. Ein Jahr später, 1920, hatte die Rote Armee indessen das Übergewicht gewonnen, und im selben Jahr ging der Krieg mit Polen zu Ende, auch wenn ein Friedensvertrag erst 1921 zustande kam.

Gleichfalls 1920 erlebte Russland eine Missernte. Als die Lebensmittelrequirierungen trotz des herannahenden Untergangs der Weißen unvermindert weitergingen, wandten sich die Dorfgemeinden Zentralrusslands von den Bolschewiki ab. Die Bauernschaft insgesamt begann, von der Ukraine über das Schwarzerdegebiet bis nach Sibirien, gegen die Arbeitermacht Front zu machen. Die gemeinsamen Parolen lauteten: »Keine Ablieferung!«, »Nieder mit den Beschaffungsabteilungen!« und »Es lebe der freie Handel!«[226] Schließlich operierten insgesamt 165 größere Gruppen bewaffneter Bauern auf dem Gebiet des Sowjetstaates, um sich gegen die Fortsetzung der Zwangseintreibungen zur Wehr zu setzen. Teils kämpften regelrechte Bauernarmeen mit mehreren 10.000 Bewaffneten, so in Sibirien, der Ukraine oder dem Gouvernement Tambov.[227]

Kronstadt, der Festungshafen vor Petrograd und ein Hauptstützpunkt der Bolschewiki in der Oktoberrevolution, wurde im Frühjahr 1921 zum Höhepunkt der Bewegung. Weil die Marine technische Kenntnisse verlangte, hatten unter dem Zarismus überwiegend proletarische Wehrpflichtige in Kronstadt gedient, die im Oktober 1917 die Speerspitze der Revolution gebildet hatten. Aber inzwischen standen die proletarischen Matrosen an den Fronten des Bürgerkriegs; an ihre Stelle waren Bauernsöhne nachgerückt. »Es war noch nicht lange her, dass eine Anzahl junger Bauern aus der Ukraine als Matrosen aufgenommen wurden. Mit ihnen wurde die allgemeine bäuerliche Unzufriedenheit mit den Requisitionen, dem Arbeitsdienst und anderen Erscheinungen der kommunistischen Agrarpolitik eingeschleppt.«[228] Der 1920/21 entflammte Aufruhr begann mit dem Verlangen nach besserer Lebensmittelversorgung, übernahm wie im übrigen

---

[226] Lorenz 1976, S. 119
[227] Meyer 1974, S. 84ff.
[228] Chamberlin 1958, S. 412

Land die Forderung nach Wiederzulassung des freien Handels zwischen Stadt und Land und mündete schließlich in die Parole »Sowjets ohne Bolschewiki«. Als diese Parole von allen Gegnern der Revolution aufgegriffen wurde, stand die Arbeitermacht vor dem Aus.

Wenn sie sich behaupten wollte, blieb nichts anderes übrig, als den Forderungen der Bauern nachzukommen – und zugleich den Kronstädter Aufstand zu ersticken. Die überwiegend aus Bauern bestehende Armee konnte dazu nicht eingesetzt werden, denn sie stand selber kurz vor der Revolte. 1917 hatte die Bauernschaft im grauen Soldatenrock den Sturz des Zarismus herbeigeführt. Jetzt drohte die Gefahr, dass dieselbe Bauernschaft – nunmehr in Gestalt der Roten Armee – die bolschewistische Herrschaft stürzte. Diese Gefahr war umso größer, weil die Truppen eine Fülle ehemals zaristischer Offiziere im Kommando hatten. Um Kronstadt niederzuwerfen, musste Trotzki daher ausgewählte Regimenter heranführen. Um ihre Zuverlässigkeit zu sichern, wurden ihnen außerdem viele Delegierte des gerade stattfindenden X. Parteitags als politische Kommissare zugeordnet. Auf diese Weise konnte die Festung schließlich im März 1921 gestürmt und der Aufstand niedergeworfen werden.

Die NEP – ein neuerlicher Sieg der Bauern

Die Ironie der Geschichte wollte es, dass derselbe X. Parteitag, dessen Delegierte am Sturm auf Kronstadt teilgenommen hatten, die »Neue Ökonomische Politik« beschließen musste, d.h. die Wirtschaftspolitik, die das Dorf den Bolschewiki vorschrieb. An die Stelle der bisherigen Zwangsabgabe von Agrarprodukten trat die Wiedereinführung des freien Handels zwischen Stadt und Land, und um diesen zu gewährleisten, musste die industrielle Produktion auf die Befriedigung der bäuerlichen Bedürfnisse ausgerichtet werden. »Wir müssen unsere staatliche Wirtschaft in Anpassung an die Wirtschaft des Mittelbauern aufbauen, die wir in drei Jahren nicht umgestalten konnten und auch in zehn Jahren noch nicht umgestalten werden«, führte Lenin auf dem X. Parteitag aus.[229] Auf dem folgenden Parteitag bekannte er sich erneut zu dem vorherigen Fehlschlag, um die umstrittene NEP-Politik zu begründen. »Die direkte kommunistische Verteilung haben wir nicht einführen können«, schrieb er im Bericht des ZK an den XI. Parteitag im März 1922. »Dazu mangelte es an Fabriken und an de-

---

[229] Referat über die Ersetzung der Ablieferungspflicht durch die Naturalsteuer, 15. März 1921, LW 32, S. 230

ren Ausrüstungen. Wir müssen also durch den Handel liefern, aber nicht schlechter liefern, als es der Kapitalist getan hat, sonst kann das Volk eine solche Regierung nicht ertragen.«[230]

Zuvor hatte er die Forderung nach Wiederzulassung des freien Handels als Parole der Konterrevolution und der Rückkehr zum Kapitalismus gebrandmarkt. Jetzt waren die Bolschewiki gezwungen, dieses Kernstück der NEP als Dreh- und Angelpunkt der Wirtschaftspolitik selber umzusetzen. Die Ablieferungspflicht von Getreide durch die Bauern wurde durch eine Naturalsteuer ersetzt. Nur der Großhandel mit Lebensmitteln wurde dem Staat vorbehalten, der damit ein Mindestmaß an wirtschaftlichen Einflussmöglichkeiten behielt, um den Austausch zwischen Stadt und Land zu steuern.

In der verstaatlichten Industrie sollte nunmehr endgültig der *Staatskapitalismus* praktiziert werden, den Lenin früher schon als notwendig angesehen hatte, ohne viel Erfolg damit zu haben. Das bedeutete »unter den Verhältnissen des zugelassenen und sich entwickelnden freien Handels, dass die Staatsbetriebe weitgehend auf kommerzielle, kapitalistische Grundlagen übergeführt werden«, schrieb er Anfang Januar 1922 in dem Thesenentwurf über die künftige Rolle der Gewerkschaften.[231] Die staatlichen Betriebe sollten künftig ihre Rohmaterialien auf dem Markt selber einkaufen, die Löhne mit den Gewerkschaften aushandeln und Gewinne erwirtschaften. D.h. sie wurden dem Grundgesetz des Kapitals, der Verwertung des Werts, unterworfen, was Lenin mit dem Adjektiv »kapitalistisch« auch deutlich so ausdrückte. In dem endgültigen Beschluss des ZK vom 12. Januar 1922 fehlte das Wort »kapitalistisch« allerdings.

Wegen der unübersehbaren bäuerlichen Gefahr kamen auch die Linkskommunisten nicht an der Einsicht vorbei, dass es keine Alternative zur NEP gab. Bucharin, bis dahin der Wortführer des linken Parteiflügels, mutierte sogar zum Hauptvertreter der NEP in der Parteiführung. Aber der Rückzug fiel der Partei äußerst schwer, denn trotz aller Opfer und Entbehrungen verband sich mit der Politik der letzten Jahre die Hoffnung auf ein baldiges Erreichen des Kommunismus. Unter der linken Intelligenz und in der Jugend häuften sich Depressionen und Selbstmorde, während der Jugendverband mehr als die Hälfte seiner Mitglieder verlor. Als Ende der 20er

---

[230] Politischer Bericht des ZK an den XI. Parteitag, 27.3.1922; LW 33, S. 292
[231] Entwurf der Thesen über die Rolle und die Aufgaben der Gewerkschaften unter den Verhältnissen der Neuen Ökonomischen Politik; LW Ergänzungsband 1917-1923, S. 393

Jahre die Kollektivierung begann, wiederholten sich die Fragestellungen der Sozialismusperiode von 1918-1920, so auch die linkskommunistischen Auswüchse dieser Zeit, wenngleich jetzt unter anderen Bedingungen.

Der Platz des Oktobers

Mit der Neuen Ökonomischen Politik erwies sich die Oktoberrevolution drei Jahre nach ihrem Sieg endgültig als proletarische Minoritätenrevolution, die in ihrem ökonomischen und politischen Programm nicht über die von Lenin 1905 konzipierte »revolutionär-demokratische Diktatur des Proletariats und der Bauernschaft« hinausgehen konnte.

Im Oktober 1921 führte Lenin selbstkritisch aus: »Wenn Sie sich die Erklärungen, offizielle wie nichtoffizielle, die unsere Partei von Ende 1917 bis Anfang 1918 abgab, ins Gedächtnis zurückrufen, so werden Sie sehen, dass wir ... damals die Vorstellung hatten, die Entwicklung der Revolution, die Entwicklung des Kampfes könne ebenso einen verhältnismäßig kurzen wie einen sehr langen und schweren Weg nehmen. Aber bei der Einschätzung der möglichen Entwicklung gingen wir größtenteils, ich erinnere mich nicht einmal an Ausnahmen, von der Annahme aus ..., dass wir unmittelbar zum sozialistischen Aufbau übergehen. Ich habe eigens noch einmal durchgelesen, was beispielsweise im März und April 1918 über die Aufgaben unserer Revolution auf dem Gebiet des sozialistischen Aufbaus geschrieben wurde, und habe mich davon überzeugt, dass eine solche Annahme bei uns tatsächlich vorhanden war.«[232]

Im Vertrauen auf die Komitees der Dorfarmut war er zuversichtlich gewesen, dass »das Leben selbst« die Bauern von der Notwendigkeit gesellschaftlicher Produktion überzeugen und zum Sozialismus führen würde. Doch stattdessen hatte »das Leben selbst« die Bolschewiki von der Unmöglichkeit überzeugt, im Sturmangriff zum Sozialismus zu gelangen. Selbst wenn Lenin gewollt hätte (was nicht der Fall war), wäre es 1918 nicht möglich gewesen, die bürgerliche NEP-Politik durchzusetzen, denn dazu war der Schwung der Revolution zu stark, die linksrevolutionären Strömungen in der Partei zu einflussreich und die Hoffnung auf die Revolution im Westen ungebrochen. Wie Trotzki vorhergesehen hatte, gab die Arbeiterklasse

---

[232] Über die Neue Ökonomische Politik, Referat in der Moskauer Gouvernements-Parteikonferenz, Oktober 1921; LW 33, S. 67

sich nicht mit den Schranken einer bürgerlichen Revolution zufrieden, sondern drängte von sich aus auf den Übergang zum Sozialismus. Erst nach drei Jahren Bürgerkrieg, als die Bauernschaft mit ihrem ganzen Gewicht unmissverständlich das Ende des Kriegskommunismus verlangte und wie im Revolutionsjahr 1917 demonstrierte, wer die Herrin der Revolution war, drehte sich die Stimmung zuerst in der Arbeiterklasse und dann in der bolschewistischen Partei. Jetzt griff auch Lenin selber wieder auf seine frühere Charakterisierung der Oktoberrevolution als »bürgerliche« Revolution zurück.

Die Kritik Luxemburgs
Die Stellung des revolutionären Flügels der II. Internationale zur Oktoberrevolution wurde am prägnantesten von Rosa Luxemburg, der führenden Gestalt der revolutionären Linken in Deutschland, formuliert.[233] Sie hob hervor, dass die russische Revolution bis zum Oktoberumsturz »genau dem Entwicklungsschema sowohl der großen englischen wie der großen französischen Revolution« entsprach, und erklärte Lenin, Trotzki und die Bolschewiki zu »historischen Erben der englischen Gleichmacher und der französischen Jakobiner.«

Jedoch kritisierte sie die Agrarpolitik der Bolschewiki heftig, weil sie nicht den Erfordernissen einer sozialistischen Revolution entsprechen würde. Für den erforderlichen Übergang zur gesellschaftlichen Produktionsweise des Sozialismus hätte man »selbstverständlich mit dem Groß- und Mittelgrundbesitz anfangen« müssen, insbesondere hätte der Großgrundbesitz als technisch fortgeschrittenster Ausgangspunkt der sozialistischen Wirtschaftsweise auf dem Land nationalisiert werden müssen. Doch die Bolschewiki, so ihr Vorwurf, hätten das Gegenteil getan. »Die Besitzergreifung der Ländereien durch die Bauern auf die kurze und lapidare Parole Lenins und seiner Freunde hin: ›Geht und nehmet euch das Land!‹ führte einfach zur plötzlichen chaotischen Überführung des Großgrundbesitzes in bäuerlichen Grundbesitz. Was geschaffen wurde, ist nicht gesellschaftliches Eigentum, sondern neues Privateigentum, und zwar Zerschlagung des großen Eigentums in mittleren und kleineren Besitz, des relativ fortgeschrittenen Großbetriebes in primitiven Kleinbetrieb, der technisch mit

---

[233] Rosa Luxemburg: Zur russischen Revolution, geschrieben 1918, zuerst veröffentlicht 1922 von Paul Levi nach dem handschriftlichen Manuskript aus dem Nachlass, Luxemburg 2000, S. 332–362

den Mitteln aus der Zeit der Pharaonen arbeitet.« Sie konnte nicht begreifen, dass die von ihr abgetane Übernahme des bäuerlichen Agrarprogramms durch die Bolschewiki den Schlüssel für den Erfolg der Oktoberrevolution darstellte und dass dahinter eine Grundsatzfrage nach der Etappe der Revolution stand, die Deutschland nicht weniger als Russland betraf.

Ihre Kritik fußte auf der fehlerhaften Annahme der II. Internationale, dass in Russland ebenso wie in Deutschland der Sozialismus auf der Tagesordnung stand. Dieser strategischen Orientierung entsprechend negierte sie für Deutschland, dass das Proletariat nur auf dem Weg über die Vollendung der bürgerlichen Revolution die Hegemonie über die Massen des ländlichen wie städtischen Kleinbürgertums gewinnen und die Macht erobern konnte. So forderte das von ihr verfasste Programm des Spartakusbunds, sämtliche Agrarproduzenten einschließlich der Mittelbauern, also faktisch das gesamte Dorf, zu enteignen. Vom Boden dieser Überzeugungen aus wandte sie sich gegen die bolschewistische Agrarpolitik von 1917.

In Deutschland führte die Sozialismuspolitik in der Novemberrevolution in eine schwere Niederlage der linken Revolutionäre, und die KPD setzte diese Niederlagenstrategie fort.[234] Dagegen konnte Lenin das Proletariat mit Hilfe der Bauernschaft an die Herrschaft führen, indem er mit dem Marxismus des Westens brach und die Forderungen der Bauernbewegung übernahm, auch wenn seine Agrarpolitik von 1918 noch oder wieder die Handschrift dieses Marxismus trug.

Eine ideologische Geschichtsschreibung: der »Kurze Lehrgang«

Nach dem Scheitern der Sozialismuspolitik begann Lenin, die gemachten Fehler zu reflektieren. Dazu gehörte, dass er wieder den bürgerlichen Charakter der Oktoberrevolution hervorhob und betonte, dass die Verhältnisse es nicht zuließen, über diesen Rahmen hinaus zu gehen.

Im Gegensatz dazu machte sich eine ideologische Parteigeschichtsschreibung bald daran, die real existierenden Brüche der Revolution zu glätten und die widerspruchsvolle Politik Lenins und der Bolschewiki zu heroisieren. Das Ergebnis dieser Geschichtsschreibung ist der Begriff der Oktoberrevolution, den der »Kurze Lehrgang« der Geschichte der bolschewistischen Partei gibt, denn nach dem dort gezogenen Resümee »stürzt die Arbeiterklasse im Bündnis mit der armen Bauernschaft ... die Macht der Bourgeoisie«, »nationalisiert den gesamten Grund und Boden«, »übergibt

---

[234] Zur Kritik an der Politik des Spartakusbunds und der KPD: Karuscheit 2017

den Boden der Bauernschaft zur Nutzung« und vollbringt mit ihrem Sieg die »Sozialistische Oktoberrevolution«.[235]

Diese Charakterisierung ist in mehrfacher Hinsicht falsch. Zum einen siegte die Arbeiterklasse nicht im Bündnis mit der *armen* Bauernschaft, sondern mit der Bauernschaft als Ganzer. Außerdem wurde nicht die Macht der Bourgeoisie gestürzt, denn diese Bourgeoisie war zu keinem Zeitpunkt an der Herrschaft. Auf Betreiben des Petrograder Sowjets führten die bürgerlichen Kräfte die Regierungsgeschäfte, aber die Macht lag seit Februar 1917 in der Hand des Sowjets; alle Versuche des bürgerlichen Lagers, ihn zu entmachten und die Herrschaft selber zu übernehmen, scheiterten.

Schließlich wurde der Grund und Boden im Oktober nicht von einem als Staat organisierten Proletariat nationalisiert und der Bauernschaft *übergeben*, sondern die altrussische Dorfgemeinde nahm sich das Land und die bolschewistische Regierung bestätigte diesen Akt, weil sie nur unter dieser Bedingung an der Macht bleiben konnte. Im Ergebnis fand so im Oktober 1917 keine *sozialistische* Revolution statt, sondern wurde die im Februar 1917 begonnene und stecken gebliebene *Bauernrevolution* unter Führung des Proletariats vollendet. Wie so häufig in der Geschichte der Revolutionen vollbrachten die Bolschewiki eine andere Revolution als gedacht.

Lenin formulierte als erster den Gedanken, dass ein Sieg der russischen Revolution unter proletarischer Führung die Anerkennung des Charakters dieser Revolution als Bauernrevolution voraussetzte. Er selber bewertete die revolutionäre Bauernbewegung als bürgerlich und betrachtete deshalb auch die Oktoberrevolution ihrem Wesen nach als bürgerlich. Doch diese Beurteilung war falsch. Die ausschlaggebende zentralrussische Bauernschaft sprengte zwar die alte Ordnung, aber sie tat dies unter Durchsetzung rückwärtsgewandter, gegen die kapitalistische Entwicklung gerichteter Produktionsformen. In dieser Gestalt wurde die russische Revolution zum Auftakt der folgenden Umwälzungen in den zurückgebliebenen Regionen der Erde. Ihre Besonderheit als Bauernrevolution unter Führung marxistischer Kräfte erwies sich in der politischen Praxis des 20. Jahrhunderts als *Gemeinsamkeit* mit allen anderen Revolutionen in unentwickelten Ländern.

Diese Revolutionen sprengten die alten Verhältnisse auf und brachen der Entwicklung dieser Länder Bahn. Aber von ihrem Boden aus gelang es nicht, einen Weg zum Sozialismus zu finden. Beginnend mit der Sowjetunion scheiterten alle Anläufe, unter Umgehung des Kapitalismus eine so-

---

[235] Kurzer Lehrgang 1976, S. 270f.

zialistisch/kommunistische Gesellschaftsordnung zu errichten. Deshalb wurde das kurze 20. Jahrhundert nicht zum Jahrhundert des Triumphs des Sozialismus, sondern fand sein Ende mit dem weltweiten Sieg der Bourgeoisie.

Literatur

Abramovitsch, R. R. (1963): Die Sowjetrevolution, Hannover.
Altrichter, Helmut (1984): Die Bauern von Tver. Vom Leben auf dem russischen Dorf zwischen Revolution und Kollektivierung, München.
Altrichter, Helmut (1997): Russland 1917, Paderborn, München, Wien, Zürich.
Anin, David (1976): Die russische Revolution von 1917, München.
Anweiler, Oskar (1958): Die Rätebewegung in Russland 1905 – 1921, Leiden (Niederlande).
Buchanan, Georg (1926): Meine Mission in Russland, Berlin.
Bucharin, Nikolai (1988): Das Jahr 1917, Frankfurt/M.
Carrèrre d'Encausse, Hélène (2000): Nikolaus II., München.
Chamberlin, William Henry (1958): Die russische Revolution 1917-1921, Band I und II, Frankfurt/M.
Figes, Orlando (1998): Die Tragödie eines Volkes, Berlin.
Fischer Weltgeschichte Bd. 31 (1972): Russland, Frankfurt/M.
Geschichte der KPdSU in sechs Bänden, hrsg. vom Institut für Marxismus-Leninismus beim ZK der KPdSU, Moskau o.J. (1973 ff), Band I: 1883-1903; Band II: 1904-Februar 1917
Geyer, Dietrich (Hrsg.) (1975): Wirtschaft und Gesellschaft im vorrevolutionären Russland, Köln.
Gudaitis, Gytis (2004): Armeen Russlands und Deutschlands im 1. Weltkrieg und in den Revolutionen von 1917 und 1918. Ein Vergleich (Inaugural-Dissertation zur Erlangung des Doktorgrades der Geschichts- und Gesellschaftswissenschaftlichen Fakultät der Katholischen Universität Eichstätt-Ingolstadt); abgerufen unter: http://d-nb.info/982597320/34 (14.2.17)
Haumann, Heiko (1996): Geschichte Russlands, München.
Hildermeier, Manfred (2016): Geschichte Russlands. Vom Mittelalter bis zur Oktoberrevolution, München.
Hildermeier, Manfred (1989): Die Russische Revolution 1905-1921, Frankfurt/M.
Hildermeier, Manfred (1998): Geschichte der Sowjetunion 1917-1991. Entstehung und Niedergang des ersten sozialistischen Staates, München.
Karuscheit, Heiner (2017): Die verlorene Demokratie. Der Krieg und die Republik von Weimar, Hamburg.
Karuscheit, Heiner und Schröder, Alfred (1993): Von der Oktoberrevolution zum Bauernsozialismus; Verlag Theoretischer Kampf, o.O.
Kautsky, Karl (1906): Triebkräfte und Aussichten der russischen Revolution; in: Die Neue Zeit, 24. Jahrgang, Erster Band, Stuttgart.
Kerenski, Alexander (1989): Die Kerenski-Memoiren. Russland und der Wendepunkt der Geschichte, Hamburg.
Kerenski, Alexander (1928): Vom Sturz des Zarentums bis zu Lenins Staatsstreich,

Dresden.
Kritzman, Leo N. (1971): Die heroische Periode der großen russischen Revolution (Nachdruck der Ausgabe von 1929); Frankfurt/Main.
Kurzer Lehrgang der Geschichte der Kommunistischen Partei der Sowjetunion (Bolschewiki) (1976), hrsg. von einer Kommission beim ZK der KPdSU(B); Verlag für fremdsprachige Literatur, Moskau 1939 (unveränderter Nachdruck Dortmund)
Lorenz, Richard (1976): Sozialgeschichte der Sowjetunion Band 1. 1917-1945, Frankfurt/M.
Luxemburg, Rosa (2000): Gesammelte Werke, Bd. 4, Berlin.
LW = Lenin-Werke in 40 Bänden; Berlin/Ost 1961-1964
Mandelbaum, Kurt (1974): Sozialdemokratie und Leninismus; Berlin/West.
Martow, Julius/Dan, Theodor (1973): Geschichte der russischen Sozialdemokratie, Berlin 1926 (unveränderter Nachdruck Erlangen)
Medwedjew, R. A. (1979): Oktober 1917, Hamburg.
MEW = Marx-Engels-Werke in 43 Bänden; Berlin/Ost 1956ff.
Meyer, Gerd (1974): Studien zur sozialökonomischen Entwicklung Russlands 1921 – 1923. Die Beziehungen zwischen Stadt und Land zu Beginn der Neuen Ökonomischen Politik, Köln.
Miljukow, Pawel N. (1920): Geschichte der zweiten Russischen Revolution, Wien, Berlin, Leipzig, New York.
Miljukow, Pawel N. (1925): Rußlands Zusammenbruch, Erster Band, Berlin.
Moorehead, Alan (1958): Roter Oktober, München.
Paléologue, Maurice (1939): Am Zarenhof während des Weltkrieges. Tagebuch & Betrachtungen des französischen Botschafters in Petersburg, Teil 1 und Teil 2 in einem Band, München.
Pipes, Richard (1992): Die russische Revolution Bd. 1, Der Zerfall des Zarenreiches, Berlin.
Rabinowitch, Alexander (2010): Die Sowjetmacht. Das erste Jahr, Essen.
Rabinowitch, Alexander (2012): Die Revolution der Bolschewiki 1917, Essen.
Radsinski, Edward (1992): Nikolaus II., München.
Raupach, Hans (1979): Wirtschaft und Gesellschaft Sowjetrusslands 1917-1977, Wiesbaden.
Schramm, Gottfried (1981) (Hrsg): Handbuch der Geschichte Russlands Band III: Von den autokratischen Reformen zum Sowjetstaat (1856 – 1945), Stuttgart.
Suchanow, Nikolaj, N. (1967): 1917. Tagebuch der russischen Revolution, München.
SW = Stalin, Josef (1976): Gesammelte Werke, Berlin-Ost 1952 (unveränderter Nachdruck Dortmund)
Trotzki, Leo (1971 [1906]): Ergebnisse und Perspektiven, Nachdruck o.J. in einer Doppelausgabe mit »Die permanente Revolution«, Frankfurt; zitiert als: Trotzki 1906.
Trotzki, Leo (1971 [1929]): Die permanente Revolution, Nachdruck o.J. in einer Doppelausgabe mit »Ergebnisse und Perspektiven«, Frankfurt; zitiert als:

Trotzki 1929.

Trotzki, Leo (1960): Geschichte der russischen Revolution, Berlin.(Gekürzte Fassung; die vollständige Fassung ist im Internet zu finden: http://www.marxistsfr.org/deutsch/archiv/trotzki/1930/grr/index.htm)

VSA: Kritische Geschichte

IHeiner Karuscheit
Die verlorene Demokratie
Der Krieg und die Republik von Weimar
224 Seiten | € 16.80
ISBN 978-3-89965-765-4
In dieser Neubetrachtung der Weimarer Republik wird deren Entstehung aus den letzten Kriegsjahren heraus entwickelt und der Untergang auf einen unbewältigten Hegemoniebruch von 1909 zurückgeführt.

Frank Deppe
1917 | 2017
Revolution und Gegenrevolution
256 Seiten | € 19.80
ISBN 978-3-89965-754-8
Das 20. Jahrhundert war eines der Revolutionen: in Russland, Ungarn, Deutschland, Spanien, China, Mexiko, Chile, Kuba und vielen anderen Staaten. Daraus ragen die Oktoberrevolution – genauer: die Revolutionen von 1905 und 1917 – und Maos langer Marsch mit dem Sieg der Kommunisten 1949 als Epochen prägende Ereignisse hervor, die der Weltgeschichte einen neuen Verlauf gaben. Frank Deppe analysiert die großen Revolutionen des 20. Jahrhunderts und richtet den Blick auf die Herausforderungen und den sozialen Charakter der neuen Epoche.

Prospekte anfordern!

VSA: Verlag
St. Georgs Kirchhof 6
20099 Hamburg
Tel. 040/28 09 52 77-10
Fax 040/28 09 52 77-50
Mail: info@vsa-verlag.de

www.vsa-verlag.de

VSA: Revolutionen verstehen

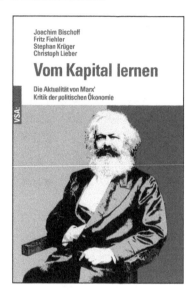

Michael Brie
LENIN neu entdecken
Das hellblaue Bändchen zur Dialektik der Revolution & Metaphysik der Herrschaft
144 Seiten | € 12.00
ISBN 978-3-89965-734-0
Michael Brie untersucht Lenins Positionen zum Verhältnis von Widersprüchen und Strategie zwischen 1914 und 1918, der Zeit der Vorbereitung des Kampfes um die Macht, und zwischen 1921 und 1923, als eine emanzipatorische Austragung der Widersprüche immer schwieriger und schließlich unmöglich wurde.

Prospekte anfordern!

VSA: Verlag
St. Georgs Kirchhof 6
20099 Hamburg
Tel. 040/28 09 52 77-10
Fax 040/28 09 52 77-50
Mail: info@vsa-verlag.de

Joachim Bischoff/Fritz Fiehler/
Stephan Krüger/Christoph Lieber
Vom Kapital lernen
Die Aktualität von Marx' Kritik der politischen Ökonomie
176 Seiten | € 14.80
ISBN 978-389965-752-4
Im »Kapital« hat Marx die fundamentalen Strukturen des sich entwickelnden Kapitalismus analysiert – als Grundlage der Dynamik von sozialen wie politischen Klassenauseinandersetzungen. Die Autoren nehmen sich folgende Themen vor:
– Die kapitalistische Gesellschaft als Waren- und Geldwirtschaft
– Von der Ausbeutung zur wissenschaftlich organisierten Produktion
– Die Kreislaufformen des Kapitals
– Reproduktion und Akkumulation
– Was bedeuten »säkulare Stagnation« und tendenzieller Fall der Profitrate heute?

www.vsa-verlag.de